中国科学院规划教材·会计学与财务管理系列

国际财务管理
（第二版）

主　编　刘胜军　陈　旭
副主编　王　岩

科学出版社
北京

内 容 简 介

本书全面、系统地研究和讲解了国际财务管理的结构与内容。本书注重对基本概念和基本原理的把握与理解；注重对国际财务理论和方法在当今的最新发展的介绍与分析，涵盖了国际财务领域近年来重要的理论研究成果；以大量的例题、案例和阅读资料帮助学生理解国际财务管理的基本理念、分析方法和实际运用；同时特别注重引导学生以国际财务的基本原理认识、分析和把握中国企业从事国际经营中所存在的财务问题，培养学生的国际财务管理理论素养和分析、解决实际问题的能力。由于跨国公司是从事国际经营企业的典型代表，本书主要以跨国公司为对象研究和讲解国际财务管理的原理与实践。

本书体系完整、逻辑严密，并结合作者多年的成功教学经验，对结构做出了不同于国内外其他教材的全新调整。本书适合财务、会计和管理学专业的高年级本科生及对国际财务理论和方法有兴趣的实际工作者使用。

图书在版编目(CIP)数据

国际财务管理/刘胜军，陈旭主编. —2 版. —北京：科学出版社，2018.6
中国科学院规划教材·会计学与财务管理系列
ISBN 978-7-03-057428-2

Ⅰ. ①国… Ⅱ. ①刘… ②陈… Ⅲ. ①国际财务管理-高等学校-教
材 Ⅳ. ①F811.2

中国版本图书馆 CIP 数据核字（2018）第 103828 号

责任编辑：王京苏　郝　静 / 责任校对：贾娜娜
责任印制：霍　兵 / 封面设计：蓝正设计

科学出版社 出版
北京东黄城根北街 16 号
邮政编码：100717
http://www.sciencep.com

北京市密东印刷有限公司 印刷
科学出版社发行　各地新华书店经销
*
2018 年 6 月第 一 版　开本：787×1092　1/16
2018 年 6 月第一次印刷　印张：15 3/4
字数：379 000
定价：48.00 元
（如有印装质量问题，我社负责调换）

"会计学与财务管理系列教材"编委会

第三版总序

"会计学与财务管理系列教材"第一版于 2007 年 5 月出版,2012 年系列教材再版,到 2017 年已历经 10 年时间,系列教材发行总量超过 50 万册,部分教材已经累计印刷数十次,全国有数十所高校的数万名师生使用了我们的教材,对这套教材给予了充分的信任与关注。在服务广大读者的同时,系列教材得到了诸多荣誉:《基础会计学》《高级财务会计》《财务管理》《财务通论》《会计制度设计》被评为普通高等教育"十一五"国家级规划教材,并获得省级教学成果一等奖;《基础会计学》《财务管理》分别获得黑龙江省第十四届社科成果一等奖、二等奖;《基础会计学》《中级财务会计》《财务管理》《成本会计》被确认为省级精品课配套教材;《基础会计学》《成本会计》荣获教育部"十二五"普通高等教育本科国家级规划教材。一套系列教材能够获得如此多的奖励与成就,皆源于广大读者的支持与厚爱。

伴随着我国走进新时代,"创新驱动""一带一路"倡议成为我国社会经济发展的重要战略,大数据、云计算、互联网、人工智能等新科技的高速发展,推动着新业态、新模式和新理念不断涌现;数字经济的迅猛发展更令会计和财务管理等相关专业人才培养重新思考、重新定位;新的会计规范出台,新的理论不断产生、完善,都要求我们的教材无论从内容上还是形式上与时俱进、不断更新完善,才能为培养出更多符合社会发展的创新型、应用型、复合型高素质专门人才提供支撑。为此,本系列教材进行第三次改版。读者们 10 年来的关注与厚爱,更加激励我们以将此套系列教材打造成为精品和"经典教材"为奋斗目标。

本次第三版修订,本系列教材继续保持所具有的优势特色。

(1)知识体系完整,各教材内容相互紧密衔接。

(2)内容新颖全面,逻辑思维清晰严谨,知识点讲解准确,语言表述通俗易懂。

(3)理论与实际结合紧密,操作性、应用性强。

(4)习题资料及案例内容翔实,突出学生的能力训练和综合素质的培养。

(5)注重现实,放眼未来。许多教材中对学科研究前沿做出专题介绍,开阔学生视野,形成良好的专业发展引导和思维延展,培养学生创新意识。

此外,教材的主编又根据实际情况做出相应的修订,主要包括以下几种情况。

(1)由于社会发展、环境变化,所形成的新思想、新理念、新方法及科学研究新成果,在相应教材中予以反映。

(2)国家法规及会计准则、会计制度(如《政府会计制度》)等的修订,导致原有教材内容的不适应。

（3）增加最近几年出现的引起学术界普遍关注的经典商业案例。

（4）部分教材的习题资料进一步充实完善。

（5）由读者建议而适当调整的内容。

　　本系列教材在第三版修订中，得到科学出版社的责任编辑王京苏、郝静的大力支持，也得到许多读者提供的意见与建议。在教材编写过程中，借鉴和参考了国内外学者的相关研究成果，在此一并表示感谢。

张　林

2018 年 1 月

第二版总序

2007 年 5 月，黑龙江省高校会计学教师联合会组织编写的"会计学及财务管理系列教材"由科学出版社出版发行，本套系列教材是中国科学院规划教材。其中，《基础会计学》《高级财务会计》《会计制度设计》《财务管理》《财务通论》被评为普通高等教育"十一五"国家级规划教材，并获得省级优秀教学成果一等奖；《基础会计学》《财务管理》分别获得黑龙江省第十四届社科成果一等奖、二等奖。本套系列教材的再版，是在原系列教材的基础上结合近几年国内外会计及财务管理领域理论、方法及应用的变化和教学内容、教学方法改革的需要，在保持原教材特色与优点的前提下，对会计学及财务管理专业领域的技术方法、阐述内容进行全面修订而形成的系列新作。

针对普通地方高校培养应用型、复合型人才需要的"会计学及财务管理系列教材"自出版至今，重印了多次，取得了很好的社会反响。此系列教材已成为哈尔滨商业大学、哈尔滨工业大学、东北农业大学、东北林业大学、东北石油大学、黑龙江大学、黑龙江八一农垦大学和黑龙江科技学院等多所高校经济管理类专业学生的专业课指定教材、硕士研究生入学考试教材，同时作为会计学和财务管理专业课教材，被国内多所高校选用。各高校的教师和同学在使用的过程中给予了此系列教材一致好评，认为此系列教材不仅详细地介绍了理论知识、专业技术，而且运用大量的案例将晦涩的理论知识变得易于理解和掌握，可以说很好地将理论与实践结合了起来，填补理论空白的同时，为学生日后的实践提供了很好的指导。越来越多的高校选择此系列教材作为经济管理类专业学生的指定用书。

虽然此系列教材自出版以来取得了一定的成绩，但是我们清楚地知道仍有很多地方需要修订及进一步完善。21 世纪的头 10 年中，会计学及财务管理领域的发展日新月异，无论是国际、国内的理财环境，还是会计学及财务管理运用的具体方法都有了翻天覆地的变化，这也对会计学及财务管理的学习提出了更高的要求。在这样的大环境下，我们绝对不敢停下前进的步伐，必须紧跟发展的大潮，把握发展的方向，紧扣发展的脉搏，为会计学及财务管理的发展贡献力量，并为提高会计学及财务管理的教学质量而努力。各界同仁的支持与肯定就是我们发展的原动力，各方的质疑声更是我们改正的明镜，在各个方面的共同作用下，我们一定会越走越好。我们再版本系列教材的目的就是更好地为各位教师、同学服务，你们的满意就是对我们最大的肯定。

在再版"会计学及财务管理系列教材"的过程中，我们虽然收集了大量的素材，作了全面的准备，但是我们发现在相关理论、方法、实务的理解上仍然存在一定的差距，所以不可能对会计学及财务管理领域出现的所有问题都进行全面的阐述。加之受编写人员学识所限，教材中难免有不恰当之处，恳请各位读者不吝赐教，以便进一步修订、完善。

"会计学及财务管理系列教材"的再版，借鉴和参考了国内外许多专家学者的研究成果，在此一并表示感谢！

2011 年 6 月

第一版总序

21世纪是一个以网络化、信息化、数字化、知识化为重要特征的新经济时代。新时代飞速发展的市场经济对经济与管理类的专业教育提出了新的要求。顺其大势,我国会计学和财务管理学科的理论研究、实践改革和人才培养都呈现出一派前所未有的繁荣景象。这表明我国的会计学和财务管理学科正以蓬勃的生机向前发展着。随着我国市场经济和现代企业制度的建立和逐步完善,新世纪的会计、财务管理教育面临新的挑战。因此,培养通晓商业惯例和会计准则,掌握财务与会计管理技术与方法,适应21世纪市场竞争的高级财务与会计管理人才,已经成为普通高等院校会计学与财务管理专业人才培养的基本目标。

2006年2月,新会计准则和审计准则的颁布以及2007年1月1日新会计准则在上市公司的实施,是我国会计改革进程中的一次重大举措,会计热又一次被推向了高潮。为了更好地将新会计准则贯彻下去,更快地让学生掌握新的会计准则体系,适应新准则下的财务与会计管理工作,我们借鉴了国内外优秀的会计和财务管理类教材,以新会计准则和新审计准则为基础,编写了会计学及财务管理专业系列教材,共计20本,包括《基础会计学》《会计学》《中级财务会计》《高级财务会计》《成本会计》《会计制度设计》《政府与非营利组织会计》《审计学》《财会专业英语》《财务管理》《财务通论》《公司财务》《高级财务管理》《管理会计》《财务报告分析》《国际财务管理》《会计信息系统》《证券投资与评估》《资产评估》《纳税筹划理论与实务》。其中,《基础会计学》《高级财务会计》《会计制度设计》《财务管理》和《财务通论》被评为普通高等教育"十一五"国家级规划教材。

本套系列教材由黑龙江省高校会计学教师联合会组织编写,由科学出版社出版。我们认为在大众化教育的背景下,集中各校优势,通过合作方式实现教学资源优化配置,编写一套适用于普通地方高校培养应用型、复合型人才要求的教材,对加强各校的合作交流、推动师资培养、促进相关课程的教学改革,是一件一举多得的好事。编审委员会由哈尔滨商业大学、哈尔滨工业大学、东北林业大学、东北农业大学、黑龙江八一农垦大学、大庆石油学院、黑龙江大学、黑龙江科技学院、齐齐哈尔大学、哈尔滨理工大学10所高校的教师组成,其中包括教学经验丰富、学术造诣较深的老教师,风华正茂的中年教师以及具有足够成长后劲的青年骨干教师。本系列教材的主编均由教学经验丰富的教授担任。

我们从多年的教学实践中深切感受到,教材和教学质量有着十分密切的关系。教材规定了教学内容,是教师授课取材之源,也是学生求知和复习之本,没有优秀的适用教材，也就无法提高教学质量。丢开教材，欲求提高教学质量，不啻缘木求鱼。换言之，没有优秀的教材，就没有优秀的高等教育；没有高质量的人才培养，就没有高水平的大学。我国目前各高等院校会计学专业和财务管理专业所使用的教材，尽管版本众多，内容和结构有所差别，各校可选择的空间较大，但仍有进一步改革之必要。这是因为：第一，目前各高校所使用的教材，大都编写于 21 世纪初，很多都没有体现 2007 年实施的新会计准则，再加上计算机、网络技术和电子商务的不断发展，原有的教材内容需要大范围的更新；第二，随着会计和财务管理理论与实践的发展，人们对会计和财务管理的认识不断发生变化，对于原有教材的有些内容也需要在新的认识基础上重新解读，使学生能够在更宽广的视野和更高的层次上掌握会计和财务管理的专业知识；第三，尽管各种版本的会计和财务管理专业教材内容和结构都不尽相同，但是侧重理论教学、奠定科研基础、培养本科生毕业后从事研究工作的教材偏多，而适合于培养应用型、复合型人才的普通地方高校的教材却少之又少；第四，现有教材在体系结构上大多采用教材、案例、习题相分离的编排形式，而且有的教材根本没有案例，这给强调动手能力和实际操作能力的大众化教育模式的专业课教学带来诸多不便，需要加以改进。正因为如此，我们在不断反思会计与财务管理教育改革与创新培养目标、不断修正完善教学计划的基础上，摸索培养特色人才的新定位、新理念、新途径，针对现有教材存在的缺点，改善以往简单地选用重点大学教材的状况，编写了本系列教材，力图为普通地方高校会计学和财务管理专业提供一套具有理论性、实践性、指导性的优秀教材。这套系列教材的编写本着务实、求新、继承与开拓的精神，定位于会计学、财务管理本科专业必修课，是对两个专业本科教学内容的总体设计和完善，目的是为进一步建立和完善会计学和财务管理学科体系奠定基础，以求通过科学、先进、实用的教学体系培养出适合我国经济发展需要的会计和财务管理应用型和复合型人才。为了保证教材具有高起点、高质量，我们在编写与出版过程中突出以下三点：①"质量第一，开拓创新"是编写教材的指导思想。通过本系列教材，期望展示我们各所学校的教学改革和教材建设的成果。②以"借鉴国际通用教材体例、实现系列教材的国际化风格"为编写教材的基本原则。广泛借鉴国际流行的教材编写风格，适应新世纪人才培养的新要求。③以"主编负责，合约约束"为质量保证手段。

本套教材主要体现了以下几个特点。

（1）内容新颖全面。本系列教材的编写建立在新颁布的《企业会计准则》《企业会计准则——应用指南》《审计准则》《公司法》《证券法》等制度和法律的基础上，融合了新准则、新法规中的新规定，是新准则颁布之后较早、较全的一套系列教材。其中，不仅体现出了会计专业教材中的很多具体准则变化的业务处理（如《企业会计准则——金融工具确认和计量》《企业会计准则——资产减值》），而且财务管理相关知识的最新变化也同样出现在本套系列教材中（如新《公司法》中关于利润分配的变化、财务报表分析中财务指标的变化）。

会计是一种国际商业语言，随着世界经济的一体化、市场竞争的国际化，需要国际惯例协调的范围越来越广，所以在系列教材的编写过程中，我们参考了相当多的会计学和财务管理学方面的经典国际知名教材，以国际会计最新发展趋势为依据，充分体现我国的会计准则和国际准则的实质性趋同，力争使本套教材成为教师指导学生的一个有用工具，使学生能够通过学习教材掌握最新的财务与会计知识的专业技能，同时具有国际"变通"能力。

（2）系统性和可操作性。系统性是指本系列教材体现了知识体系的架构、知识点的交叉渗透，以及各自的逻辑关系。一方面，在内容结构体系安排上体现了由简单到复杂、由易到难的渐进过程，适用于教与学。另一方面，在内容选择和体例编排上都充分考虑了不同阶段、不同知识结构学生的需要，基本解决了教学层次多，但教材单一、内容滞后的矛盾。两个专业的教材分别包括初级（如《基础会计学》《财务通论》）、中级（如《中级财务会计》《公司财务》）和高级（如《高级财务会计》《高级财务管理》）三个层次的教学内容，而且最大限度地避免了课程内容的交叉与重复。本套教材的可操作性主要体现了理论与实际的紧密联系，强调实际操作能力的培养，从培养应用型、复合型人才的宗旨出发，各教材根据需要设置了复习思考题、计算分析题及案例分析等，旨在培养学生独立思考、独立处理业务、独立解决问题的能力。

（3）便于教师教学和学生学习。为了方便教师教学和学生学习，在每部教材中均安排了如下内容：①每章前面设有导言和重要概念，章后有小结；②注重对习题和案例的编写，每章后面根据需要设置有复习思考题（其中包括简答题、计算题）和案例分析。如此安排便于学生明确各章学习重点并对学习内容产生兴趣。通过大量的习题和经典案例，让教师的教学达到更好的效果，为学生的学习和理解提供了更好的工具，有利于锻炼学生综合分析问题和解决问题的能力。

（4）突出学生综合素质和创新能力的培养。我们认为，社会经济的发展状况将本科会计学和财务管理教育定位为：为企事业单位、金融机构和财务咨询或服务机构培养从事会计、理财工作和其他相关经济管理工作的具有综合素质的人才。这类人才应该具有以下特点：有很强的适应性；有不断吸收新知识的能力；有进一步发展的潜力；有一定的创新能力；有较高的综合素质；有国际化意识或全球意识。

作为培养新世纪高级应用型、复合型人才的系列教材，除了要强化学生的基础知识和基本技能以外，还应注意学生综合分析能力和判断决策能力的培养，引导学生打破常规、勇于创新，将素质教育融入教材之中。以学生自主创新能力培养为核心的教学，要求教师在完成必要的知识教学和技能培训目标的同时，培养学生的自主学习能力和创新能力，最终达到提高学生综合素质的目的。在编写教材时，每位作者都努力站在企业或组织的整体角度考虑和阐述问题，以期达到扩展会计学及财务管理专业学生视野的目的，实现对学生综合能力和创新意识的培养。

（5）突出现实性和适应性。根据新世纪人才的培养目标，本系列教材立足于我国国情和当前经济现实，与我国正在进行的市场经济建设相适应，具有较强的应用性。同时又面向未来，在吸收国际先进理论与技术方法的基础上，注意了我国普通地方高校本科教学的适用性。本套教材以新颁布的《公司法》《证券法》等法律规范为依据进行编写，以保证教材中介绍的会计、财务管理知识能够在新的法律环境下更好地应用。

本套系列教材能够顺利出版，要感谢哈尔滨商业大学等 10 所高校领导和教师们的大力支持，感谢科学出版社的鼎力帮助，感谢所有主编和参编人员的通力合作，感谢所有有关兄弟院校会计、财务管理界同仁多年来的友好协作与真诚关怀。不积跬步，无以至千里。

我们希望通过这套会计学和财务管理专业系列教材的编撰，能够对会计和财务管理的理论与实务做出一个相对清晰的描述和阐释。我们越深入这一过程，就越强烈地意识到，在传播会计和财务管理知识体系这一艰巨而复杂的任务中，我们尚处于开端处。尽管我们做了较长时间的准备，所有编写人员也付出了艰辛的劳动，但由于经济环境的迅速变化，对国内外现状的掌握不可能全面、透彻，加之编写人员学识所限，教材中难免有不妥甚至谬误之处，恳请读者不吝赐教，以便在今后修订时更正和完善。

2007 年 7 月

前　言

　　全球经济一体化的进展使得企业财务管理活动日益国际化，这种趋势对财务管理人员提出了新的挑战，要求他们及时、准确地做出财务决策，有效进行资本运作和资金运营，提高企业国际竞争力。可以预见，在不久的将来，我国企业的跨国经营活动将会更加迅猛。跨国经营企业在世界各国拥有生产设施和销售网点，由于各国的货币、会计、税收等制度，以及经济法规和经济政策都不同，国际经营企业面临着比国内经营更为复杂的财务环境，这使跨国公司有更多的机会获得财务上的利益，同时这也给跨国公司带来更大的风险。跨国公司的财务人员必须密切注意国际金融市场的动态，以保证公司在最优的金融条件下取得资金，并正确地进行投资以获取最大的利益；跨国理财时除了必须面对复杂的国际货币关系外，还要熟知各国的会计制度、税收制度，以及相关法规、政策，以使企业在最佳的财务状态下运行。因此，学习国际财务管理对国际经营企业的成功尤为重要。

　　本书主要研究和阐述国际经营企业在国际性的金融财务活动中的一些基本原则和实务技巧。从理论和实践相结合的角度，比较系统、深入地阐述了国际财务管理的相关理论和方法。全书共分十章，包括国际财务导论、国际财务环境、国际财务惯例、国际企业外汇风险管理、国际企业筹资管理、国际企业投资管理、国际企业营运资金管理、国际企业资金调度、国际企业转移价格和国际企业税收管理。本书由刘胜军（负责第一、二、三、四、十章）、陈旭（负责第五、六、七章）、王岩（负责第八、九章）等共同执笔。

　　由于对国际财务管理的理论研究还处于起步阶段，国际范围的联合研究和信息交流还不够充分，相关的研究方法和实务技巧尚待完善，以及受编者水平所限，书中尚有不妥之处，敬请读者批评指正。

作　者
2017 年 6 月

目 录

国际财务管理导论

国际企业是指在两个或两个以上国家进行投资、生产和销售活动的企业，在当代世界经济中，跨国公司是国际企业的典型代表。目前，随着知识经济时代的到来，以及信息技术和运输技术的高速发展，国际企业的数量和规模也迅速扩张。国际企业的理财活动，就是国际财务管理活动，是为适应经济全球化进程而出现的财务管理新领域。它大约产生于 20 世纪 50 年代，并在近 20 年受到了广泛重视，逐步发展成为财务管理的一个分支。本章将着重介绍国际财务管理的概念与发展，国际财务管理的目标与特点，国际财务管理的组织、原则、对象和内容等。

第一节　国际财务管理概述

从广义而言，国际企业是指在两个或两个以上国家进行投资、生产和销售活动的企业。国际财务研究国际企业在组织财务活动、处理财务关系时所遇到的特殊问题。

本节主要针对国际企业、跨国公司、国际财务管理的概念及国际财务管理的发展进行简要阐述。

一、国际企业与跨国公司

一般而言，国际企业是指在两个或两个以上国家进行投资、生产和销售活动的企业。当前的国际企业主要是以跨国公司为代表。跨国公司（transnational corporation），又称多国公司（multi-national enterprise）、国际公司（international firm）和宇宙公司（cosmos-corporation）等。1974 年，联合国经济和社会理事会做出决议，此后联合国统一采用"跨国公司"这一名称。目前在国际上并没有一个统一的关于"跨国公司"的法律定义。起初，人们把跨国公司称为多国公司。1983 年，联合国跨国公司委员会在拟订《跨国公司行为守则》时所下的定义为大多数国家接受，其为：跨国公司是指由分设在两个或两个以上国家的实体组成的企业，而不论这些实体的法律形式和活动范围如何，这种企业的业务是通过一个或多个活动中心，根据一定的决策机制经营的，可以具有一贯的政策和共同的战略，企业的各个实体由于所有权或别的因素相联系，其中一个或一个以上的实体能对其他实体的活动施加重要影响，尤其可以与其他实体分享知识、资源及分担责任。

跨国公司是适应生产高度国际化的企业运作方法和组织形式。尽管世界各国的各类跨国公司存在很大差异，但它们在战略决策、组织协调、控制监督等方面则具有许多共同之处：①以全球市场为目标，将世界作为公司经营活动的舞台，根据世界经济的发展状况，在世界范围内寻求利润最大化、全球市场的份额和世界经济地位。②以对外直接投资的方式向东道国扩张，迅速渗透到东道国市场，并通过直接控制其在各东道国的企业和分支机构，适应其在全世界范围内从事生产经营活动的要求，据此不断扩大它在世界市场中所占的市场份额。③从全球角度出发，制定公司全球性战略目标，并实施全球性战略部署。④跨国公司总部作为最高决策和最终控制中心，行使集中决策、统一控制、分级管理、相互协调的职能，在跨国公司内部实行一体化管理。

世界经济一体化进程，不仅最终导致资本的国际化，而且促使金融的自由化和国际化。随着"牵一发而动全身"的全球经济体系的形成，各国市场之间的相互依赖性日渐提高，无论是中小企业还是跨国公司都必然面临更多、更激烈的国际竞争。就众多以不同形式主动或被动参与国际竞争的中小企业而言，其所面临的国际竞争就发生在"企业后院"，即如何在其生长发展的本地市场迎接世界竞争的挑战；而作为世界经济组织者、协调者的跨国公司，其所面临的国际竞争则是如何在全球范围内有效配置和运用公司有限的资源。可见，不论是跨国公司还是从事进出口业务的中小企业，甚至完全不参与国际市场的纯国内企业，都面临着来自国际竞争者的压力，其相对竞争力及获利能力也都受汇率变动的影响。因此，不仅跨国公司需要重视国际财务管理，众多中小企业也需要重视国际财务管理。企业只有从全球市场的视野出发，做出各种投融资决策，提高效率，才能获得更多的生存及发展空间，才能在复杂多变的企业大环境下，保持竞争优势，持续稳定发展。国际财务管理可以帮助企业从国际金融市场中以最低的融资成本取得所需资金，并使其以外币计价的资产或负债的本国币值保持稳定。

二、国际财务管理的概念

目前，国际财务管理作为一门新学科，有待于发展完善，其目标、内容、方法体系还不成熟。国内外学术界对国际财务管理的内容还存在争议，其主要观点如下。

（一）国际财务管理是世界财务管理

这种观点认为，国际财务管理应当研究世界范围内普遍适用的原理和方法，使各国的财务管理逐渐走向世界统一。这种理论侧重于确立世界财务管理的最终统一目标，具有较大的理论意义。

（二）国际财务管理是比较财务管理

由于各国的政治、经济、社会、法律、文化教育等理财环境存在很大的差异，各国财务管理的目标、内容、方法也不尽相同，国际财务管理应在如实描述各国财务管理的基本特征的基础上，比较不同国家在组织财务收支、处理财务关系方面的差异，以便在处理国际上的财务问题时，不把自己国家的原则和方法强加给对方，从而求同存异、互利互惠。

（三）国际财务管理是跨国公司财务管理

这种观点认为，国际财务管理主要研究跨国公司在组织财务活动、处理财务关系时所遇到的问题。

跨国公司财务管理应该是国际财务管理研究的重点内容，但不能局限于此，因为跨国公司的财务管理包括国内财务管理和国际财务管理两个部分，而许多企业虽然不是跨国公司，但是也有国际经营业务和国际财务管理活动。国际财务管理应研究一切国际企业在组织财务活动、处理财务关系时所遇到的特殊问题。国际企业是相对国内企业而言的，它泛指一切超越国境从事生产经营活动的企业，包括跨国公司、外贸公司、合资企业等。可以说，国际企业是从事国际经营活动的经济实体的统称。因此，一个国际企业可能不是跨国公司，但任何跨国公司都属于国际企业。跨国公司是国际企业发展的较高阶段，是国际化程度较高的一种企业组织形式。

综上所述，可以把国际财务管理的概念表述为：国际财务管理是财务管理的一个新领域，它研究国际企业在组织财务活动、处理财务关系时所遇到的特殊问题。它是按照国际惯例和国际经济法的有关条款，根据国际企业财务活动的特点，组织和调整国际企业的财务关系的管理活动。

三、国际财务管理的发展

国际财务管理是随着国际企业的出现而出现的，并随着国际企业和国际金融市场的不断发展而不断完善。跨国公司的出现，推动了全球经济一体化过程，也使传统财务管理不断受到挑战从而不断发展和完善。以下三个方面促使国际财务管理的形成和发展。

（一）跨国经营活动是国际财务管理形成和发展的基础

企业生产经营国际化有一个逐步发展和演变的过程。一般是先在国内市场有了充分发展，并在国内竞争中取得了相当成就后再向国际市场扩张。企业的经营活动跨越国界，不再局限于国内市场，就成为跨国公司。跨国公司最早出现在 19 世纪中期。第二次世界大战以来，特别是 20 世纪 70 年代以来，随着生产的发展和科学技术的不断进步，跨国公司得到了前所未有的发展。目前，发达国家的跨国公司平均每一家母公司拥有 8～9 家国外子公司，其中较大的 32 家跨国公司，大都在 20 多个国家设立了上百家子公司。跨国公司是世界上最大的经济机构之一，粗略估计可知 300 家较大的跨国公司拥有或者控制着全世界生产性资产的四分之一。跨国公司年销售总额相当于甚至大于大多数国家的国内生产总值（gross domestic product，GDP[①]）。以跨国公司为主的国际企业的全球经营战略，必然要求企业财务管理工作与之相适应。例如，要求在全球范围内以更低的成

---

① GDP 是指国民经济中最终产品或服务的总产出。

本筹集资金；把资金投放到更有利的国家和地区，在全球范围内进行盈余分配等。这些都极大地促进了国际财务管理的形成和发展。

（二）财务基本原理的国际化是国际财务管理形成和发展的根源

通常人们都认为财务管理产生于 19 世纪末的美国，并迅速传入西欧。英国将财务管理的原理传入了印度和其他英联邦国家。第二次世界大战以后，亚洲的日本、韩国，以及中国的台湾和香港由于吸收了欧美财务管理的方法，极大地促进了其公司财务管理水平的发展。苏联在吸收欧美财务管理基本原理的基础之上，结合社会主义国家财务活动的特点，建立了社会主义国家的财务管理体系，并将其迅速传入东欧社会主义国家和中国等国家，推动了社会主义国家财务管理的形成和发展。受到上述传播的影响，目前财务管理的基本原理在各国基本都相同。例如，财务分析中的比率分析原理，财务计划中的平衡原理，财务控制中的分权原理，财务决策中的风险原理、时间价值原理等都基本一致。当然，在不同时期和不同国家，由于社会制度、政治、经济等多方面因素的影响，财务管理在发展过程中还必须符合本国国情，各国还有一定的差异。国际财务管理的发展将有助于这种差异的协调，促进国际财务管理的吸收和融合，使财务管理进一步走向国际化。

（三）金融市场全球化是国际财务管理形成和发展的动力

自第二次世界大战以来，由于科技革命的影响，生产国际化发展到一个新的阶段，并推动了资本的国际化进程。国际资金借贷日益频繁，在国际金融市场形成之前，各国企业生产经营所需资金均在国内筹措，货币资金的投放也仅限于国内。近20年来，国际金融交易出现了一个重要的变化，这就是试图摆脱任何一国的管辖，出现了新兴的国际金融市场、境外金融市场。它不受所在国金融、外汇政策的限制，可以自由筹措资金，进行外汇交易，实行自由利率，无需缴存存款准备金。这种金融市场最早出现在伦敦，以后在新加坡及我国香港等地相继出现。国际金融市场的新发展，为国际企业迅速筹集资金和合理运用资金提供了方便条件，同时对国际企业的财务管理活动提出了新的要求。特别是浮动汇率的实行，导致汇率变动迅速，对国际企业的财务收支和财务成果产生巨大的影响。无论在国际金融市场上筹资还是投资，都必须预测汇率的变动趋势，选用合理的避险方式减少或消除外汇风险。总之，金融市场的全球化和汇率的波动，促进了国际财务管理的形成和发展，使其在较短时期内成为一门新学科。

第二节　国际财务管理的目标与特点

国际财务管理的目标也就是国际企业进行理财活动所要达到的目的。在不同的经济发展阶段和不同的经济环境中，企业的财务目标是不同的。本节主要介绍国际财务管理的目标、国际财务管理的特点。

一、国际财务管理的目标

目标是指系统所希望达到的结果或完成的任务，它对系统的发展起着决定性作用。

系统的目标一旦确定，系统就将朝着目标方向不断发展。财务管理的目标是企业进行财务管理活动所要达到的目的，是评价企业财务活动是否合理的标准。因此，确定合理的财务目标，在整个财务管理工作中有重要意义。

国际财务管理的目标是国际企业进行理财活动所要达到的目的，是评价国际财务活动是否合理的标准。因此，国际财务管理的目标规定了国际财务管理努力的方向，而国际财务管理的内容规定了国际财务管理的工作范围，两者都是国际财务管理的基本问题。

（一）国际财务管理目标的演变

在不同的经济发展阶段和不同的经济环境中，企业的财务管理目标是不同的。概括起来主要有以下四种。

1. 利润最大化

这是西方经济学家用以分析和评价企业行为和业绩的理论基础。把利润最大化作为国际财务管理的目标，其合理的一面是：①企业进行生产活动是为了创造剩余产品，而利润是衡量剩余产品的有效尺度；②利润最大化有利于资源的合理配置；③企业追求利润最大化，有利于企业加强经济核算，严格内部管理，改进技术、降低成本，从而提高企业的经济效益。但是，利润最大化不可避免地具有一些缺点，如不考虑资金的时间价值、不考虑风险，往往会导致企业财务决策短期化。所以，利润最大化并不是财务管理的最优目标。

2. 净现值最大化

第二次世界大战之后，财务管理的重心逐步转向关注资金在企业内部的流动、分配，以及财务分析和财务计划。为适应这种需要，企业财务管理的目标逐步转为净现值最大化。净现值最大化克服了利润最大化不考虑资金的时间价值的缺点，但对风险因素的影响仍然未能加以考虑。

3. 资本成本最小化

20世纪50年代后期，筹资决策成为财务管理研究的重点。企业更关心在收益一定的情况下，如何合理地安排资本结构，使总筹资成本，即加权平均资金成本最小化。这种理论既考虑了资金的时间价值，又考虑了风险因素，克服了前两种理论的局限性。

4. 企业价值最大化

企业价值最大化（即股东财富最大化）是指通过企业的合理经营，采取最优的财务政策，实现企业的总价值最大化。企业的价值可用一定期间归属于企业投资者的现金流量，按照资本成本或投资机会成本贴现的现值来表示。企业价值并不等同于利润，利润只是企业新创造价值的一部分，而企业价值不仅包含新创造的价值，还包含企业潜在的或预期的获利能力。企业价值的评价一般是通过投资者的市场评价进行的，投资者对企业潜在的获利能力预期越高，表明企业的价值就越大。在股份公司的负债水平一定的情况下，公司价值主要体现在公司的股票价格上，股票投资报酬的现值越大，则股票的市场价格就越高，公司的价值就越大。因此，在股份公司中，公司的总价值可以用公司的股票的总市场价值来代表。这样，企业价值最大化目标也可以表述为股东财富最大化目标。将企业价值作为国际财务管理的目标具有以下优点：①它既考虑了资金的时间价值，又考虑了风险因素；②决定企业价值的不仅是企业过去和目前的利润水平，未来的预期利润水平同样重要。所以，企业价值最大化目标能克服其他目标的局限性，从而防止企业在追求利润方面的短期行为。

（二）国际财务管理目标的特点

1. 国际财务管理目标的相对稳定性

任何一种财务管理目标的出现，都是一定的政治、经济环境的产物。随着环境的变化，国际财务管理目标在不同时期、不同国家是不完全一样的，经历了筹资数量最大化、利润最大化、净现值最大化、每股收益最大化、企业价值最大化等多个阶段。国际财务管理目标是随着社会经济的发展而变化的，不是一成不变的，人们对财务管理目标的认识也是不断深化的。但在一定时期或特定的条件下，国际财务管理目标又必须保持相对的稳定性。

2. 国际财务管理目标的多元性

对于复杂的系统来说，有时可能有多个目标，即系统希望同时达到多个结果，因而称为多目标系统。现代财务管理是一个复杂系统，其目标也是多元的有机构成体系。在这多元目标中有一个处于支配地位、起主导作用的目标，即主导目标。其他一些处于被支配地位、对主导目标的实现起配合作用的目标被称为辅助目标。例如，国际财务在争取实现企业价值最大化这一主导目标的同时，还必须努力实现履行社会责任、加快现金流动、增强企业信誉等一系列的辅助目标。

3. 国际财务管理目标的层次性

国际财务管理目标的层次性是指国际财务管理是由不同层次的系列目标所构成的目标体系。国际财务管理的目标具有层次性，是因为国际财务的具体内容可以划分为若干层次。国际财务管理的基本内容可以划分为国际企业筹资管理、国际企业投资管理、国际企业营运资金管理、国际企业税收管理等若干层次，而每一个方面又可以继续细分，国际企业投资管理可以再分为研究投资环境、确定投资方式、进行投资决策等几个方面。国际财务管理内容的这种层次性和细分化，使国际财务管理的目标体系成为一个由整体目标、分部目标和具体目标组成的目标体系。整体目标是国际企业进行国际财务管理活动所要达到的目标，它决定着分部目标和具体目标；分部目标是在整体目标的制约下，完成某一整体目标所要实现的局部目标，如筹资目标、投资目标等；具体目标是指在整体目标和分部目标的制约下，从事某项具体财务活动所要达到的目标，具体目标是财务管理目标层次中的基本环节，它是整体目标和分部目标的落脚点，从而对保证整体目标和分部目标的实现具有重要意义。

（三）国际财务管理目标的国际比较

企业价值最大化是许多国家财务理论和实践的基础，但由于各国财务管理的具体环境不同，对财务管理目标的选择和具体表述也不尽相同。法国企业的财务管理的目标侧重于税后收益最大化，并重视资金的流动性。为保持资金的流动性，常常限制公司分发股息和红利。日本除了几家大公司以价值最大化为企业目标外，大部分企业都以税后收益最大化为企业目标。这是由于日本企业的资产负债率比较高，比较重视企业的偿债能力。荷兰企业以税后收益的增长为第一位的目标，股东收益最大化和企业资金的流动性为第二位的目标。挪威企业的财务管理目标侧重于股东权益最大化，并将资金的流动性、偿债能力和总盈利能力三个方面放在同等重要的地位。美国的企业则将每股收益的增长作为首要的财务管理目标，他们认为，股票的市场价值是企业无法控制的，把企业能控制的收益指标及其他非市场指标作为工作业绩的评价标准更科学；同时，资产及销售的增长也是重要的参考目标。可见，不同的政治、经济、文化背景，不同的国情，就会有不同的财务管理目标与之适应。

（四）国际财务管理目标的内涵

从总体上看，国际财务管理的目标和国内财务管理目标是一致的，都以提高企业价值、增加股东财富为根本目标。但各国在政治、经济、文化方面的差异，使财务管理的具体目标存在一定的差异，因此，对于国际财务管理目标，不能将其简单化、教条化，而应当把整体目标与具体目标相结合，把主导目标与辅助目标结合起来，并且既要坚持股东财富最大化的整体目标，又要结合该国的具体情况确定其财务管理的具体目标。

国际财务管理的目标不是单一的目标，而是一个经过合理组合的目标体系，即包括整体目标与具体目标、主导目标与辅助目标相结合的有机体系。国际财务管理的主导目标应当为实现股东财富最大化，提高企业的价值。而国际财务管理的辅助目标为：①长期合并收益目标。多数国家的财务管理理论把税后收益最大化作为重要的财务管理目标，税后收益的多少，直接决定了企业的价值、股东的财富，税后收益最大化是与股东财富最大化一致的。对于国际企业来说，企业追求的目标不是单个的子公司的收益，而是子公司与母公司的合并收益最大化。②资金的流动性和偿债能力。资金的流动性和偿债能力与企业的风险密切相关，资金的流动性越好，偿债能力越强，企业的财务风险就越小；反之，财务风险则越大。③其他与子公司所在国的具体特点相适应的目标。国际财务管理的目标必须与子公司所在国的政治、经济、法律、文化等方面的特点相适应。

二、国际财务管理的特点

国际财务管理活动是国内财务管理活动的扩展，因此，一般企业财务管理的基本原理和方法，也适用于国际企业。但由于国际企业的业务遍布多国，财务管理常涉及外汇的兑换和多国政府的法规制度，所以，国际财务管理比国内财务管理更复杂。与国内财务管理相比，国际财务管理具有如下几个特点。

（一）国际企业财务管理环境的复杂性

国际企业的理财活动涉及多国，而各国的政治、经济、法律和文化环境都存在着一定的差异，国际企业在进行财务管理时，不仅要考虑本国的各方面环境因素，而且要密切注意国际形势的变化和其他国家的具体情况。特别应对以下问题给予充分注意：①汇率的变化；②外汇的管制程度；③通货膨胀率和利息率的高低；④税负的轻重；⑤资本抽回的限制程度；⑥资本市场的完善程度；⑦政治的稳定程度。可见，影响国际财务管理的环境因素相当复杂，国际财务管理人员在进行财务决策之前，必须对理财环境进行认真调查、预测、比较和分析，以便提高财务决策的正确性和及时性。

（二）国际企业资金融通的多样性

无论是国际企业的资金来源还是其筹资方式，都呈现多样化的特点，这就使国际企业在筹资时有更多的可选择性。国际企业既可利用母公司地主国的资金，也可以利用子公司东道国的资金，还可以向国际金融机构和国际金融市场筹资。国际企业可以利用这种多方融资的有利条件，选择最有利的资金来源，以降低资金成本。

（三）国际企业投资有较高的风险性

从某种意义上来说，从事国际投资活动就是预测风险、避免风险的过程。国际企业除了面临国内企业所具有的风险以外，还必须面对国际政治、经济环境中的各种风险，这些风险包括汇率变动风险、经营风险、利率变动风险、通货膨胀风险、经营管理风险和其他风险等。此外，还面临着政治变动风险，包括政府变动风险、政策变动风险、战争因素风险、法律方面的风险和其他风险等。一般而言，政治风险是企业无法左右的风险，而经济和经营方面的风险，可以通过企业有效经营来避免和克服。这是因为汇率、利率、通货膨胀等风险因素对国际企业来说，既可以是遭受损失的原因，又可以是获得利益的原因。所以，财务人员应对这部分风险进行科学预测，以避免不利影响，取得最大收益。

第三节 国际财务管理的组织和原则

国际企业的经营活动相对复杂，因此国际财务管理的主体、机构和原则也表现出自身的特点。本节介绍国际财务管理的组织和国际财务管理的原则。

一、国际财务管理的组织

（一）国际财务管理主体

跨国公司在世界各国拥有大量的子公司及分支机构，其他国际企业的组织结构也非常复杂。所有权和经营权的分离导致企业财务管理权的分离，所有者和经营者成为既相对分工，又集中统一的两个层次的财务主体。国际企业的所有者对国际财务管理虽然拥有最终决定权，但一般不参与企业的财务管理活动，由企业经营者负责日常的财务管理活动和决策。所有者行使财务管理的决策权或参与财务管理的主要方式是参与企业的重大决策活动。国际企业的所有者参与企业财务管理的主要内容有：①国际企业的所有者要对企业筹资，尤其是对股票筹资做出决策，以防止所有者权益的稀释；②国际企业的所有者要对企业的会计资料和财产进行财务监督，以保护企业财产的安全性和完整性；③国际企业的所有者要对企业的对外投资，尤其是能获得控制权的对外投资，做出决策或参与决策，以确保所有者权益不因投资失误而受损失；④国际企业的所有者要对企业合并、分立、撤销、清算等资产重组事项，行使决策权，以提高企业资本运营的效率；⑤国际企业的所有者要对企业的利润分配行使决策权，以实现资本保值、增值。

（二）国际财务管理机构

在发达的市场经济国家或地区，企业财务管理机构的设立反映了高度发达的市场经济特点，与企业经营性质密切相联系，不同的财务管理机构的设立显示出了自身的特点。整体上，可以分为以下三种类型。

1. 以会计为轴心的财务管理机构

这种机构的特点是对企业的会计核算职能与财务管理职能不进行分工，即其财务管理机构同时具备以上这两种职能。而且，在该机构内部以会计核算职能为轴心来划分内部职能，如在内部设立存货、长期资产、结算、出纳、报表等分部门，有的在内部也单设财务分部门。这种财务管理机构一般适合中小企业。国际企业或跨国公司一般不采用这种组织结构。

2. 与会计机构并行的财务管理机构

这种机构的特点是会计核算职能与财务管理职能相分离，财务管理职能由独立于会计核算职能以外的财务管理机构进行。财务管理机构负责筹资、投资和分配或者组织资金运动。而且，在该机构内部以财务管理职能或财务活动为轴心来划分内部职责。典型形式是设立规划部、经营部和信贷部三个内部职能部门。

3. 财务公司型财务管理机构

这种机构的特点是由一个独立的公司法人——财务公司独立对外从事各种财务活动。财务公司内部除设立从事财务活动的业务部门外，还设立公司行政部门。财务公司一般设立于企业集团或跨国公司内部，其职责主要是负责国际企业或跨国公司内部整体财务管理或各企业之间的财务结算，具体包括：①负责整个国际企业集团或跨国公司的资金筹集，一般是通过国际金融市场从外部筹资；②运用整个国际企业集团或跨国公司的资金从事国际金融市场投资活动，买卖金融商品，进行信用放款；③担任国际企业或跨国公司内部银行的角色，为成员企业融通资金，办理结算。国际企业集团或跨国公司设立财务公司，是与其企业组织形式相适应的，它有利于财务公司与其他企业成员正常业务活动的开展，也有利于企业集团的对外投资和筹资活动的开展。

二、国际财务管理的原则

（一）系统原则

国际财务管理观念上，从筹集资金开始，到收回资金为止，经历了资金筹集、资金投放、资金耗费、资金回收、资金分配等几个阶段。做好这几个阶段的财务管理工作，必须从财务管理的内部和外部联系出发，从各组成部分的协调和统一出发，这就是财务管理的系统原则。

（二）平衡原则

在国际财务管理实践中，要努力使资金的收支在数量上和时间上达到动态的协调平衡。从会计学角度来看，资产等于负债加所有者权益，这是一个必然相等的关系，是资金的静态平衡关系。国际财务管理中所追求的不仅是这种静态上的平衡，更是资金的收支在数量上和时间上保持动态的协调平衡。如果预计的现金余额远远低于理想的现金余额，则应积极筹措资金，以弥补现金的不足；如果预计的现金余额远远大于理想的现金余额，应积极组织还款或进行投资，以保持资金收支上的动态平衡，实现收支相抵。

（三）弹性原则

国际财务管理应努力实现收支平衡，略有结余，既要追求准确和节约，又要有合理的伸缩余地，保持财务管理的弹性。国际财务管理贯彻弹性原则的原因是：①财务管理的环境复杂多变，企业无法完全控制；②企业经营管理的失误不可避免；③财务预测、财务决策、财务计划不可能完全准确。这就要求国际财务管理的各个环节留有余地。贯彻弹性原则的关键在于合理确定弹性的大小，不能过大，也不宜过小。弹性过大会造成浪费，过小则会带来较大的风险。合理确定弹性必须综合考虑企业适应财务管理的能力、不利事件发生的可能性及企业是否愿意承担风险等几个因素。

（四）比例原则

比例原则是指财务管理必须通过各种因素之间的比例关系来分析问题、发现问题，并协助解决问题。大多数财务指标都具有这类比例关系，如流动比率是指流动资产与流动负债的比值，负债比例是负债总额与资产总额的比值等。这些财务指标是国际财务管理的重要工具。

（五）优化原则

财务管理过程是一个通过不断比较、分析和选择，以实现最优的过程。国际财务管理活动，必须遵循优化原则，其主要内容具体体现为：①多方案的最优选择问题。在财务管理中，在面临多种方案中选择最优方案时，必须按照优化原则，排除次优方案，选择最优方案。②最优总量确定问题。这项原则是指在一定的情况下，如何确定最佳总量，如理想的现金余额、存货的最佳采购量、企业筹资总额的确定等。③最优比例关系确定问题，如资本结构、利润分配比例的确定等。

■第四节　国际财务管理的对象、内容和特点

财务管理是有关资金的筹集、投资和分配等的管理工作，其对象是资金的循环和周转，在这点上，从事国内经营和国际经营的企业是相同的，差别在于具体的内容和范围的不同。

本节重点讲解国际财务管理的内容和特点。

一、国际财务管理的对象

在生产经营过程中，现金变为非现金资产，非现金资产又变为现金，这种周而复始的流转过程称为现金流转。企业的现金流转有多种途径。例如，一部分现金用于购买商品，销售商品又取得现金。一部分现金用于购买材料，经加工后成为产成品，出售后收回现金。一部分现金用于购买机器，机器在使用中逐渐磨损，价值进入产品，最后通过销售产品实现现金的逐渐收回。不同的流转途径，其周转时间差别很大，销售商品的现金几天就可收回，而购买机器的现金要几年甚至几十年才能收回。现金完成一次循环所需时间不超过一年的流转，称为现金的短期循环。短期循环中涉及的资产为现金、存货、应收账款、短期投资及某些待摊和预付费用。现金的流转周期大于一年的流转，称为现金的长期循环。现金的长期循环涉及的非现金长期资产为固定资产、长期投资、递延资产等。

企业的现金流入量和流出量之间，往往存在不平衡关系，或者现金流入大于现金流出，或者现金流入小于现金流出，这使得企业在一年中可能会多次出现现金流入与现金流出不平衡的局面。企业现金流转不平衡的原因是多方面的，如盈利、亏损、市场变化、企业间竞争的影响等。

二、国际财务管理的内容

（一）国际企业外汇风险管理

国际企业外汇风险管理是国际财务管理的最基本的内容之一，是国际财务管理和一般财务管理的根本区别所在，是国际财务管理其他内容的基础。外汇风险是指由于汇率变动而给企业收益带来的不确定性。外汇风险有交易风险、换算风险、经济风险三类。国际企业的财务管理人员应熟练掌握外汇风险管理的程序和方法。

（二）国际企业筹资管理

国际企业筹资管理是国际财务管理的重要内容。以低成本、低风险筹集所需资金，是国际企业竞争能力的主要体现。国际企业的资金来源主要有以下四个方面：公司内部资金、母公司所在国资金、子公司所在国资金和国际金融机构的资金。国际企业的筹资方式主要有：发行国际股票筹资、发行国际债券筹资、国际租赁、国际银行信贷和国际贸易信贷等。

（三）国际企业投资管理

国际企业投资管理是把筹集到的资金用于国际范围内的投资项目，以求获取收益的行为。按投资方式，可以把国际企业投资分为直接投资和间接投资。按投资期限，可以将国际企业投资分为中长期投资和短期投资。国际企业投资，往往要涉及比较复杂的环境因素和较大的投资风险，应该考虑以下方面：①认真分析投资环境；②合理选择投资方式；③对投资项目进行项目论证和可行性分析。国际企业投资管理既要计算国外投资项目的现金流量和净现值，又要把按外币计算的现金流量按统一的汇率，计算为本国货币表示的现金流量和净现值，以利于项目的比较和决策。

（四）国际企业营运资金管理

国际企业营运资金管理是国际财务管理的重要方面，合理安排、调度企业的营运资金，是避免外汇风险、实现财务管理目标的重要手段。营运资金的管理包括存量管理和流量管理两个部分。存量管理指合理安排各类资金项目，使现金、应收账款和存货处于最佳水平；流量管理着眼于资金的流动和转移，使资金得到合理处置，确定币种和持有数量。

（五）国际企业税收管理

随着世界各国经济交流和国际合作的不断深化，特别是跨国公司的不断发展，国际税收问题越来越受到重视，并成为国际财务管理的一项重要内容。国际税收管理的主要内容是：①根据一些国家的税法、税收协定来避免双重征税；②充分利用一些国家的优惠政策，实现更多的纳税减免；③利用各种避税港减免企业税负；④利用内部转移价格，把利润转移至低税国家和地区，以实现避税目的。

（六）其他内容

除以上内容外，国际财务管理还包括国际财务管理分析、国际结算、国际财务报告分析、国际性的企业兼并、通货膨胀下的财务问题及国际企业的破产清算等。

三、国际财务管理的特点

国际财务管理是企业国际化与金融市场一体化的必然产物。其研究的领域一般涵盖财务管理的范围，不同之处在于国际财务管理从全球的角度探讨各个论题，即要考虑跨越不同的文化、政治及经济背景，以及国际形势改变所导致利率、汇率、商品价格波动等各种因素。波动不定且难于预测的汇率、市场的不完全性及多层次代理问题等使国际财务管理不同于一般的财务管理。与一般国内企业财务管理相比，国际财务管理具有以下特征。

（一）汇率变动带来更大的外汇风险

浮动汇率制度的引入和汇率的动荡不稳增加了国际企业经营环境的不稳定。从世界经济的实际来看，汇率的动荡对所有从事国际生产、国际贸易和国际金融活动的跨国公司、贸易企业、跨国银行及其他金融机构都有着广泛的影响，使它们面临着各种程度不同的外汇风险。汇率的波动影响着国际企业经营活动和国际投资组合的收益与风险。汇率波动给国际企业带来有利机会的同时也对跨国公司的经营形成了挑战和压力，使国际企业要承受汇率变动所带来的交易风险、经济风险和换算风险等形式不同的外汇风险。因此，如何规避汇率风险显然是国际企业财务管理必须解决的重要问题之一。

（二）市场的不完全性带来更多的机会和风险

世界经济一体化进程不断向前推进的同时，世界各国的市场尚存在较大的不完全性，包括不完全的商品市场、不完全的要素市场和政府对市场的干预等。市场的不完全性给国际企业从事跨国界经营活动带来更多机会的同时，也带来了更大的风险。国际金融市场的快速发展和金融工具的不断创新，给国际企业带来更多的机会和风险。20世纪80年代以来，国际金融市场发生了重大变化，金融工具不断创新，货币期货、期权和互换的出现使国际企业在全球范围内筹措资金的风险不断增大。货币市场和资本市场全球一体化进程的进一步发展，为国际企业带来了可资利用和发挥的机会与优势。投资者可以通过国际资本市场进行分散投资组合，据此降低系统风险和资本成本。这就要求国际企业财务人员了解与掌握面临的各种国际金融市场的融资机会、金融工具和融资方式，制定全球融资战略，为母公司及其分支机构筹措适当规模的资金，并使融资成本达到最低。

（三）资金融通具有渠道多、筹资方式灵活、融资选择余地大等特征

全球化经营使公司拥有国际资本市场、东道国金融市场、母公司所在国资金市场及公司内部的资金调度等多元融资渠道和方式，从而使其资金融通具有渠道多、筹资方式灵活、融资选择余地大等特征。但由于各国政府各种各样的行政干预及社会、经济、技术等方面的因素，国际资本市场不断细分。各国资本的供求状况不同，获取资本的难易程度不同，不同来源的资本，其成本和风险各不相同，而且不同来源的资本其政府补贴、税负等不相同，从而为国际企业实现总体融资成本最小化的战略目标提供了良好机会。这就要求国际企业凭借其全球化资金调度能力和信息网络，抓住机会，从全球范围内权衡利弊，选择最适合公司整体利益的融资方案。

（四）跨国经营的特征是国际化、多样化、内部化和全球化

为发挥其经营优势、降低风险，国际企业在统一的指挥下实现一体化生产体系，无论是横向或纵向的，其产品必定趋于多样。不完全的商品市场和不完全的技术及劳动力市场，为国际企业充分发挥其所拥有的区位优势和所有权优势及内部化优势创造了条件。同时为国际企业在全球范围内获取超额利润和竞争优势提供了更多的机会。国际企业的海外投资自始至终面临着东道国政治体制和政策发生各种程度不同变化的可能。当今世界正处于重大转折的时期，"旧的格局已经结束，新的格局尚未形成"，世界正朝着多极化方向发展，由此也使国外投资所涉及的政治风险出现了新的变化，这使国际企业的经营与财务活动涉及许多国家，而各国的政治、经济情况不同，货币软硬不同，税率和利率不同，这种不均衡的世界环境给国际企业提供了多种多样的选择机会。

国际企业的全球化经营，在增加了选择机会的同时，其所面临的国际政治、经济环境中的各种风险因素也大为增加。由于各国的经济、政治、法律、社会、文化环境不同，这种环境的差异给国际企业的经营活动带来的影响和风险也不相同。企业要适应环境的变化，调度和运用所拥有的资源，开展全球化业务活动，实现预定目标。即在进行国际财务管理时，不仅要熟悉和考虑母公司本国的环境因素，而且需要深入了解所涉及国家的有关情况，并充分考虑和关注国际形势及有关国家的政治、经济、文化和法律等政策与制度方面的重大变化，如各国利率的高低、汇率的变化、外汇管制政

策等。这是因为这些因素对公司的盈利水平和财务状况都有可能产生直接的甚至是极大的影响。

（五）多层次委托代理关系使跨国界财务控制成为关键

国际企业作为跨国界的集团公司，是现代企业制度的最高组织形式。它通过对外直接投资等方式组建起一个由母公司、子公司、孙公司等构成的多层次企业王国，同时形成了多层次委托代理关系。一方面，国际企业整体作为一个经济实体，其管理当局是公司董事会的代理人，必须以股东财富最大化为财务管理目标。另一方面，国际企业又是一个出资者，以对外直接投资等方式形成了众多分支机构。由此，在国际企业董事会、管理当局、子（分）公司、孙公司等之间形成了多层次的委托代理关系。由于国际企业的规模大且分散于各国，国际企业的代理成本往往高于一般公司。除此之外，国际企业还需要面对更为复杂的环境、法令及道德规范方面的限制。受传统与习俗的影响，不同国家在法律的制定与执行方面，各有不同的做法。如前所述，国际企业的一体化生产体系实际上是企业内部的分工在国际范围内的再现，并利用母公司与国外附属公司之间及各附属公司之间的内部交易得以实现和正常运作。国际企业为了指导各个业务环节的运作，协调国外各附属公司的经营活动，一般需要从全球环境的竞争态势出发，将国际企业所属各机构、各部门视为一个整体，确定符合整体最大利益的总目标及相应的方针、策略和方法。由此可见，如何从公司整体出发，根据世界经济和国际金融市场的变化，在全球范围内合理配置和有效运用公司资金、评估投资项目，并对各下属分支机构的经营业绩进行合理评估，如何根据国际企业的组织结构、经营传统和风格及外部环境的变化，将集权与分权有机地结合起来，形成较为合理的财务控制体系，是许多国际企业面临的新问题，也是国际企业成功的关键所在。

■ 本章小结

国际企业是在一定程度上通过集中控制在两个或两个以上的国家从事跨国界生产经营活动的现代经济实体。它是科技革命、企业组织创新和管理技术发展的产物，也是当今世界市场上组织国际经济活动的最重要的实体。

国际财务管理是财务管理的一个新领域。它是按照国际惯例和国际经济法的有关条款，根据国际企业财务活动的特点，组织国际企业的财务关系的一项经济管理工作。

国际财务管理是随着国际企业的出现而出现的。跨国经营活动是国际财务形成和发展的基础；财务基本原理的国际化是国际财务形成和发展的根源；金融市场全球化是国际财务形成和发展的动力。

国际财务管理的目标是国际企业进行理财活动所要达到的目的，是评价国际财务管理活动是否合理的标准。国际财务管理的特点：①汇率变动带来更大的外汇风险；②市场的不完全性带来更多的机会和风险；③跨国融资渠道、方式；④跨国经营特征；⑤多层次委托代理关系使跨国界财务控制成为关键；等等。

➤复习思考题

一、概念题

　　国际企业　国际财务管理　国际财务管理目标　国际财务管理内容

二、简答题

　　1. 目前国内外学术界对国际财务管理的概念主要有哪些观点？

　　2. 现代国际企业产生的物质基础和经济条件是什么？

　　3. 试述现金循环的特点。

　　4. 与纯粹国内财务管理相比，国际财务管理具有哪些特点？

　　5. 各类国际企业的共同之处是什么？

　　6. 目前对国际财务管理的内容存在哪些争议？

第二章

国际财务环境

任何企业的经营都会受到环境的影响。分析和研究企业生存的环境特征，是经营者成功地组织企业经营活动的前提。同在国内从事业务的内向型企业相比，跨国经营企业的环境研究更显重要。原因在于国际经营环境的内容更复杂、构成因素更多、变化更频繁、不可控性程度更高，所以环境的特点及其变化方向也就更具不确定性，因而国际企业经营面临的风险总是要高于国内经营的企业。国际财务管理是在一个宏观环境中进行的，国际经营环境研究的目的，不仅在于根据环境的特点及变化为企业在国际市场上寻找到发展的机会，为国际企业经营战略的制定提供科学依据，提高对周围环境的适应能力，而且在于通过对国际财务环境的分析，尽可能从稳健理财的角度最大限度地降低国际企业财务运营的风险。

本章将重点以跨国公司为例介绍国际财务环境的基本理论及社会环境和经济环境。

第一节　国际财务环境概述

一般而言，环境是指系统之外，与系统不断进行物质、能量和信息交换的一切空间，以及在空间中存在的所有因素的总和。财务管理是企业管理的一项重要内容，同样，必然与企业生存和发展的外部环境密切相关。国际财务管理就其范围来讲，其环境已扩展到世界领域。这个国际性空间及空间内存在的各种因素的总和，便构成了国际财务管理的环境，而且这种环境的微小变化都会对跨国公司的财务管理产生不可低估的影响。

本节重点以跨国公司为典型的国际企业组织来说明在国际经营中面临的财务环境问题。

一、跨国公司的优势

跨国公司是一种企业组织形式。企业是指在市场经济下以营利为目的而从事商品和劳务生产的组织，其行动的准则是利润的最大化。企业生产必须利用各种资源，包括劳动力、资金、信息、土地、矿产等。一个地区或一个国家，这些资源都是有限的，当某种资源的利用接近限度时，其价格就会急剧上升，企业就会无利可图。但是企业的发展有一个规模经济的问题。任何企业都具有其特有的生产技术、商标、专利、经营管理知识、销售渠道，这些方面支付的费用与企业规模关系不大，属于固定成本，因此扩大企业规模，可以使平均生产成本下降，这便是规模经济。企业都有追求规模经济的趋向，从而需要扩大资源的利用限度。

扩大资源利用限度的途径有两种。

第一种途径是让资源在地区之间或国家之间流动，如通过贸易进口矿物资源、通过国际借贷融通资金、通过向外招聘引进劳动力。但是世界市场不同于国内市场，它是一个不完的市场，即资源的流动不能按照市场机制进行，最突出的表现是劳动力的流动。在国内，劳动力可以比较自由地从工资低的地方向工资高的地方流动，但是劳动力的流动如果要越过国界，那就不是一件简单的事，每个国家对外来人口都有严格的限制。土地资源的流动也是不可能的，通过侵略掠夺他国土地的殖民地时代已经过去。企业规模经济还表现在销售上。市场越大，广告宣传、销售网的设置、售后服务等的相对费用就越少，随着销售规模的扩大，品牌作用也就越大。因此，企业趋向于扩大其市场，通过出口，把生产的产品推销到其他国家。但是各个国家出口能力差别很大，这必然导致贸易的不平衡，有些国家长期保持顺差，有些国家则有大量逆差，长期贸易逆差的国家会用关税壁垒、外汇管制、反倾销等保护政策来阻止进口的增加，从而导致世界市场的不完全性。如果不考虑物资流动时的运输、保险等费用，可以认为，市场的不完全性是阻碍资源和商品自由流动，使企业的规模经济性不能得到充分实现的最重要的原因。

第二种途径是对外直接投资，把技术、专利、经营知识随同生产资本一起输出，在有资源、有市场的地区或国家设立工厂、销售点。一个企业如果在除本国以外的多个国家设立生产和销售基地，那么该企业就成了跨国企业或跨国公司（transnational enterprise, multinational corporation）。跨国公司的一般含义是指在总部所在国以外的国家持有能控制的生产或服务设施的企业，它们不一定是私人企业，也可以是合作企业或国有企业。这类企业最早于 20 世纪初出现在欧洲，具有代表性的是创立于 1907 年的荷兰皇家壳牌集团。按照广义的跨国公司的定义，日本和韩国的一些小企业在泰国、马来西亚或中国设立了一个工厂的话也可以称为跨国公司。但是一般来说，狭义的跨国公司是指，由于其巨大的规模和经济实力，以至对各国政治及世界经济的影响巨大而为人们所注意，即跨国企业或跨国公司是在世界各地设置了众多工厂和销售据点，按照世界战略来追求公司的整体利益最大化和不断成长的巨大企业。美国《财富》杂志在给出世界跨国公司的排序时附加了如下的条件：①至少在 6 个以上国家进行经营活动；②不仅从事进出口贸易或组装，而且从事实质性的生产活动（工业、矿业、农业）；③在国外活动的比例很高（如占营业总额的 20%～25%以上）。

跨国公司可以克服前述的市场不完全性的许多障碍，使规模经济的原理得到充分的利用，这些优势表现在如下一些方面。

（1）研究和开发的优势。新的产品、生产方式的发明创造，都同研究开发投资的规模有关。例如，开发油田，一家大的石油公司有能力在矿区打大量的试掘井，只要有一个成功，就能赢回成本；但是如果是一家小公司，只有掘一两口井的实力，不成功则有可能破产。

（2）垂直集成优势。跨国公司一般把研究和开发放在本国，而将原料生产放在自然资源丰富的国家，把需要大量劳动力的生产过程放在工资较低的发展中国家，把最终的组装或精加工（如石油炼制）放在消费的国家，从而使总体成本最低。像这种在一个企业内把从原料到最终产品的销售的各个阶段放在最适宜的国家进行的方式称为企业内部的垂直集成，它是企业内部规模经济最重要的形式。

（3）水平集成优势。这主要体现在销售方面和财务方面。跨国公司可以利用其国外生产据点，实行当地销售，以克服外国的关税和其他壁垒；可以充分利用其专利、商业信誉和品牌；可以取得广告宣传、售后服务等的规模经济效应。

此外，跨国公司可以利用各国对外国直接投资在税收减免等方面的优惠政策；在资金筹集方面，跨国公司由于信用度高、财力雄厚而能较容易地得到大量的低成本资金；跨国公司由于其知名度和财力容易兼并或收购外国小企业；跨国公司可利用其在各国的据点，进行外汇操作或外汇投机，从中得到好处；跨国公司也常常同政治有关系，它们有可能通过本国和外国的政府或政治家施加政治压力，获取有利条件；等等。像这些由于跨国公司的巨大规模而得到的财务方面的好处，我们称为财务的规模经济。

由于跨国公司具有以上优势，所以在第二次世界大战之前的那种用战争手段掠夺他国资源、霸占他国市场的殖民政策已过时之后，跨国公司得到了迅速的发展。特别是20世纪60年代以后，除美国、英国、法国等老牌跨国公司，日本、韩国等都加紧通过直接投资，在国外设立子公司，从事世界性的生产和销售活动。表2-1列出了全世界500家工业跨国公司前10家的分布状况。

表 2-1　2016 年世界工业跨国公司 500 强中前 10 家

排名	中文常用名称	总部所在地	主要业务	2008 年营业收入/万美元
1	荷兰皇家壳牌石油公司	荷兰	炼油	45 836 100
2	埃克森美孚公司	美国	炼油	44 285 100
3	沃尔玛百货有限公司	美国	一般商品零售	40 560 700
4	英国石油公司	英国	炼油	36 705 300
5	雪佛龙股份有限公司	美国	炼油	26 315 900
6	道达尔公司	法国	炼油	23 467 400
7	康菲国际石油有限公司	美国	炼油	23 076 400
8	荷兰国际集团	荷兰	银行	22 657 700
9	中国石油化工集团公司	中国	炼油	20 781 400
10	丰田汽车公司	日本	汽车	20 435 200

资料来源：《财富》杂志世界 500 强排行榜

二、国际经营

国际经营是企业或公司进行的跨国界经营活动的总称，包括商品和劳务的国际贸易，资金、外汇的国际流动，对外直接投资，经营跨国企业等。一个企业可能从事上述国际经营活动中的一种或几种，而跨国公司是最具综合性地从事国际经营活动的企业，既进行跨国生产又从事国际销售，既在国际金融市场上融资，又进行国际投资。

国际经营不仅局限于生产、销售、财务、人事方面的具体活动，更重要的是经营本身的全球性展开，如必须有全球性的战略构想，要设计全球性的经营组织和各种网络，应具备国际性的经营观念和企业文化。

（一）国际经营的价值准则

在进行国际经营活动时首先要遵守如下准则。

（1）要把维护和发展良好的国际关系放在首要地位加以考虑，防止过度竞争带来国际纠纷。要根据自己企业在技术、新产品开发和服务方面的特点，符合市场定位，实现共同繁荣。

（2）在组织和人事方面要考虑以所在国为主，使海外的子公司或工厂成为从产品开发到制造、销售能独立自主地进行的现地法人，充分调动所在国管理人员的积极性。

（3）在人事管理方面要给当地员工以同等的教育训练机会，要以能力、贡献而不是以国籍或性别作为评价员工的依据。

（4）要形成适合当地情况的规章、文件、报表制度，并考虑当地的语言、文化、习惯及社会制度，并通过各种机会增进同当地员工的相互理解。

（5）要创建能容纳不同国度、不同特点的人的企业文化，避免按自己国家的价值观念行事的封闭观念。

（二）在国际经营中应考虑的问题

国际经营是在企业的国际化的基础上进行，因此企业在考虑资源分配、经营环境、经营风险时都必须从全球的高度来考虑。

1. 要有全球化的战略构想

要想成为国际企业，首先要有大胆的全球性目标。日本珍珠人工养殖的创始人御木本幸吉，当他还在三重县鸟羽海边试验人工养殖珍珠时，就抱有"让全世界女人的头颈都能戴上珍珠项链"的宏伟目标，终于造就了世界上最大的跨国珍珠首饰公司，在世界各地都有生产和销售珍珠装饰品的网点。全球化的战略构想当然不能只停留在远大的目标上，而要有具体化、数字化的战略步骤和战略方针及相应的措施，对不同性质的产品，不同的地区还应有相应的全球战略和销售目标及投资计划。

2. 要建立全球化的物流和信息系统

跨国企业应在全球信息的基础上进行经营系统的空间设计。这一系统应包括最高决策管理、研究开发、物流设计、零部件生产和最终组装、资金的筹集和运营、人才培训等功能。为此要进行把这些功能有机地结合起来的整体框架设计，并在此基础上进一步考虑经营活动的最优空间配置的设计。例如，基础研究放在何处，研究开发放在何处，原材料、零部件生产放在何处，加工组装放在何处，以及资源调度如何进行，等等。考虑到各国的经济水平、技术水平、从业人员的教育训练水平、工资水平、税收政策、流通体制等状况的千差万别，通常要在进行大量的调查分析的基础上利用比较优势的原则来进行设计。

3. 国际人力资源的管理

国际经营人才的不足常常成为国际经营中的瓶颈。人才的培养需要时间，企业的战略发生变化后，人才的结构也需要改变。为此，除了事先制订培训计划外，要使优秀人才稳定。通过提高他们的能力，激发他们的创造和合作精神来保持人力资源的活力。在国际人力资源管理中要重视经营的本地化，要特别重视所在地的人力资源的开发。

4. 设计适应全球性经营的企业组织

一般企业同外国的联系，最多的是通过进出口贸易，而国际企业不但有进出口贸易，还有国外的生产和销售网点，因此有必要设立专门的国际经营部门将有关人事、资金、中间产品、技术、信息等统一管理起来，并同国内部门进行协调。如果国际经营规模进一步扩大，则有必要按国家、地区或产品设立相应的管理部门。

5. 国际风险管理

企业向国外扩张时，从开始就要考虑到风险。首先要通过各种资料分析对方国家的政治、经济状况，交易伙伴的财务状况，希望进行投资、技术合作的对方的真实意图等情况。所需的资料，可以通过向专业的咨询公司、会计师事务所、律师事务所咨询，在当地设立办事处，访问记者、研究者，调查国际组织提供的信息来取得。其次要采用各种经验的和计量分析的方法来对投资环境进行评价，以此作为决策的依据。在对发展中国家投资时，政治风险是特别要加以注意的。为了转移风险，在一些国家可以利用国外投资保险，一旦发生政治风险损失，可以得到适当的补偿。

第二节　国际财务环境因素

国际财务环境是指决定和影响国际财务管理的各种自然因素、政治因素、经济因素、法律因素和社会因素相互依赖、相互制约所形成的矛盾统一体。相对于财务管理主体而言，它包括内部环境和外部环境。财务活动与企业生存的环境有着紧密的联系。一般说来，经济活动所处的空间越是广阔、面对的相关条件越是多样，可变因素越多，制约环境的因素越是复杂。不同国家、不同时期乃至不同领域的财务活动表现出相异的特征，其重要原因就是财务管理活动所处的环境不尽相同。从国际财务环境包含的范围看，有广义的环境和狭义的环境之分。广义的国际财务环境，包括一国经济发展水平（国民收入、经济增长速度）、经济体制、经济发展战略、基础设施、外汇管制、金融市场、币值稳定状况等。狭义的国际财务环境除包括经济环境外，还有社会文化、政治、法律、市场机制、劳动力等对财务管理有可能发生影响的各种因素。

一、国际经营中的财务管理

（一）公司理财的范围

企业财务管理又称公司理财，是企业经营的重要环节，其主要内容是，如何合理地筹集资金和如何有效地运用资金。

资金的来源除了企业经营的盈余外还可以从外部筹集。筹集资金的途径有直接融资和间接融资两种，直接融资是发行股票、债券或其他形式向投资者直接融通资金；间接融资则是通过银行或其他金融机构融通资金。

企业筹集的资金形成资本。在资本中由经营盈利和通过发行股票得到的资金称为自有资本，无偿还的必要，只需支付红利。而通过发行债券或向银行借款得到的资金称为负债资本，在一定的期限后必须偿还本金和利息。资本经过运用形成各种资产，运用的途径主要有两种：第一种是作为企业内的营运资本或流动资金用于生产和销售，如购买原材料、购买燃料动力、支付工资、开支营业费用等，形成的资产，如现金、存款、存货等被称为流动资产。第二种是用于购置固定资产以扩大生产能力。固定资产有有形和无形之分，有形的固定资产，包括机器、设备、土地、厂房等；无形的固定资产，包括营业权、专利权、土地租借权、商标权及其他知识产权。固定资产的特点是具有不可分割性。除了以上各种对公司内部的投资外，企业还可以把剩余资金用于对公司外部的金融或不动产投资，包括购买政府债券、其他公司的债券或股票、向其他企业贷款或者进行不动产投资等。企业对外的金融不动产的投资也会得到收益。

（二）国际财务管理的范围

国际财务管理指在国际范围内对资本的筹集和运用进行计划、调整、控制，使筹集成本尽量低而运用效率尽量高。

1. 国际融资——实现融资成本优化

国际融资的方式虽然只有直接或间接两种，但是由于融资是在国际范围内进行的，可以利用各金融市场的差异，通过选择、组合和创新金融工具实现融资成本的优化。

2. 直接投资——实现规模经济和资源配置优化

向国外的直接投资不只是一种资本流动，投资者还对国外的子公司持有实际的控制权。伴随着控制权而来的，除了资金以外，往往还有经营管理的技能、商业秘密、专利、商标使用权、专门技术、市场信息、销售网络等无形资产。这些无形资产被使用得越多，则分摊到产品中的固定成本就越少，从而使产品平均成本下降，得到规模经济的利益。直接投资因为能增加所在国的就业和税收、提高所在国的工业技术和管理水平，一般受到欢迎，可以得到优惠条件。它不同于出口产品，后者往往容易造成贸易摩擦。直接投资有利于投资所在国的资源的充分利用，从而使全球范围内的资源配置得以进一步优化。

3. 国际金融投资——实现风险分散和收益优化

企业的金融资产包括现金、存款、票据、短期证券和长期证券等。持有现金和存款是为了保证短期经常性支付的需要；持有短期证券或票据则是为了确保能在随时贴现的同时得到一些收益，即兼顾流动性和收益性的需要；持有长期证券等成长期金融资产则是为了取得资本收益。国际金融投资投向众多的金融市场和金融商品，通过金融资产的多样化实现投资风险分散和收益优化。

二、国际财务环境内容

（一）法律环境

跨国公司在不同的国家都有生产和销售网点，其经营活动要遵守所在国的法律规定，这些法律法规有关于外资企业的经营、融资、价格、税收、外汇等方面的，因此会对企业财务产生很大的影响，特别是税收政策和外汇管制。

1. 税收政策

税收政策主要是关于关税、企业所得税、个人所得税方面。高关税率使企业的原材料、零部件的进口成本上升，从而影响产品的价格竞争能力，或者使企业的收益降低。在所得税方面，一般外资企业能得到优惠，但在利润汇出时要征收较高的税。利用各国所得税率的差异，进行价格转移，以提高总体净收益是跨国公司常用的手法。在我国有不少外资企业利用向总公司高价进口原材料、低价出口产品的办法来降低利润以逃避在我国的税收。

2. 外汇管制

外汇管制是指一个国家为防止资金的大量外流，改善国际收支，维持本国货币汇率而通过法律、法令、法规对所有涉及外汇收支、存储、汇兑和转移的经济活动采取的限制性措施。外汇管制包括：①数量管制，如建立出口结汇制度、外汇配额制度、进出口许可证制度，以及对贸易外收支和资本输出、输入的管制等；②价格管制，即通过运用复汇率制，对不同性质的外汇交易规定不同的汇率或征收不同的外汇税；③项目管制，即对产生外汇收支的企业的商业和金融活动本身，如对进口、资本输出、利润和股息的汇出、利润的再投资、外国人在本国的股金资本和债务资本的遣回、外国人对本国有价证券的购买等加以限制。这些限制可采取完全禁止或设定限额的直接形式或用税收调节的间接形式。

（二）全球性金融市场

金融市场的全球一体化是从 20 世纪 80 年代起迅速展开的。现在全世界的金融市场是一个"地球市场"，它没有国界的限制，没有时间的约束。首先，各国金融市场的商品也在其他国家的金融市场上被大量交易。要购买美国政府债券，不一定去纽约市场，在东京和伦敦都可以买到。此外，一些金融商品，如大面额可转让存款单、商业票据都已同质化，成为国际通用商品，其价格的形成在世界的任何市场上都以同样的机制在进行。其次，金融市场是 24 小时市场，即任何银行、证券公司、机构投资者都可以利用惠灵顿、悉尼、东京、新加坡、巴林、苏黎世、伦敦、纽约之间的时差，在任何时刻越过国界，在其中的一两个市场进行交易。最后，金融市场逐渐形成了世界联网的计算机清算和交易系统。为了使资金的结算、支付及证券的交割能在世界范围内及时进行，1908 年由库根银行在布鲁塞尔创建了欧洲债券结算系统，1970 年由一批国际金融机构在卢森堡建立了塞德尔系统，它是对欧洲债券及有关证券进行安全保管、交割与清算活动的电脑系统。

（三）浮动汇率制

从 1973 年起，世界上主要发达国家的货币之间的比价实行浮动汇率，这是导致国际财务管理中外汇风险的主要原因。各国国内经济的增长速度、通货膨胀率、国际收支状况和利率水平的变动，使当今的外汇市场波动剧烈，难以预测，从而给资本筹集的成本和资本运用的成果都带来不确定性。例如，一家企业能够在东京市场上发行利率较低的日元债券，从当时来看显得非常有利，但是如果日元相对本国货币持续升值，则其结果可能导致用本国货币结算的融资成本大大上升。又如，某公司因为泰国的工资水平较低而在曼谷开设了一家工厂，资本的收益率可以达到 20%。但是后来那里发生了严重的通货膨胀，该国的货币同本国货币相对贬值了 15%，那么换算成本国货币的实际资本收益率只有 5%，也许还低于本国的存款利率。

外汇风险在金融投资中也会产生。投资美国政府债券，虽然表面上看利率很高，但是如果美元贬值，则换算成本国货币的实际回报率就会低于美国政府债券的名义利率。此外，汇率的变动还会使原来设计的投资项目的现金收益流量发生变化。例如，投资所在国的货币如果升值，就会使原定的出口目标无法实现，使产量达不到设计水平，从而使投资收益无法按计划收回，导致财务困境。

（四）新型金融商品

同完全的自由市场相比，金融市场往往受到较多的限制，因此，金融商品的成本较高，从而抑制了需求。所以，如何降低成本使需求扩大就成了金融市场的重要课题，于是从 20 世纪 70 年代末到 80 年代初出现了利用发达的信息技术开发的许多金融新商品。

1. 兼顾结算性（流动性）和储蓄性（收益性）的商品

20 世纪 70 年代初由美国最大的一家投资银行——梅而林奇公司创立的货币市场共同基金（money market mutual fund，MMMF），1972 年 6 月设立的支付命令账户（negotiable order of withdraw，NOW），以及 1977 年由该公司开发的把存款、投资信托、结算、融资等各种金融功能复合在一起的现金管理账户（cash management account，CMA）等属于这一类的代表性商品，它们兼顾了流动性和收益性。这类商品在欧洲和日本也得到迅速发展，但并没有成为国际通用的金融商品。而 1961 年由美国花旗银行开发的同样兼顾流动性和收益性的大额可转让存款单已在日本、欧洲及欧洲货币市场、离岸金融市场普遍使用并已作为统一商品大量交易。

2. 保值避险型商品

一方面，企业在不完全自由市场上可得到较多的盈利机会；另一方面，价格、利率、汇率的变动风险，不能支付的信用风险，同流动性有关的风险也明显增大。想回避这些风险的人,可以通过一些特殊的市场提供的金融期货和期权交易等金融工具来保值避险。这些金融商品由于具有杠杆效果,从而使国际金融交易变得非常活跃和多样化,但同时也使投机活动增加,导致新的风险。这些金融商品的另一个特点是,其交易在企业的会计处理上不影响资产负债表,所以被称为表外金融商品。

3. 降低融资成本型商品

资金需求者由于各种限制的存在、同金融机构的关系或企业的信用度等原因而难以达到以希望的货币、利率、期限融资时,曾有一些迂回的方法,代表性的是平行贷款和背靠背贷款等。随着各国外汇管制的撤销和远期交易的发展,它们逐渐完成了其使命。但随着国际金融交易的发展,又出现了互换交易,它是平行贷款和背靠背贷款的发展,包括利率互换和货币互换,通过互换交易有可能降低债务成本。互换交易一方面增加了国际金融市场的多样性;另一方面增加了新的风险,即表外金融风险。

三、国际金融资本市场

(一)市场的分类

国际金融资本市场是进行超越国境的资本移动,包括长期和短期的资金借贷、有价证券的发行和流通,以及以各种货币进行国际资本交易的场所。国际金融资本市场的存在使跨国企业的融资和投资方式更加多样化。

国际金融资本市场可按如下两方面进行分类。

(1)对国际交易开放的主要国家的传统国别市场和为促进国际金融交易而设立的无限制或限制很少的自由市场,如欧洲市场和离岸市场。

(2)以银行信用供给为中心的借贷市场和以证券发行交易为中心的证券市场或资本市场。

下面按上述标准对一些常见国际金融资本市场进行分类。

(二)以银行信用供给为中心的借贷市场

1. 国别市场

美国的纽约,欧洲的伦敦、法兰克福、苏黎世等,日本的东京是进行大量国际借贷业务的传统金融市场,这些市场的资本交易用所在国的货币表示,只是借款人可以是非所在国的居民。在这些市场上的国际交易同国内交易一样受到诸如税收、存款准备、存款保险义务等方面的一定的限制。

2. 欧洲货币市场

这是以所在国以外的外国货币(以下简称外币)进行交易的市场。美元资金不存在美国而存在伦敦或法兰克福,以此资金作为供给源进行国际金融交易的市场就是欧洲美元市场。现在除美元以外的其他主要货币,如德国马克、日本日元、瑞士法郎等也在本国以外的市场上成为国际金融的交易货币。这类市场总称为欧洲货币市场(Euro currency market)。这里的"欧洲"不是一个地理概念而是一种"业务"概念。

欧洲货币市场最初的形成，是 20 世纪 50 年代美苏对立，苏联担心美国冻结其在美国的存款而把美元资金转移到伦敦时开始的。由于美国有对存款规定利率上限（Q 项条款），对利率课税，要求银行保持存款准备、存款保险义务等的限制，美元存款就大量流向伦敦。与此相应的是，第二次世界大战结束后英国为了振兴其传统的金融市场，而对美元存款、放款采取自由化的政策，这就使美元成为伦敦的金融交易货币，逐渐形成欧洲美元市场。欧洲货币市场的交易分银行对顾客和银行之间两种。银行对顾客的交易包括 1 周到 6 个月的存款，发行各种长短期的存款单及各种长短期贷款。如为长期巨额贷款，则一般采取由若干银行组成银团来进行的办法，以分散风险。这类贷款称为银团贷款或辛迪加贷款，对利率没有限制。银行之间的交易以隔夜到 6 周为主，不需担保，是最自由的资金交易。其中 3 个月和 5 个月期的贷出利率，即伦敦同业银行拆放利率（London interbank offered rate，LIBOR）是每天上午 11 时由 5 家大银行决定的，它是全世界各种金融交易的利率参照基准。

欧洲货币市场没有设存款准备、利率课税之类的限制，因此存款利率高于国别市场，而贷款利率要低于国别市场，从而深受融资、投资者的欢迎。目前伦敦市场已是能以任何一种货币进行国际金融交易的自由市场。与此相仿的还有香港市场，新加坡则有以外币进行交易的同样性质的市场，因此香港、新加坡也被称为亚洲美元市场。

3. 离岸市场

国外流入的资金不在国内使用，而是又贷给国外居民的交易市场称为离岸市场（offshore market）。它类似于商品的保税区。建立这类市场的目的主要是吸引金融交易以从市场获得各种收益，为此把它们区别于国内市场，在税收、存款准备等方面实行优惠政策。

美国为了把在伦敦的美元交易再吸引过来，于 1981 年 12 月设立了国际银行业务（international banking facilities，IBF），允许美国国内银行另立账户经营欧洲美元和其他欧洲货币的存放款业务。1983 年底，约有 400 家美国和外国银行进行这项国际银行业务，使纽约国际金融中心成为重要的离岸金融市场。东京也于 1986 年 12 月开设了东京离岸市场，前述的新加坡也是这样的市场。离岸市场如果取消与国内市场的界限，就成为伦敦那样完全自由的国际金融市场，从而就没有"离岸"之称。

4. 避税港

一些国家为了吸引外国企业、旅游观光者，培育金融市场而实行税收上的优惠，取消各种限制，建立了可自由、方便地进行国际金融交易的市场，称为避税港（tax heaven）。它们有欧洲的卢森堡、列支敦士登，中东的巴林，加勒比海的巴哈马群岛等，这里有实质性市场的只有卢森堡和巴林，其他只是金融交易的避税场所而已。

（三）以证券交易为中心的资本市场

1. 欧洲债券市场

1963 年肯尼迪政府实施了利息平衡税制度后，纽约市场对外国举债者逐渐失去了魅力，取而代之的是伦敦的美元债券的发行开始活跃起来，这就是欧洲债券市场，它交易以所在国以外的货币为面值发行的国际债券。以美元为例，同在纽约发行美元债券相比，在伦敦发行欧洲美元债券由于限制少，要有利得多。目前欧洲债券的货币除美元外，还有日元、欧元等主要货币。因此，日本企业可以在法兰克福发行日元债券，其筹资成本比国内要低。与美元不同，欧元、日元等欧洲债券要受到一些国家的限制。

欧洲债券一般额度大（5亿美元以上）、期限长，因此一般由国际银团包销，由于对利息不征税，发行成本低。债券种类除普通附息债券外，还有变动利率债券、可转换公司债券（convertible bond）、附有认购股权债券（bond with warrant）、无息票债券（zero coupon bond）、欧洲货币单位债券等。

2. 欧洲股票市场

此外，一些国际上知名度很高的企业的股票不但在本国或各国特定的市场上上市，还可以在欧洲市场这样不特定的国际金融市场上发行、流通。

■ 本章小结

跨国公司是一种企业组织形式。企业是指在市场经济下以营利为目的而从事商品和劳务生产的组织，其行动的准则是利润最大化。跨国公司可以克服市场不完全性的许多障碍，使规模经济的原理得到充分利用。

国际财务环境是指决定和影响国际财务管理的各种自然因素、政治因素、经济因素、法律因素和社会因素相互依赖、相互制约所形成的矛盾统一体。

从国际财务管理环境包含的范围看，有广义的环境和狭义的环境之分。广义的国际财务管理环境，包括一国经济发展水平（国民收入、经济增长速度）、经济体制、经济发展战略、基础设施、外汇管制、金融市场、币值稳定状况等。狭义的国际财务管理环境除包括经济环境外，还有社会文化、政治、法律、市场机制、劳动力等对财务管理有可能发生影响的各种因素。

➤复习思考题

一、概念题

国际经营 国际财务管理环境 国际经营的价值准则 外汇管制 全球性金融市场

二、简答题

1. 说明跨国公司在规模经济上所具有的优势。
2. 国际财务管理的外部环境主要体现在哪些方面？
3. 欧洲货币市场有哪些特点？
4. 为何在欧洲货币市场的存款利率较高而贷款利率较低？
5. 在欧洲证券市场发行债券有什么有利之处？
6. 在国际经营中应考虑的问题有哪些？

国际财务惯例

国际惯例因适用主体身份的不同而分为两类，即国际公法上的惯例和国际经贸惯例。国际财务惯例是国际经贸惯例的组成部分。

国际财务面临的是日益趋向一体化的复杂的世界经济环境，国际经贸惯例使一体化的世界经济得以规范运行。国际财务管理要达到规避风险、降低资金运营成本、提高经济效益的目标，则要熟悉世界市场经济活动中有关财务管理方面的规则，即国际财务惯例。国际财务惯例作为国际经济交往习惯做法的一个组成部分，被世界各国普遍接受。

本章讲解的内容有外汇管理国际惯例、筹资管理国际惯例、投资管理国际惯例、营运资本管理国际惯例、盈余分配国际惯例、跨国并购国际惯例、重整和破产清算国际惯例、财务预测国际惯例等方面。

第一节　国际财务惯例概述

公司（私人）所遵行的国际惯例为国际经贸惯例，即适用于国际货物买卖、国际技术转让、国际投资等国际商业活动的惯例。国际经贸惯例为国际经济交往的当事人提供约束手段。这些惯例可确定当事人之间的权利义务关系，使他们在确立其经济交往关系（合同关系）时就可以对各自的行为后果有所预见，在履行各自的合同义务时有所遵循，而在当事人之间出现争端时，又可成为解决争端的依据。

本节我们介绍国际惯例、国际财务惯例，以及国际财务惯例的形成和作用。

一、国际财务惯例的概念

国际惯例（international conventions）指在政治、经济等国际交往过程中逐渐形成的，被反复使用，并得到多数国家承认和遵守的习惯性做法、通例与原则。国际财务惯例是国际惯例中国际商务惯例的一个组成部分，是指在长期的国际财务管理实践中形成的，为多数国家的国际财务管理人员承认和遵守的习惯性做法、通例与原则。

国际财务惯例与国内财务惯例是财务惯例就范围来分的两个不同部分，两者既有区别又有联系。国内财务惯例是指在某一国的长期财务管理实践中形成的，为该国的财务管理人员承认和遵守的习惯性做法、通例与原则，其适用范围为不跨越国界的财务管理活动；而国际财务惯例适用于跨国经营的财务管理活动。一国的国内财务惯例可能与国际财务惯例相符合，也可能不相符合。各个国家的国内财务惯例因各国的政治、经济状况有所差异而有不同。但是国际财务惯例是由各个国家的国内财务惯例形成和发展起来的，研究国际财务惯例时必定要涉及各个国家的国内财务惯例，特别是发达国家的国内财务惯例。另外，各国国内财务惯例也基于财务管理活动的共性而存在着同一性，同国际财务惯例"接轨"。

国际财务惯例与国际财务管理也既有联系又有区别。国际财务惯例指按国际惯例和国际经济法的有关条款，按有关国家的具体规定，遵循财务管理的基本原理，针对国际企业资金收支的特点，组织国际企业财务活动和处理国际企业财务关系的一切管理工作的总称。国际企业一般都遵循国际财务惯例从事国际财务管理，以便更好地处理跨越国界的财务活动和由此形成的财务关系。国际财务管理不仅限于研究国际财务惯例，还要研究国际企业财务管理活动和由此形成的财务关系中的一些特定的原理与方法。国际财务管理的具体活动中有时也出现为遵循某国国内财务惯例而违背国际财务惯例的情况。

二、国际财务惯例的形成

国际惯例经过长期的国际交往过程而逐渐形成，其产生基于两方面的条件：一是国际政治、经济交往中需要特定的惯例来规范这一活动；二是通过多次使用得到多数国家的承认和遵守。

国际惯例的形成有两个渠道：一是在国际交往过程中被经常采用的习惯做法，形成国际惯例中不成文的部分；二是世界上很多国家对各种习惯进行修改和补充而制定的世界性或地区性的公约、协定、规则等。无论成文的还是不成文的国际惯例，都要通过某种形式表现出来，这就是国际惯例的渊源，主要有成文的文件、先例和通则、国际公约、国际条约、司法判例与裁决案例等。

国际经贸惯例是商品经济尤其是发达商品经济（即市场经济）的产物。在市场经济下，产品商品化，经济活动金融化，国家的宏观经济职能形成，各个经济主体通过各个市场产生联系，这种经济的运行有着由其自身性质所决定的客观要求。随着社会化大生产程度的提高，统一的世界市场形成，各国在经济上的联系程度也空前提高，通过长期的经济实践和经验教训，从事经贸活动的当事人将这些客观要求规章化，其结果便形成了国际经贸惯例。

国际财务惯例是随着国际财务管理活动的产生而日益形成和发展的。国际财务管理是国际企业组织其财务活动，处理其财务关系的一项管理活动，内容涉及外汇管理、筹资管理、投资管理、税收处理及跨国并购等多个方面，而且这些活动的范围都是跨越国界进行的，这样，突破了国际企业出现以前，财务管理活动基本上是在一国国内进行的状况。国际财务管理活动受到各国国内财务惯例和法律的阻碍，进而产生了形成国际财务惯例规范这一活动的必要性。

国际财务惯例形成的途径有两个：一是发达国家比较完善和先进的国内财务惯例被推向世界，国际化之后为其他国家所接受，形成国际财务惯例；二是各种国际组织制定的关于国际财务管理方面的各类国际准则或地区性的国际协定，被大多数国家接受而形成国际财务惯例。

三、国际财务惯例的作用

国际财务惯例是在长期的国际财务管理实践中形成的，研究国际财务惯例，用以指导国际财务管理活动，对于提高国际企业财务管理效率具有重要的作用。

（1）研究国际财务惯例对于国际企业进行财务管理活动，提高财务管理效率具有重要意义。国际企业的财务管理活动一般是跨越国界进行的，面临着复杂的政治、经济、文化环境，并且面对的各国国内财务惯例是不同的。国际财务惯例的内容广泛，涉及外汇管理、税收处理、筹资管理、投资管理、营运资本管理、盈余分配、跨国并购、破产清算、财务预测、财务分析等多个方面，使国际企业进行财务管理时有一定的依据可以遵循，有利于减少财务管理的风险、降低财务管理成本、增加财务管理效益。

（2）研究国际财务惯例对规范国际财务管理行为、保障国际财务管理的秩序具有重要意义。各国的国内财务惯例由于各国政治、经济、文化的差异而有不同，各国的国际企业在世界市场上从事财务管理活动，如果都按照本国的国内财务惯例进行，必然会发生冲突，引起国际经济秩序的混乱，阻碍世界经济一体化的进程。国际财务惯例作为国际财务管理的准则，是各个国际企业进行财务活动时必须遵循的规范，有一定的约束力，从而保证了国际财务管理活动的顺利进行。

（3）研究国际财务惯例对各国国内财务惯例的改进与完善有着积极的影响。国际财务管理涉及的是国际企业资金收支方面的活动，这在各个国家都是一样的，有一定的共性，使得国内财务惯例也存在同一性，从而各国国内财务惯例可以相互借鉴。各个国家的国际财务管理人员为了提高本国国际财务管理质量，往往借鉴先进国家的财务管理惯例，对本国的财务管理惯例进行改进和调整，这样便提高了各国国内财务管理的质量，也有利于增强国际财务惯例在各国的适用性。

第二节　国际财务惯例的性质和特征

国际财务惯例作为约定俗成并被普遍承认和使用的国际经济活动中的行为规则与习惯，具有准法律规范性，它与国际经济法既有区别又有联系。国际经济法是调整各种国际经济关系的实体规范的总称，包括国际惯例中的各种实体规范，基本上是以成文的形式出现的，具有强制性的效力。而国际财务惯例到目前还没有专门的国际准则，地域性、局部性的国际协定也很少，主要是不成文的国际财务管理规范，其效力往往只在被承认（明示或默许）和运用时才能实现。本节重点讲述国际财务惯例的性质和特征。

一、国际财务惯例的性质

国际财务惯例作为约定俗成并被普遍承认和使用的国际经济活动中的行为规则与习惯，其实质是国际财务管理的规范。国际财务惯例的性质可以从其与财务管理法规及国际财务管理理论两方面的关系去认识。

财务管理法规与国际财务惯例都是国际财务管理人员组织财务活动、处理财务关系的依据。国际财务惯例通过两条渠道与财务管理法规相联系：一是有关国家的国际财务管理法规。在具体的国际财务管理活动中，有关国家的国际财务管理法规和国际财务惯例共同发挥作用，从而两者发生了联系。二是国际准则和国际协定中有关国际财务管理活动的方面。财务管理法规是国际财务惯例的基础，许多国际财务惯例都是在财务管理法规的基础上逐渐形成的，财务管理法规提供了国际财务惯例得以运行的财务管理秩序和环境基础，但两者在形成方式、形式和强制性方面又有不同。

国际财务管理理论系统地反映了国际财务管理活动规律的知识体系，与国际财务惯例都是在国际财务管理实践中形成总结出来的。但理论既源于实践又高于实践，国际财务管理理论对国际财务惯例有一定的指导作用，二者不可替代。

国际财务惯例实质是国际财务管理的规范，在具体运作时与各个国家的财务管理法规和有关国际财务管理的国际准则与协定相结合，指导国际财务管理活动。

二、国际财务惯例的特征

国际财务惯例作为国际财务管理的规范，与财务管理的法规、国际财务管理理论有区别，它具有自己的特征。

（一）科学合理性

国际财务惯例经过长期的财务管理实践考验而逐渐形成，为广大国际财务管理人员在组织国际财务管理活动、处理国际财务管理关系时反复使用，被自觉地承认和遵守，具有科学合理性。

（二）广泛通用性

国际财务惯例是为多数国家和国际财务管理人员承认与遵守的习惯性做法，不仅仅局限在一两个国家内使用，从而使国际财务惯例具有广泛通用性的特征。例如，在国际证券筹资管理方面，发行债券有等价发行、溢价发行和折价发行的方式，发行股票只有平价发行或溢价发行的方式。这种习惯性做法在多数国家通行，属于国际财务惯例。有的国家股票也可以采用折价发行的方式，这在其他多数国家就不通行，从而不属于国际财务惯例。

（三）经常可用性

国际财务惯例不是偶然一两次使用的，而是国际财务管理人员在长期财务管理实践中反复使用而形成的。例如，在财务分析国际惯例中，财务分析的基本方法有趋势分析法、因素分析法、比率分析法和杜邦分析法等，在国际财务管理的资金日常管理分析、财务状况分析、盈利能力分析及行业风险分析中都得以运用，因而属于国际财务惯例的一个重要内容。

（四）国际实践性

国际财务惯例是在国际财务管理的实践中逐渐形成的。一国的国内财务惯例和有关国际财务管理的国际准则都是在实践过程中被反复使用才得以推广，为多数国家所承认和遵守。

（五）一定的准强制性

国际财务惯例的效力在被承认（明示或默许）和运用时得到实现，具有法律规范性。进行国际财务管理时必须遵循国际财务惯例，否则就可能遭受不必要的损失。例如，企业的流动比率保持在 2 的水平，速动比率保持在 1 的水平，负债比率保持在 50%～60% 的水平，这是企业力争达到的最佳水平，已经成为国际财务惯例。企业如果不遵循这一国际财务惯例，偏离这一最佳水平，就会发生筹资困难。

（六）稳定发展性

国际财务惯例是经过长期财务管理实践形成的有一定规律的财务管理规范，在一定时期保持稳定性，但随着国际财务管理的实践活动不断进行、不断发展、不断变化，相对应的国际财务惯例也是不断发展的。例如，20 世纪 50 年代以前，国际财务惯例中通行的评价投资项目的主要指标是投资回收期和投资报酬率，两者都不考虑货币的时间价值；到了 70 年代，随着货币时间价值这一概念被广泛地认识到，评价投资项目的主要指标包括净现值、内部报酬率、现值指数，三者都考虑了货币的时间价值，这成为新的国际财务惯例。

第三节　国际财务惯例的内容

按照国际财务管理活动的范围，国际财务惯例的主要内容有外汇管理国际惯例、筹资管理国际惯例、投资管理国际惯例、营运资本管理国际惯例、盈余分配国际惯例、跨国并购国际惯例、重整和破产清算国际惯例、财务预测国际惯例等。

一、外汇管理国际惯例

财务管理的对象是资金的循环和周转，国际企业的活动是跨越国界进行的，其资金不局限于一国的货币，故国际财务管理的对象不仅涉及国际企业母国的货币，还涉及与之发生经济关系的其他国家的货币，即外汇。要保证国际财务管理活动的顺利进行，首先就要了解外汇管理国际惯例。

（一）外汇市场国际惯例

外汇市场是买卖各种外汇的交易市场，是金融市场的主要组成部分，国际财务管理离不开外汇市场。外汇市场有两种组织形式：一种是固定场所的有形市场，即外汇交易所，参与外汇交易的各方在规定的营业时间内集合在这一交易所里集中交易；另一种是没有固定场所的无形市场，参与外汇交易的各方通过电话、电报、电传及其他通信工具构成交易网络进行交易。现代化通信工具的发展使无形的外汇交易市场成为主导形式，由此形成了 24 小时连续运转的国际性外汇市场。全球各主要国际金融中心都有大规模的国际性外汇市场，并且基本连为一体。目前世界上主要的外汇市场有伦敦、纽约、东京、法兰克福、巴黎、苏黎世、香港、阿姆斯特丹等。

国际外汇市场主要由外汇银行、外汇经纪人、中央银行和包括进出口商、国际投资者、外汇投机商、套期保值者等的外汇银行的顾客四部分组成。外汇市场上的外汇交易可分为银行与顾客之间、银行同业之间、银行与中央银行之间三个层次，其交易功能是不一样的。国际企业的外汇收支一般通过银行进行。

全球各主要国际金融中心的国际性外汇市场逐渐形成了一个世界性的模式。国际外汇市场交易的币种以美元为主，美元的交易量大、分布广，其他的币种有欧元、英镑、瑞士法郎、日元等。

（二）外汇市场交易方式国际惯例

国际企业参与外汇市场业务的主要目的是通过即期外汇、远期外汇来实现国际相互结算、信贷融通和资本流动。国际外汇市场的交易方式主要有以下几种。

（1）即期外汇交易。即期外汇交易是指在外汇买卖成交以后，原则上两个营业日内办理交割的交易方式。即期外汇交易又分为电汇、信汇和票汇。

（2）远期外汇交易。远期外汇交易是指买卖双方先签订合同，规定买卖外汇的币种、数额、汇率和将来交割的时间，到规定的交割日期，再按合同规定交割。远期外汇交易的交割日期一般为 1～6 个月。

（3）掉期外汇交易。掉期外汇交易是指在买进或卖出即期外汇的同时，卖出或买进远期外汇。为了避免汇率波动的风险，在短期资本投资或在资金调拨中，常运用掉期外汇交易方式，将一种货币调换成另一种货币，以防止可能发生的损失。

（4）择期外汇交易。择期外汇交易是指外汇交易交割日期由买方在约定的时段内选择，按约定的汇价交割，但买方必须在选择交割日之前两天通知报价银行。

（5）外汇期货交易。外汇期货是指在未来某个确定的时间，以确定的价格买卖确定数量的某种外汇资产的标准化合约。外汇期货交易在金融期货交易所中进行。目前，最主要的国际性外汇期货交易市场是芝加哥国际货币市场、伦敦国际金融期货交易所、悉尼期货交易所、多伦多期货交易所和新加坡国际货币交易所。

（6）外汇期权交易。外汇期权是指期权买入方在确定的时间内，以确定的价格和确定的数量买入或卖出某种外汇资产的权力。外汇期权具体分为买入期权和卖出期权两种。外汇期权可以在期权交易所或证券交易所内进行，也可在场外进行。世界上最主要的外汇期权交易所是费城股票交易所、芝加哥期权交易所、伦敦国际金融期货交易所、蒙特利尔股票交易所。

除上述方式外，还有套汇交易和套利交易。

（三）外汇风险管理国际惯例

20 世纪 70 年代以后，国际货币制度进入了浮动汇率和多种储备体系的阶段。国际货币交易中汇率波动频繁，并且幅度越来越大，国际财务管理活动过程中不可避免地会产生外汇风险。外汇风险指在国际经济活动中因汇率波动而引起损失或带来利益的可能性，是国际企业风险的一部分。

外汇风险可概括为以下三类。

（1）折算风险。折算风险（translation exposure）又称转换风险、评价风险，指国际企业会计报表上以一国货币表示的外币余额，在一定会计期间内折算成为另一国货币，这期间因汇率变动、所遵循的会计惯例的差异而导致的会计报表的差异。

（2）交易风险。交易风险（transaction exposure）又称营业风险、兑换风险，指在外币交易的结算过程中由于汇率变动而产生的损失或收益。一般在以下交易业务中容易出现交易风险：以外币计量的应收账款；以外币计量的国际信贷；待交割的期货外汇合约。

（3）经济风险。经济风险（economic exposure）也称经营风险，指由于未预料到的汇率变动而使国际企业预期现金流量的净现值发生变化，从而影响国际企业未来收益能力的风险。

外汇风险给国际财务管理带来很大的不确定性，因而国际企业应在外汇风险预测的基础上，针对不同类型的外汇风险采用相应的管理措施。针对折算风险进行管理，其主要方法是采用资产负债表套期保值，即国际企业在编制合并会计报表时，设法将以外币计量的会计报表上的余额予以抵消，使会计报表的净换算等于零。另外，还可以采用远期外汇市场保值的方法进行会计折算风险管理。针对交易风险进行管理，最有效的方法是套期保值，具体有远期外汇合同市场保值、货币市场保值、期权交易保值。另外，国际企业还可以通过经营决策，如选择计值货币、提前或延迟收付款来避免或减少外汇交易风险。针对经济风险进行管理，重要的方法是经营多元化和融资多元化，使外汇风险对国际企业长期利益的影响降低到最低程度。

国际企业还可以利用一些综合性的外汇风险管理方法，如通过外汇调换交易、国际企业分支机构之间提前或延后转移资金、将闲置的资金分布在几个稳定的国际金融中心等。通过运用科学的方法预测汇率变动趋势，并采取有效的措施，可以避免或减少外汇风险可能给企业带来的损失。

二、筹资管理国际惯例

（一）国际企业的资金来源

国际筹资（international financing），指国际企业利用一定的方式，从特定的来源渠道获取资金的行为，是国际财务管理的一项重要内容。国际企业筹资活动的重要特征在于它的全球性。

国际企业的资金来源有两个方面：一是集团内部资金来源；二是集团外部资金来源，

包括母公司本土国的资金来源、子公司东道国的资金来源和国际金融市场的资金来源。

国际企业面对复杂的国际筹资，根据国际惯例，必须坚持以下筹资原则：一是合理预测需要的资金数量和种类；二是适时取得所需资金；三是选择适当的资金来源；四是确定最佳资金结构；五是最大限度地减少外汇风险。

（二）国际企业的筹资方式

1. 国际证券筹资

国际证券市场上证券的种类一般有股票、公司债券和国际债券。各个国家一般都要求股票上市的企业必须是一家公认的有限公司，而且有 3～5 年以上的良好业绩。股票的发行方式一般有四种：公开发行；股东优先认购；内部协商发行；雇员优惠购股。

国际企业发行股票时，要选择投资银行；向证券交易委员会申请注册；在注册期结束前，确定股票的发行价格。股票发行价格通常有议价法、竞价法、定价法三种。国际企业在国际债券市场上可以利用公司债券和国际债券两种融资工具来筹资中长期资金。国际企业发行债券有公开发行和私募发行两种。债券的发行价格一般有等价发行、折价发行、溢价发行三种。

2. 国际贸易信贷筹资

国际贸易信贷分为对外贸易短期信贷和对外贸易中长期信贷两种。对外贸易短期信贷，是指一国的出口商、进出口银行或商业银行为加速国际的商品流通，减少资金占压，在商品的采购、打包、仓储、出运的每个阶段，以及与商品进出相关的制单、签订合同、申请开证、承兑、议付等贸易环节中采用的各种短期融资方式；对外贸易中长期信贷，又称出口信贷，指国家以给予利息补贴并提供信贷担保的方法，鼓励本国的银行对本国出口商或外国出口商（或其银行）提供利率较低的中长期信贷，以解决本国出口商资金周转的困难，或满足国外进口商对本国出口商支付货款需要的一种融资方式。目前在世界上推行的出口信贷形式主要有卖方信贷（seller's or supplier credit）、买方信贷（buyer credit）、混合信贷（mixed credit）、福费廷（forfeiting）。

3. 国际金融组织贷款筹资

国际企业还可以利用世界银行的贷款，以及其下属的国际开发协会和国际金融公司的贷款。国际企业使用世界银行发放的贷款必须由本国政府提供担保，一般不能拖欠或改变还款日期。

4. 项目筹资

项目筹资是国际上为某些大型项目筹措资金的一种信贷方式。其筹资方式不同于传统筹资，而是一种有限追索权的筹资，通常由第三人，如供应商、项目产品买主或有关政府机构承担义务，向贷款人提供有限的保证或担保。项目筹资一般都按商业交易处理。

5. 国际租赁筹资

国际租赁筹资，指国际上设备等物资的出租者和承租者之间所发生的特定的金融信贷与物资信贷形式。租赁可分为经营租赁和融资租赁两类。融资租赁主要有直接租赁、转租赁、回租赁和杠杆租赁等形式。

（三）确定筹资资本结构的国际惯例

国际企业进行筹资管理时，必须测算资金成本，以确定合理的资本结构。资金成本指国际企业为筹资和使用资金所支付的各种费用之和，根据国际惯例，资金成本主要是指长期资金的成本。最优资本结构指能使国际企业综合资金成本最低的资本结构。国际上最经常采用的确定最优资本结构的分析方法有因素分析法和逐步测试法。影响国际企业资本结构的主要因素有：企业的风险程度；企业的财务状况和经营状况；销售的稳定性；企业所有者和管理人员的态度；贷款银行的意见；等等。

三、投资管理国际惯例

国际投资（international investment）指国际企业跨越国界进行投资以获取收益的行为。

（一）国际投资环境评价的国际惯例

国际投资环境指影响国际投资活动和效果的各种外部情况与条件的综合体，通常由政治环境、经济环境、自然环境、法律环境和社会文化环境五大因素构成。

国际投资环境的评价方法通常有：投资障碍分析法、冷热国对比分析法、多因素等级评分法。

（二）投资项目决策分析方法的国际惯例

根据国际惯例，对投资项目进行决策分析的方法有：非贴现现金流量指标，包括投资回收期和平均报酬率等；贴现的现金流量指标，包括净现值、现值指数、内含报酬率等。

（三）国际投资程序的国际惯例

国际投资的风险程度大，国际企业必须按一定的程序来进行：一是根据自身经营的特点和国际市场状况，提出国际投资设想；二是认真研究和分析，选择合适的国际投资方式；三是采用适当的方法对国际投资环境进行评价；四是选用国际上常用的投资决策指标，对投资项目进行评价。

（四）国际投资方式选择的国际惯例

目前世界上通行的对外投资方式有以下几种。

（1）国际直接投资。其具体表现为通过在东道国开办合资企业、独资企业、合作企业等方式进行的投资活动。

（2）国际间接投资。其具体表现为通过购买外国公司股票、其他有价证券，以及进行中长期国际信贷取得股息、利息的投资活动。

（3）国际灵活投资。其具体包括信贷、国际租赁、信托投资、项目贷款、技术引进、补偿贸易、合作经营与开发、国际工程承包等。

四、营运资本管理国际惯例

国际企业的营运资本管理主要指对现金资产和近似现金的资产进行的全球性管理。主要包括流动资产管理和流动负债管理两个方面。国际企业要根据风险对商业信用条件做出具体规定。商业信用条件包括：预付货款；货到付款；延期付款，但不提供现金折扣；延期付款，但早付款有现金折扣。

短期银行借款即银行信用，是国际企业融通短期资金的来源之一。银行信用主要有担保贷款、无担保贷款（又称信用贷款）两种形式。无担保贷款又有信用额度贷款、循环贷款协定、交易贷款三种具体形式。用作担保贷款的担保品资产通常有应收账款和存货。存货担保贷款又有浮动存货留置权、信托收据贷款、仓单贷款三种。

商业票据是由信用较高的企业发行的短期无担保本票。近年来，商业票据已发展成为国际企业一种主要的筹资方式。按发行方式的不同，商业票据主要有经纪人代销的商业票据和直接销售的商业票据两种。

五、盈余分配国际惯例

国际企业的盈余分配是将来源于不同国家和地区的跨国经营所得进行分配，分配的对象是不同国家和不同的投资者，涉及不同国家的税收政策和其他管理政策。按照国际惯例，国际企业盈余分配的方向主要是纳税和股利分配。

（一）税收制度对国际企业盈余分配程序的影响

不同的税收制度对国际企业的跨国经营所得，采取不同的征税方法。这涉及东道国和跨国公司的关系，也涉及母国和东道国之间的税收利益关系。国际上通行的确定各国税源分配的原则是：对股份有限公司组织形式的，具有法人资格的国际企业，一般采取先税后利的方法；对合伙企业、合作企业或联合企业、分公司，不具有法人资格的国际企业，一般采取先利后税的方法。

（二）国际企业盈余分配程序的国际惯例

按照国际惯例，国际企业盈余分配的一般程序是：营业收入减去营业费用，得到营业利润；营业利润减去营业外支出，加上营业外收入，得到税前利润；税前利润减去企业应纳所得税，得到税后利润；对税后利润进行有关调整后，分配股利。

（三）国际企业股利分配的国际惯例

股利分配是国际企业税后盈余分配的主要内容。按照国际惯例，国际企业的股利分配政策有以下类别。①按股利支付比率的高低可将股利政策分为：国际企业盈余全部用于支付股利的政策；股利支付比率高于60%的高股利政策；股利支付比率低于30%的低股利政策；国际企业盈余全部用于内部积累，不支付股利的政策。②按股利支付是否稳定可将股利政策分为：稳定的股利政策；变动的股利政策；阶梯式的股利政策；正常股利加额外股利的政策。③按股利支付的方式可将股利政策分为：现金股利政策；财产股利政策；负债股利政策；部分现金、部分财产的股利政策；部分现金、部分债务的股利政策。

按照国际惯例，国际企业向股东支付股利时，应按一定程序进行，大体有股利宣告日、股权登记日、除息日、股利支付日四个环节。国际企业的股利可以按季发放，也可以按年发放。

六、跨国并购国际惯例

（一）国际企业跨国并购的类型

按照国际惯例，国际企业跨国并购可分为以下类型。①按并购双方的行业性质可分为：同一部门（行业）或产品性质相同的邻近部门（行业）内的横向并购；对于不同部门（行业），但在生产上有密切联系的企业的纵向并购；对既属于不同部门（行业）又无生产、经营联系企业的混合型并购。混合型并购可分为扩大产品门类的并购、扩大市场的并购、对产品与市场都没有联系的企业的纯复合型企业并购。②按并购的手段可分为主动型并购和被动型并购。③按并购的程序可分为善意并购和非善意并购。④按产权交换的购买方式可分为现金并购、股票并购和杠杆并购。

（二）国际企业跨国并购的程序

国际企业进行跨国并购首先要进行经济可行性分析，然后按照以下合法程序进行：①召开股东大会，确定并购企业；②通过产权交易市场或直接洽谈，确定并购企业的标准；③发布并购信息，进行资产评估；④签订并购协议；⑤审核批准；⑥申请公证和办理登记手续；⑦发布并购公告。

七、重整和破产清算国际惯例

国际企业在生产经营过程中可能遇到财务上陷入困境的状况，可依照破产法，选择企业重整或破产清算解散的方式解决偿债能力不足的问题，以便重新经营。

（一）国际企业重整的国际惯例

按照国际惯例，国际企业只是出现暂时的财务困难，则可以通过与债权人的直接合作、采取延长到期债务的偿付期限、自愿和解而减少债务的求偿金额等方式，使国际企业恢复到财务健全的状况。国际企业可以根据本企业的具体情况，选择依据正式的重整程序或非正式的重整程序来进行。

（二）国际企业破产清算的国际惯例

国际企业的财务困难无法通过重整来恢复，则必须宣告破产倒闭，予以清算。清算的方式有：①按非正式程序，采取让渡或转让方式清偿债务；②按正式的破产程序方式进行，由法院裁定清偿债务。破产清算必须按法定程序进行：①法院依法宣告破产；②成立清算企业；③全面清查破产、债权和债务；④分配财产；⑤办理停业登记。

八、财务预测国际惯例

国际企业的财务预测是根据国际企业财务活动的历史资料和其他有关信息，结合现实条件与未来可能具有的条件，对国际企业财务活动的未来发展趋势进行判断及测算的过程。作为财务管理过程的首要环节，财务预测在国际企业财务管理中具有极其重要的作用。

（一）财务预测的内容

在国际企业财务活动的不同阶段，财务预测的内容各不相同。

在国际企业资金筹集阶段，财务预测的主要内容是：对所需筹集资金数额的预测；对各种筹资方式资金成本的预测。

在国际企业资金投放阶段，财务预测的主要内容是对投资项目现金流量的预测。

在国际企业资金营运阶段，财务预测的主要内容是：对资产利用情况的预测；对经营成本的预测；对营业收入的预测。

在国际企业资金分配阶段，财务预测的主要内容是：对利润的预测；对为保持合理的资本结构而需从企业内部筹集资金数额的预测。

（二）财务预测的方法

国际上通行的财务预测的技术方法很多，这些方法可分为定性分析法和定量分析法两类。国际企业可以根据具体情况，选择其中一类或两类方法结合起来使用。

（三）财务预测的程序

国际企业进行财务预测，必须按照一定的程序：①明确预测目标；②收集和整理预测目标信息；③选择预测方法；④提出预测模型；⑤确定最佳预测方案；⑥分析预测误差。

■本章小结

国际惯例指在政治、经济等国际交往过程中逐渐形成的，被反复使用，并得到多数国家承认和遵守的习惯性做法、通例与原则。国际财务惯例是国际惯例中国际商务惯例的一个组成部分，是指在长期的国际财务管理实践中形成的，为多数国家的国际财务管理人员承认和遵守的习惯性做法、通例与原则。

国际财务惯例与国际财务管理既有联系又有区别。国际财务惯例指按国际惯例和国际经济法的有关条款，按有关国家的具体规定，遵循财务管理的基本原理，针对国际企业资金收支的特点，组织国际企业财务活动和处理国际企业财务关系的一切管理工作的总称。

国际财务惯例是随着国际财务管理活动的产生而日益形成和发展的。国际财务管理是国际企业组织其财务活动，处理其财务关系的一项管理活动，内容涉及外汇管理、筹资管理、投资管理及跨国并购等多个方面。

国际财务惯例实质是国际财务管理的规范，在具体运作时与各个国家的财务管理法规和有关国际财务管理的国际准则与协定相结合，指导国际财务管理活动。

国际财务惯例主要包括外汇管理国际惯例、筹资管理国际惯例、投资管理国际惯例、营运资本管理国际惯例、盈余分配国际惯例、跨国并购国际惯例、重整和破产清算国际惯例、财务预测国际惯例等。

➢复习思考题

一、概念题

国际惯例 国际财务惯例 外汇管理国际惯例 筹资管理国际惯例 投资管理国际惯例

二、简答题

1. 国际财务惯例的性质是什么？
2. 国际财务惯例与国内财务惯例、国际经济法的区别和联系是什么？
3. 国际财务惯例的特征是什么？
4. 国际财务惯例的内容包括哪些？
5. 国际财务惯例是如何形成的？
6. 国际财务惯例的作用是什么？

第四章

国际企业外汇风险管理

国际财务管理的基本特点是财务管理与外汇管理密切结合。企业从国外筹资、向国外投资和从事国际贸易等各项活动，都涉及外币，发生外汇收支，存在外汇风险。外汇风险是国际财务管理中特有的一种新的风险来源，如果企业有效地进行外汇风险管理，将会避免汇率变动可能造成的损失，增加收益；反之，则可能蒙受巨大的损失。外汇风险管理是国际财务管理的重要内容，主要包括外汇风险的识别与测量、外汇汇率变动预测及外汇风险管理的策略与方法。由于发生外汇风险的原因是汇率的变动，企业管理外汇风险要通过外汇市场的各种交易来进行。

第一节 外汇与汇率

本节讲述外汇与汇率的相关内容。

外汇是"国际汇兑"的简称。它有动态和静态两种意义，动态的外汇是指清偿国际债权债务关系的一种专门性的经营活动，其中有"兑"和"汇"两个方面。静态含义的外汇是指可以在国际清算中使用的各种支付手段，我们平时所用说的外汇一般都是就这种静态含义而言的。汇率（exchange rate）又称汇价或外汇行市，是两种货币兑换的比率，即一国货币用另一国货币表示的价格。

一、外汇的定义

根据 2017 年《中华人民共和国外汇管理条例》第三条规定，本条例所称外汇，是指下列以外币表示的可以用作国际清偿的支付手段和资产：①外国货币，包括纸币、铸币；②外币支付凭证，包括票据、银行存款凭证、邮政储蓄凭证等；③外币有价证券，包括政府债券、公司债券、股票等；④特别提款权、欧洲货币单位；⑤其他外汇资产。应该说明，在国际信用体系高度发达、信用工具和有价证券的种类十分繁多的今天，国际经济交往中使用外币仅占极小的比例，而大部分借助于信用工具。此外，就外币而言，一般也只有那些可以自由兑换的货币才是外汇，国际货币基金组织曾对静态含义的外汇做过如下定义：“外汇是货币行政当局（中央银行、货币管理机构、外汇平准基金组织及财政部）以银行存款、财政部国库券、长短期政府证券等形式所保有的在国际收支逆差时可以使用的债权。”由于它强调了外汇是货币行政当局所拥有的债权，所以这里的外汇实际上是从官方储备的角度去定义的。总之，在静态含义上，外汇是一种国际支付手段，也是在国际收支逆差发生时可以使用的债权或资产。一般来讲，这种债权或资产是可以自由兑换的外币或以这些外币表示的各种形式的支付凭证，在某些特定的情况下，它也可以是本币或其他形式的账面资产。例如，中国机械进出口公司 A 向香港环球船务公司支付 100 万港元的运费，A 可以用人民币向中国银行北京分行买入该行开出的 100 万港元的即期汇票，然后 A 将汇票邮寄给香港环球船务公司，同时汇出行中国银行北京分行将汇票通知书邮寄给香港的汇入行，收款人持汇票向汇入行取款时，汇入行验核汇票与汇票通知书无误后即解付票款给收款人，并把付讫通知书寄给汇出行，从而使双方的债权债务得到结清。在上述结算过程中有“汇”和“兑”的过程，结算的工具采用的是银行即期汇票。

二、外汇的种类

按照不同的标准，对外汇可做不同的分类。

（一）自由外汇和记账外汇

按可兑换性可将外汇分为自由外汇和记账外汇。

1. 自由外汇

自由外汇是指不需要外汇管理当局批准就可以自由兑换成其他货币，或是向第三者办理支付的外币或支付凭证。目前世界上有 50 多种货币是自由兑换货币，其中广泛流通和使用的自由外汇主要有美元、日元、英镑、瑞士法郎、港元、加拿大元、澳大利亚元、新西兰元、新加坡元等。持有这些外汇能够自由兑换成其他国家货币或向第三国支付，是世界各国普遍都能接受的支付手段。

2. 记账外汇

记账外汇也称双边外汇或清算外汇。过去我国同苏联、东欧等国贸易时采用这种形式清算。所有进出口贷款，只在双方银行开立的专门账户记载，它是根据政府间签订的双边协定进行的，仅限于双边支付。记账外汇不经过债务国外汇管理当局批准，不能自由兑换成其他货币或向第三国进行支付，年终所发生的收支差额转入下一年度加以平衡。

（二）贸易外汇和非贸易外汇

按来源可将外汇分为贸易外汇和非贸易外汇。

1. 贸易外汇

贸易外汇是同进出口贸易和贸易从属费收付相关的外汇，贸易从属费包括同进出口直接有关的运费、保险费、样品费、广告宣传费和推销费等。

2. 非贸易外汇

非贸易外汇是指那些除贸易外汇之外通过其他途径取得的外汇。例如，侨汇、旅游、宾馆、饭店、铁路、海运、航空、邮电、港口、海关、银行、保险、对外承包工程等方面的国际收入和支出，以及涉及非贸易性的个人和团体出国旅行、图书、电影、邮票、外轮代理等服务引起的各项国际收入和支出。

（三）即期外汇和远期外汇

按交割期限可将外汇分为即期外汇和远期外汇。

1. 即期外汇

即期外汇是在外汇买卖成交后两个营业日内办理交割的外汇。即期外汇有电汇、信汇和票汇三种。

2. 远期外汇

远期外汇是交易的双方预约到一定期限办理交割的外汇。远期外汇的期限按月计算，一般为1～6个月，也可长达1年，通常为3个月（90天）。远期汇票表示的外汇便是远期外汇。

三、汇率及其标价方法

汇率又称汇价或外汇行市，是两种货币兑换的比率，即一国货币用另一国货币表示的价格。例如，1英镑=1.5美元，即指1英镑的价格是1.5美元，或者说，1美元的价格约是0.6667英镑，因为为1÷1.5≈0.6667。通过银行将本国货币按汇率购买外汇或将外汇按汇率兑换成本国货币，就是进行外汇买卖，汇率是外汇买卖的兑换标准。

确定两种不同货币之间的比价，首先要确定用哪个国家的货币作为标准，由于确定的标准不同，在国际外汇市场上，便产生了两种不同的外汇汇率标价方法。

（1）直接标价法。直接标价法（direct quotation）是指以一定单位（1个外币单位或100个外币单位）的外币作为标准，折算成若干本国货币来表示其汇率的标价方法。在直接标价法下，外币数额固定不变，汇率涨跌都以相对的本国货币数额的变化来表示。一定单位外币折算的本国货币增多，说明外币汇率上涨或本币汇率下跌，即外币币值上升，或本国货币币值下降；相反，一定单位外币折算的本国货币减少，说明外币汇率下跌或本币汇率上涨，即外币币值下降，或本国货币币值上升。

除英国和美国外，世界绝大多数国家和地区都采用直接标价法。我国的人民币外汇牌价，同国际上绝大多数国家一样，也采用直接标价法。均以100个外币单位为标准，折算成若干人民币元来表示人民币汇率。

（2）间接标价法。间接标价法（indirect quotation）是指以一定单位的本国货币为标准，折算成若干数额的外币来表示其汇率的标价方法。在间接标价法下，本国货币的数额固定不变，汇率涨跌都以相对的外币数额的变化来表示。一定单位的本国货币折算的外币数量增多，说明本币汇率上涨或外币汇率下跌，即本国货币升值或外币贬值；相反，一定单位的本币折算的外币数量减少，说明本币汇率下跌或外币汇率上涨，即本币贬值或外币升值。英国一向采用间接标价法。美国长期使用直接标价法，在第二次世界大战以后，美元在国际收付和国际储备中逐步取得统治地位，从1978年9月1日开始，除对英镑继续使用直接标价法外,对其他货币一律改用间接标价法公布美元汇价。但在实践中往往同时采用两种标价法公布美元汇价(表4-1)。

表 4-1 美元汇价表

货币	直接标价:1 外币=×美元 (1)	间接标价:1 美元=×外币 (2)
英镑	1.8380	0.5441
瑞士法郎	0.8027	1.2458
日元	0.0092	108.7000
加拿大元	0.7347	1.3611
澳大利亚元	0.6897	1.4499
欧元	1.2139	0.8238
港币	0.1282	7.8003
新西兰元	0.6285	1.5911

直接标价与间接标价是倒数关系,如 1 美元=108.7000 日元,则 1 日元=1÷108.7000≈0.0092 美元。从国家、地区来说,两者的关系也刚好调个位置,如在上例中,1 美元=108.7000 日元,对美元来说是间接标价,而对日元来说则是直接标价。同样,1 日元=0.0092 美元,对美元来说是直接标价,而对日元来说则是间接标价。

外汇汇率的种类可以从以下各种不同的角度划分。

(一)从银行买卖外汇的角度划分

(1)买入汇率(buying rate),又称外汇买入价。它是指银行向客户买入外汇时所使用的汇率。采用直接标价法,外币折合本币数额较少的那个汇率是买入汇率,它表示银行买入一定数额的外汇需要付出多少本国货币;采用间接标价法时,本币折合外币较多的那个汇率是买入汇率,它表示银行买入多少外汇需要付出一定数额的本国货币。

(2)卖出汇率(selling rate),又称外汇卖出价。它是指银行向客户卖出外汇时所使用的汇率。采用直接标价法时,外币折合本币较多的那个汇率是卖出汇率,它表示银行卖出一定数额的外汇需要收回多少本国货币;采用间接标价法时,本币折合外币较少的那个汇率是卖出汇率,它表示银行卖出多少外汇应该收回一定数额的本国货币。

买入汇率与卖出汇率的差价是银行买卖外汇的收益,一般为1‰~5‰。在通常情况下,银行同业之间买卖外汇的汇率差价比银行同一般客户(个人或工商企业)的买卖差价要小,因为银行同业之间买卖外汇的数额比较大。

(3)中间汇率(middle rate)。它是指外汇买入价和卖出价的平均数。中间汇率经常作为汇率的一般水平,在报刊、电台上报道套算汇率时也用有关货币的中间汇率计算。

(4)现钞汇率(bank notes rate)。它是指银行买入或卖出外币现钞时所使用的汇率。从理论上讲,现钞买卖价与外币支付凭证、外币有价证券等外汇形式的买卖价应该相同。但由于一般国家都规定,不允许外币在本国流通,需要把买入的外币现钞运送到各发行国或能够流通的地区去，这就要花费一定的运费和保险费，这些费用需要由客户来承担。因此，银行在收兑外币现钞时使用的汇率，稍低于其他外汇形式的买入汇率；而银行卖出外币现钞时使用的汇率则与外汇卖出价相同。

以 201×年×月×日中国银行公布的人民币汇率为例，见表 4-2。

表 4-2　人民币汇率表

货币名称	现汇买入价	现钞买入价	卖出价
港币	105.95	105.32	106.27
新加坡元	482.81	471.59	484.65
日元	7.51	7.45	7.54
美元	826.43	821.46	828.91
加拿大元	632.87	618.16	635.28
欧元	1003.02	994.78	1006.84
英镑	1492.37	1457.69	1498.05
瑞士法郎	651.15	636.02	653.63
澳大利亚元	587.79	574.12	590.02

（二）按制定汇率的方法划分

（1）基本汇率（basic rate）。它是指本国货币与基准货币或关键货币的汇率。各国在制定本国货币的汇率时，由于外币种类很多，通常选择某种货币作为关键货币，首先制定本币对此种货币的汇率，即基本汇率；其次，根据基本汇率套算出本币对其他货币的汇率。关键货币应具备的条件是：国际普遍接受的可兑换货币；本国国际收支使用最多的货币；本国外汇储备中比重最大的货币。目前，各国作为关键货币的通常是美元。各国通常把本国货币对美元的汇率作为基本汇率。

（2）套算汇率（cross rate）。它是指在基本汇率制定出来以后，通过各种货币对关键货币的汇率套算出来的本币对各种货币的汇率。

（三）按外汇交易的期限划分

（1）即期汇率（spot rate）。它是指银行进行即期外汇交易所使用的在两个营业日内进行交割的交易。交割是指外汇交易双方交钱和付汇的过程。

（2）远期汇率（forward rate）。它是指银行进行远期外汇交易所使用的汇率。远期外汇交易是指外汇买卖成交后，根据合同规定的到期日，按约定的汇率，办理交割的外汇交易。远期外汇交易的期限一般按月计算，从 1 个月至 12 个月不等。银行也相应制定了 1 个月到 12 个月期限的远期汇率，同当日的即期汇率一起挂牌公布。远期外汇交易的期限也有超过一年的。

如果某种货币的远期汇率高于即期汇率，那么该远期汇率就被称为远期升水；如果远期汇率小于即期汇率，则称为远期贴水。例如，即期汇率 1 美元=1.2560 瑞士法郎，1 个月远期汇率 1 美元=1.2440 瑞士法郎，美元远期是贴水，瑞士法郎远期是升水。远期汇率的标价等于即期汇率加上升水或减去贴水。

汇率有全价报价和小数点报价两种方式。苏黎世市场某日美元与瑞士法郎、欧元的汇率见表 4-3。

表 4-3　汇率情况表

汇率	瑞士法郎/美元		欧元/美元	
	买价	卖价	买价	卖价
全价报价:				
即期汇率	1.2550	1.2560	0.8230	0.8260
1 个月远期汇率	1.2388	1.2403	0.8335	0.8382
3 个月远期汇率	1.2278	1.2293	0.8465	0.8505
6 个月远期汇率	1.2210	1.2230	0.8550	0.8595
小数点报价:				
1 个月远期汇率	162	157	105	120
3 个月远期汇率	272	267	235	245
6 个月远期汇率	340	330	320	335

全价报价通常是在报刊和零售交易时使用。在电传、电话报价时，为了节省时间加速信息传递，远期汇率往往不报全价，而用小数点报价。这时，在即期汇率基础上加减小数点报价，就可求得远期汇率的全价。其方法是：如果买入价低于卖出价，如表 4-3 中 320<335，则表示远期汇率为溢价，应在即期汇率基础上加小数点报价，即远期汇率买入价 1 美元=0.8230+0.0320=0.8550 欧元，卖出价 1 美元=0.8260+0.0335=0.8595 欧元。如果买入价高于卖出价，如表 4-3 中 340>330，则表示远期汇率为折价，应在即期汇率基础上减小数点报价，即远期汇率买入价 1 美元=1.2550–0.0340=1.2210 瑞士法郎，卖出价 1 美元=1.2560–0.0330=1.2230 瑞士法郎。

（四）按银行外汇汇兑的方式划分

（1）电汇汇率（telegraphic transfer rate，T/T rate）。电汇是指银行卖出外汇后，即以电报电传委托其国外分支机构或代理行将汇款付给收款人的一种汇兑方式。由于电汇付款快，银行无法占用客户的资金，所以电汇汇率比其他汇率高。目前，国际的支付绝大多数都使用电汇，所以电汇汇率成为基础汇率，一般外汇市场公布的外汇汇率，都是电汇汇率。

（2）信汇汇率（mail transfer rate，M/T rate）。信汇是指银行卖出外汇后，开具付款委托书，用信函方式邮寄给国外分支机构或代理行，委托其将汇款付给当地收款人的一种汇兑方式。通过邮局传递付款委托书需要一定的时间，在这段时间里，售汇银行可以占用客户的资金，因此，信汇汇率比电汇汇率低。

（3）票汇汇率（demand draft rate，D/D rate）。票汇是指银行在卖出外汇时，开立一张由其国外分支机构或代理行付款的汇票交给汇款人，由其自带或寄给国外收款人取款的一种汇兑方式。由于票汇付款从卖出外汇到支付外汇有一段间隔时间,银行在这段时间内可以占用客户的资金,所以票汇汇率总是比电汇汇率低,而与信汇汇率相当。

(五) 按汇率决定机制划分

(1) 官方汇率 (official rate)。它是指由一国中央银行或外汇管制当局制定和公布的,所有外汇交易所使用的汇率。固定汇率制度下,所有国家的本币汇率都由官方制定和公布。浮动汇率制度下,非自由兑换货币国家,由于本国实行较严格的外汇管制,没有自由外汇市场,本币汇率无法依靠供求关系决定,一般都是由金融当局制定和公布。

(2) 市场汇率 (market rate)。它是指在自由外汇市场上进行外汇交易的实际汇率。固定汇率制度下,市场汇率受到限制。浮动汇率制度下,外汇管制较松的国家,官方宣布的汇率往往只起中心汇率的作用,外汇交易按由市场外汇供求情况决定的市场汇率进行。政府金融当局通过各种干预手段,使市场汇率不致偏离官方汇率过大。如果政府无力对过大的偏离幅度进行干预,就会宣布本币贬值或升值。无外汇管制的国家,不公布官方汇率,本币汇率完全由市场供求情况决定,由政府给予适当的干预。

(六) 按汇率受政府控制程度划分

1. 固定汇率

固定汇率 (fined rate) 是指一国货币兑换别国货币的比率基本上是固定的,或者只允许在很小的范围内波动。如果汇率开始剧烈波动,政府就进行干预,以使其保持在一定波动范围内。固定汇率制度可分为以下两个阶段。

(1) 金本位制下的固定汇率。国际金本位制是指以世界货币——黄金,作为国际本位货币的一种货币制度。1821 年英国最早实行金本位制,19 世纪 50 年代起欧美各国和日本相继实行。这一制度的特点是,金币可以自由铸造、自由兑换和黄金自由输出输入。由于当时英国经济实力雄厚,英镑和黄金同时成了国际本位货币与重要的国际储备。在金本位制下,国家规定金属货币的含金量,不同金属货币含金量之比是决定汇率的基础。黄金输送点是汇率波动的界限。黄金输送点为铸币平价±1 个单位黄金运送费用。1929 年以前,英国规定的 1 英镑金币的含金量为 113.0016 格令 (grain),美国规定的 1 美元金币的含金量为 23.22 格令 (grain),英镑与美元的铸币平价为 113.0016/23.22=4.8665,即 1 英镑等于 4.8665 美元。假定一个单位黄金 (1 英镑金币所含黄金) 的运送费用为 0.03 美元,据此可计算出黄金输送点的上限为 1 英镑=4.8665+0.03=4.8965 美元 (黄金输出点),下限为 1 英镑=4.8665–0.03=4.8365 美元 (黄金输入点)。例如,美国某公司从英国进口一批商品,应付货款 100 000 英镑,在付款时,市场汇率上涨到 1 英镑=4.9000 美元,这时向英国汇出 100 000 英镑,就得付出 490 000 美元;如果改为运送黄金,只需付出 489 650 美元,可节省 350 美元。相反,如果美国某公司向英国出口商品,应收货款 100 000 英镑,在收款时,市场汇率下跌到 1 英镑=4.8200 美元,如果从英国汇入 100 000 英镑,只能兑换为 482 000 美元;如果改为从英国输入黄金,在美国可兑换为 483 650 美元,可多收 1650 美元。黄金的输出或输入可减轻外汇市场供给或需求的压力,缩小汇率上下波动的幅度,并使其逐渐恢复或接近铸币平价,起到自动调节汇率的作用。

第一次世界大战时期，随着英国经济的衰落和美国、德国、法国、俄罗斯等国经济实力的迅速强大，英镑的国际本位货币的地位受到挑战。同时，一些帝国主义国家为备战和应付经济危机而拼命掠夺黄金，并严格限制黄金的自由兑换和禁止黄金输出，加上黄金生产供给量有限，导致黄金自由兑换、自由流通的原则遭到破坏，金本位制开始瓦解。20 世纪 30 年代世界经济大危机爆发后，英国、美国各国相继宣布停止兑换黄金，脱离金本位制，从而使国际金本位制完全崩溃。随着金本位制的瓦解，这种固定汇率制已经不复存在。

（2）黄金-美元本位制下的固定汇率制。第二次世界大战后，为恢复和发展经济，以美国、英国为首的 44 个国家倡议重建国际货币制度，于 1944 年 7 月在美国新罕布什尔州的布雷顿森林举行了会议。会议商定成立国际货币基金组织，确定了以美元为中心的新的国际货币制度，其特点是美元与黄金挂钩，各国货币与美元挂钩，与美元维持固定平价；美元和黄金一同作为国际本位货币和通用的国际支付手段及重要的国际储备货币。具体规定每盎司（1 盎司=28.349 523 1 克）黄金官价为 35 美元，1 美元纸币含金量为 0.886 71 克，其他国家或地区也相应规定本国纸币的含金量，如英国 1946 年规定英镑纸币的含金量为 3.581 34 克，因而两国纸币含金量之比就成为汇率决定的基础。英镑与美元的汇率为 3.8134/0.888 671=4.29，即 1 英镑等于 4.03 美元。还规定国际货币基金组织各成员方的汇率在外汇市场上的波动幅度不得超过其货币平价上下限的 1%。为维持汇率的稳定，各成员方有责任进行干预。以当时 1 英镑=4.03 美元来说，其上限为 4.0703 美元，下限为 3.9897 美元，如果汇率接近上限时，说明市场上美元供应过多，英国中央银行应收购美元，以保持供应平衡；反之，汇率接近下限时，说明市场上对美元的需求增大，则英国中央银行应抛售美元，以求汇率稳定。如果英国中央银行缺少黄金或外汇不能维持这 1%的幅度时，可向国际货币基金组织借款或者经国际货币基金组织同意宣布货币贬值，如 1964 年 1 英镑=2.08 美元，1967 年又贬为 2.04 美元。

自 20 世纪 60 年代起，随着美国国际收支不断恶化，黄金开始大量外流，对外短期债务剧增，美元多次发生危机，美国已无力支撑这个国际货币体系，1971 年 8 月美国政府被迫宣布美元停止兑换黄金。1971 年 12 月，世界主要贸易国（十国）在华盛顿开会，达成史密斯协议，美国同意美元贬值 7.89%，即 38 美元兑换 1 盎司黄金，其他成员方货币对美元的汇率作相应调整，并允许波动幅度从上下 1%改为上下 2.25%。此协议实行不到一年，美元不能兑换黄金，使黄金市价大大上涨，当时伦敦自由市场上每盎司黄金的价格已高达 70 美元。1993 年后，各国政府普遍停止为维持固定汇率而采取的干预活动，沿用多年的固定汇率制度终于退出历史舞台，黄金不再是国际货币制度的基础。

2. 浮动汇率

浮动汇率（floating rate）是指一国货币的汇率在外汇市场上可以根据供求关系而自由波动的一种汇率制度。在这种汇率制度下，各国汇率的波动幅度不限，也不承担维护浮动幅度的义务。国际收支的不平衡是通过汇率变动自动调节的。浮动汇率制已有很长的历史。在金本位制时代，英国、美国、法国及一些发展中国家都曾经实行过浮动汇率制。进入 20 世纪 70 年代以来，随着全球性通货膨胀的发展，各国汇率浮动方式更加灵活和复杂。1971 年 8 月，国际主要货币之间开始实行浮动汇率制，到 1973 年 3 月各国完全公开实行了浮动汇率制。有些实行浮动汇率制的国家根据各自经济政策的需要，对汇率变动进行干预或施加影响，因此，国际上对浮动汇率根据有无干预，分为自由浮动汇率和管理浮动汇率。实行自由浮动汇率制，汇率完全由市场力量确定，而不受各国政府干预。管理浮动汇率制，处于固定汇率和自由浮动汇率之间，它类似于自由浮动汇率制，允许汇率每日波动，不存在官方设限，但又类似于固定汇率制，因而政府能够而且有必要进行干预，以防止汇率向某一个方向剧烈波动。

汇率制度对企业的跨国经营有着直接影响。固定汇率制为国际贸易、国际投资和国际筹资提供了稳定的环境，各国的跨国公司正是在这种货币制度下发展起来的。实行浮动汇率制以后，过去几年才变更一次的汇率，现在天天在变，有时汇率大幅度波动，外汇风险对企业的国际化经营产生了巨大的震荡。

汇率还可以进行其他分类，如按外汇市场营业时间划分，可分为开盘汇率和收盘汇率；按外汇买卖对象划分，可分为银行同业汇率和商业汇率。

四、人民币汇率

1985～1993 年，我国实行官方汇率与外汇调剂市场汇率并存的制度。例如，1993 年末，官方汇率 1 美元兑换人民币 5.80 元左右，调剂市场汇率 1 美元兑换人民币 8.70 元左右。为了适应我国改革开放不断深化的要求，适应建立社会主义市场经济体制的需要，同时符合国际货币基金组织和世界贸易组织对成员方与缔约方关于汇兑安排的规定，我国必须改革现行汇率制度。1993 年 11 月 14 日，党的十四届三中全会通过的《中共中央关于建立社会主义市场经济体制若干问题的决定》中要求"改革外汇体制，建立以市场供求为基础的、单一的有管理的浮动汇率制度和统一规范的外汇市场，逐步使人民币成为可兑换货币"。根据全会精神，1993 年 12 月 28 日中国人民银行发布了《关于进一步改革外汇管理体制的公告》，从 1994 年 1 月 1 日起，人民币汇率实行并轨，以 1993 年末外汇调剂市场汇率 1 美元合 8.72 元人民币作为全国统一的人民币市场汇率，按官方汇率计算，人民币贬值 33%。中国人民银行以前一天外汇市场交易价格为基础，参照国际金融市场主要货币汇率的变动情况，公布人民币汇率，各外汇指定银行以中国人民银行每日公布的人民币对美元及其他主要货币的汇率（中间价）为依据，在中国人民银行规定的浮动幅度范围内，自行确定挂牌汇率，对客户买卖外汇。同时，在上海成立了中国外汇交易中心，银行间的外汇交易统一由该中心进行，人民币汇率由国内外汇市场上的供求决定，中国人民银行在中国外汇交易中心设立公开市场操作室，根据宏观经济政策目标进行市场干预，调节供求。至此，人民币汇率的确定进一步走向市场化。从 1994 年 1 月起，国有企业退出外汇调剂中心。1998 年 10 月，中国人民银行、国家外汇管理局发布《关于停办外汇调剂业务的通知》，取消外商投资企业外汇调剂业务，将外商投资企业外汇买卖全部纳入银行结售汇体系。

第二节 外汇交易

外汇交易就是一国货币与另一国货币进行兑换的过程。体现在具体操作上就是：个人与银行、银行与银行、个人与经纪商、银行与经纪商、经纪商与经纪商之间进行的各国货币之间的规范或半规范过程。

外汇交易是世界上交易量最大、交易笔数最频繁的资金流动形式，每天成交额约逾五万亿美元。因为美元为形式上的通用货币，所以一般都以美元作为计价数量的单位，随着欧元的崛起，在外汇交易市场上，用欧元作为结算单位的时候也不少见。与其他金融市场不同的是，外汇交易市场没有具体地点，也没有集中的交易所。所有交易都是通过银行、经纪商及个人间的电子网络、电话、传统柜台等形式进行的。区别是某些机构，如银行会对个人提供外汇交易的管道，而另一些机构则主要通过向其他机构提供外汇交易渠道来发展业务。正因为没有具体的交易所，交易的参与者遍布全球，因此外汇市场能够 24 小时运作。交易过程中讨价还价所产生的报价，则会通过各大信息公司传递出来，传递的媒介包括软件系统、网站平台及各种交易平台，投资者因此可以实时获得外汇交易的行情。

一、外汇交易的种类

（一）即期外汇交易

即期外汇交易（spot transaction）是指外汇买卖双方以当天的外汇市场价格（即期汇率）成交，于当日或两个营业日内办理收付的外汇业务。办理收付是指买卖双方一方交付一种货币，另一方交付外汇的行动，这种收付行为称为交割。进行即期外汇交易的市场就是即期外汇市场（又称为现汇市场），其是外汇市场最重要的组成部分，其基本功能是进行货币兑换，在最短时间内，实现购买力的国际转移。

（二）远期外汇交易

远期外汇交易（forward transaction）是指外汇买卖成交后，根据合同规定，买卖双方在约定的到期日，按约定的汇率（成交日的远期汇率）和数额，办理收付交割的外汇交易。远期外汇交易的期限一般为 1～52 个星期，也有超过一年的。在过去几年中，出现了长期的远期外汇交易，其期限可长达 10 年。银行对不同期限的交易规定不同的汇率。汇率表上通常规定 30 天、60 天、180 天三种期限的远期汇率。进行远期外汇交易的市场就是远期外汇市场（又称为期汇市场），其是外汇市场另一重要组成部分，其基本功能是避免汇率变动的风险，固定进出口贸易和国际借贷的成本。

以上两种外汇交易是外汇市场的基本交易活动。

（三）套汇交易

套汇交易包括地点套汇、时间套汇和利息套汇。

（1）地点套汇。它是利用不同外汇市场的汇率差异，以低价买进、高价卖出的方法牟取利润收益的外汇交易。地点套汇又可分为两角套汇（直接套汇）和三角套汇（间接套汇）。两角套汇涉及两个外汇市场。例如，在某一时间法兰克福市场 1 美元=1.84 欧元，巴黎市场 1 美元=1.87 欧元。套汇者在法兰克福市场卖出 184 万欧元，买进 100 万美元，同时在巴黎市场上卖出 100 万美元，可买进 187 万欧元，可赚取 3 万欧元（187–184）。三角套汇涉及三个外汇市场。例如，在某一时间纽约市场 1 美元=1.78 欧元，伦敦市场 1 英镑=1.80 美元，法兰克福市场 1 英镑=3.30 欧元。套汇者在纽约市场卖出 17 800 欧元，买进 10 000 美元，同时在伦敦市场卖出 10 000 美元，买进 5556 英镑，又在法兰克福市场卖出 5556 英镑，买进 18 334.8 欧元，可赚取 534.8 欧元。

（2）时间套汇，又称外汇调期交易。它是利用不同期限外汇汇率差异在买进或卖出即期外汇的同时，以卖出或买进远期外汇的方法牟取利润收益的外汇交易。时间套汇常被用作防止汇率变动风险损失而采取的一种货币保值手段。

（3）利息套汇，又称套利交易。它是利用在不同国家进行短期投资的利率差异，将资金由利率较低的国家转移到利率较高的国家进行投资，以赚取利率差额的外汇交易。

此外，还有外汇期货交易、外汇期权交易等。

二、国际财务与外汇交易

由于各国或地区（如欧元区）的货币和货币制度是相互独立的，一般来说，一国或地区的货币不能在另一国或地区流通，这样，在进行国际或与区外其他国家间的货币收付时，就需要进行不同货币的兑换，将一种货币兑换为另一种货币，也就是要进行外汇交易。各项国际财务活动都离不开外汇交易。

（一）国际贸易货款结算与外汇交易

企业的进出货款收付，一般都涉及外汇买卖。例如，中国甲公司从美国 A 公司进口某种设备，货款 100 万美元，如果甲公司的银行账上没有美元存款，就应按当时汇率（假设 1 美元=8.25 元人民币）用 825 万元人民币从银行购买 100 万美元，支付给 A 公司。如果甲公司的银行账上有日元存款，可按当时汇率（假设 1 美元=120 日元）用 12 000 万日元从银行购买 100 万美元，支付给 A 公司。又如，中国乙公司向日本 B 公司出口一批商品，货款以日元计算。乙公司收到日元货款后，可以保留一定数额的日元存入银行，剩余的日元按当时汇率卖给外汇指定银行，得到人民币。乙公司还可以将收到的日元在外汇市场上全部卖出，买进美元或欧元，存入银行。上述涉及人民币与美元、人民币与日元、日元与美元、日元与欧元之间的交易，就是由于国际贸易货款结算而产生的外汇交易。

（二）国际投资与外汇交易

企业向国外投资，一般都需要投出相当数额的货币资本，需要将本国货币或持有的他国货币（外汇）兑换成东道国（资本输入国）的货币。例如，我国公司到美国去投资办企业或购买证券，就需要将人民币或持有的日元或欧元等外汇在外汇市场上通过交易换成美元，只有这样外汇才能被美国的有关方面接受。待投资获得收益及收回投资时，还需要将所得美元兑换成人民币，这都是国际投资行为而产生的外汇交易。

（三）国际筹资与外汇交易

我国企业可以通过多种方式筹集外资。例如，吸收外商直接投资（外商用外汇、实物和无形资产等投资），从外国银行取得贷款，在国外发行债券、股票筹集外资。如果将筹集的外汇资金一部分用于国内，就需要通过外汇市场将这一部分外汇资金兑换为人民币，只有这样外汇资金才能在国内使用。如果筹集的是美元，但从德国进口设备，需要用欧元支付，就需要通过外汇市场将美元兑换为欧元，满足德国出口商的需要。如果借入的是美元，但产品对日本出口得到的收入是日元，为了偿还美元贷款本息，就需要通过外汇市场将日元兑换为美元，这才能符合贷款者的要求。中外合资企业要将一部分利润分配给外方投资者，如果应当付给美元，而该企业没有美元，也没有其他外汇，就只能在外汇市场上用人民币兑换美元，予以支付。上述这些是因国际筹资可能发生的外汇交易。

（四）外汇风险管理与外汇交易

由于汇率变动，企业存在着外汇风险，可能遭受损失。人们在实践中创造了各种办法来防范外汇风险，其中很重要的方法就是通过外汇市场进行各种外汇交易，根据汇率的变化，及时买卖外汇。例如，今天美元看涨，日元看跌，就将手中的日元卖出，买进美元。许多企业都卖日元买美元，使美元继续升值，这时持有美元当然受益。什么时候美元看跌，就将手中的美元卖出，买进日元、欧元等看涨的货币。总之，随时关注外汇市场行情，并及时入市，按照对自己有利的方向进行外汇交易。

■ 第三节　外汇风险

外汇风险指一个经济实体或个人，在参与的国际经济、贸易、金融等活动的一定时期内，其以外币计价的资产（债权）或负债（债务）因外币汇率的变化而引起价值的增减所造成的损失。外汇风险的类型包括：交易风险（transaction risk），即汇率变动使交易的本币价值发生变动；折算风险（会计风险）（accounting risk），即汇率变动而产生的账面上的损益；经济风险（economic risk），即意料之外的汇率变动通过影响企业生产销售数量、价格、成本引起的一种潜在损失。

一、外汇风险的概念

（一）外汇风险的定义

外汇风险（foreign exchange risk）也称为汇率风险（exchange rate risk），是由于汇率变动引起的。汇率变动必然对企业以外币计价的资产、负债和经营成果发生影响，这种影响是双向的，既可能是有利影响，使资产和经营成果增加、负债减少，也可能是不利影响，使资产和经营成果减少、负债增加。这种汇率变动的不确定性可能带给企业的影响，称为外汇风险。对于稳健经营以提高收益的企业来说，必须首先想到汇率变动有发生损失的可能性，考虑如何处理才能避免这种可能性或把这种可能性尽量缩小。在财务管理中可能着重考虑的是汇率变动可能对企业资产、负债和经营成果发生的不利影响，以及可能带来的损失，因此，可把外汇风险定义为"外汇风险是因汇率变动有可能受到的影响，特别是意味着有可能蒙受的损失"。

（二）外汇风险的构成因素

外汇风险一般是由外币、时间和汇率变动三个因素共同构成的。以产品出口为例，如果产品外销的应收货款以本币计价结算，成交到收款的时间不论多长，由于不涉及外币，与汇率变动无关，故不存在外汇风险；如果产品外销的货款虽以外币计价结算，但成交日立即收到货款（不存在时间因素），汇率无变动，因而也不存在外汇风险；如果产品外销的应收货款以外币计价结算，成交到收款经过一段时间，但在这一段时间内汇率无变动，也不存在外汇风险；只有产品外销的应收货款以外币计价结算，成交到收款经过一段时间，而且在这一期间汇率发生了变化，在三个因素同时存在的情况下，才形成外汇风险。从成交到收款的时间越长，汇率变动的可能性越大，因而外汇风险就越大，外币与本币的汇率变动幅度越大，外汇风险也越大。

二、外汇风险的分类与计量

企业的外汇风险一般可分为交易风险、折算风险和经济风险。下面对这三类风险分别加以说明。

（一）交易风险及其计量

交易风险是指企业以外币计价的各种交易过程中，由于汇率变动使折算为本币的数额增加或减少的风险。各种交易包括商品进出口交易、外汇借款、外汇买卖、远期外汇交易，以及对外投资中外汇汇回、利润汇回和资本撤回等。

1. 商品进出口交易的汇率风险

商品进出口交易的汇率风险是指企业进行商品、劳务进出口的交易过程中，用外币计价结算，由成交日到结算日之间汇率变动，使企业以本币计算的收入、支出可能增加或减少而导致的风险。

（1）出口交易的外汇风险。如果出口以美元计价结算，当人民币贬值时，收回的美元货款折合为人民币的数额会增加，当人民币升值时，则收回的美元货款折合为人民币的数额会减少。

【例 4-1】 我国一企业出口一批产品，货款 100 万美元，成交日 2 月 1 日，汇率 1 美元=8.3780 元人民币，货款折合为 837.80 万元人民币。于 5 月 1 日收到货款，这时汇率为 1 美元=8.2530 元人民币，按此汇率将收到的美元卖给银行，收到人民币 825.30 万元，外汇风险损失 12.50 万元人民币（825.30–837.80）。如果上笔出口货款是分三次收款，第 1 次是 3 月 1 日，收到 40 万美元，当时汇率为 1 美元=8.3540 元人民币；第 2 次是 4 月 1 日，收到 30 万美元，当时汇率为 1 美元=8.3120 元人民币；第 3 次是 5 月 1 日，收到 30 万美元，当时汇率为 1 美元=8.2530 元人民币。这笔货款的外汇风险损失为（40×8.3540+30×8.3120+30×8.2350）–100×8.3780=–7.23（万元人民币）。美元贬值使出口收入的美元折合为人民币的数额减少，如果是美元升值，则会使出口收入的美元折合为人民币的数额增多。

（2）进口交易的外汇风险。进口交易的外汇风险，其原理与出口相同，不过方向相反。如进口以美元计价结算，当美元升值时，付出的人民币会增多；当美元贬值时，则付出的人民币会减少。进口付汇也可以一次支付或分次支付，外汇风险数额可能不相同。如果涉及两种外汇，外汇风险的计算比较复杂。

【例 4-2】　我国企业进口商品时，用一种外币（如用日元）计价，用另一种外币（如用美元）支付，这就存在着某种外汇与另一种外汇之间的外汇风险和人民币与外汇之间的外汇风险。设一公司从日本进口原料，以日元计价结算，货款 30 000 万日元，公司只有美元，用美元支付这笔货款。成交时汇率为 1 美元=120 日元，1 美元=8.28 元人民币。这笔货款折合 250 万美元，折合人民币 2070 万元。付款时汇率变为 1 美元=100 日元，1 美元=8.32 元人民币。付清这笔货款需支付 300 万美元，折合人民币 2496 万元。汇率风险损失 50 万美元（300–250），426 万元人民币（2496–2070）。美元与日元汇率变动风险和美元与人民币汇率变动风险可用以下方法计算：

（1）成交时：30 000÷120×8.28=250×8.28=2070（万元人民币）。

（2）假设美元与日元汇率已变，美元与人民币汇率不变：30 000÷100×8.28=300×8.28=2484（万元人民币）。

（3）付款时：30 000÷100×8.32=300×8.32=2496（万元人民币）。

由于美元与日元汇率变动引起的风险损失为：2484–2 070=414（万元人民币）。

由于人民币与美元汇率变动引起的风险损失为：2496–2484=12（万元人民币）。

合计为：414+12=426（万元人民币）。

在进出口贸易中，如果以出口商所在国的货币计价结算，则出口商没有汇率风险，而由进口商承担全部汇率风险。反之，汇率风险全部由出口商承担。如果以第三国货币计价结算，如日本出口商和英国进口商进出口商品的价款以美元计价结算，这时，进出口双方都承担汇率风险。

2. 外汇借款的汇率风险

外汇借款的汇率风险是指企业借入某种外汇，由于借入日到偿还日汇率变动，使企业还本付息折合本币数额增多或减少的风险。

【例 4-3】　一企业从银行借款 1000 万美元，期限 1 年，年利息率 10%，借款时汇率为 1 美元=8.28 元人民币，到期还款时，汇率变为 1 美元=8.33 元人民币。汇率变动（美元升值），使企业遭受外汇风险损失（还本付息的人民币支出增多）为 1100×（8.33–8.28）=55（万元人民币），其中与本金有关的损失为 1000×（8.33–8.28）=50（万元人民币），与利息有关的损失为 100×（8.33–8.28）=5（万元人民币）。如果还款时美元贬值，则企业可获得外汇风险收益（还本付息的人民币支出减少）。

3. 外汇买卖的汇率风险

外汇买卖的汇率风险是指企业买入外汇，持有一段时间后卖出，买入到卖出这一期间汇率发生变动从而使本币数额存在增多或减少的风险。

【例 4-4】 某公司 1 月初买入一笔美元，汇率 1 美元=8.30 元人民币，用 830 万元人民币买入 100 万元美元，存入银行，美元存款年利息率 6%，人民币存款年利息率 8%。7 月初将美元 103 万元（其中包括利息 3 万美元）卖出，汇率为 1 美元=8.25 元人民币。这笔交易的损失为 100×（1+6%÷2）×8.25–830×（1+8%÷2）=–13.45（万元人民币）。

（1）本金的汇率风险损失为 100×（8.25–8.3）= –5（万元人民币）。

（2）利息的汇率风险损失为 100×6%÷2×（8.25–8.3）= –0.15（万元人民币）。

（3）利息率差异损失为 100×6%÷2×8.3–830×8%÷2= –8.3（万元人民币）。

如果 7 月初将 103 万美元卖出时，汇率为 1 美元=8.40 元人民币，则企业将获得外汇风险收益。

4. 远期外汇交易的汇率风险

远期外汇交易的汇率风险是指在远期外汇交易中，由于合约规定的远期汇率与合约到期日的即期汇率不一致，而使按远期汇率付出的本币数额多于或少于按即期汇率付出的本币数额而发生的风险。

【例 4-5】 企业于 6 月 10 日与银行签订用人民币买美元的远期外汇交易合约，期限半年，远期汇率为 1 美元=8.25 元人民币，金额为 825 万元人民币买 100 万美元。12 月 10 日合约到期时，如果即期汇率为 1 美元=8.30 元人民币，按此汇率买入 100 万美元需付 830 万元人民币，进行远期外汇交易只付 825 万元人民币，节省了 5 万元人民币。但如果 12 月 10 日的即期汇率为 1 美元=8.20 元人民币，如果该企业不签订远期外汇交易合约，按即期汇率用 820 万元人民币，就可买入 100 万美元，进行远期外汇交易反而多付了 5 万元人民币。

5. 对外投资中外汇汇出、利润汇回和资本撤回的汇率风险

企业以外汇对境外投资，在外汇汇出到汇回利润和本金这一期间，汇率变动会使企业发生外汇风险。

【例 4-6】 某公司 1 月初购买一笔美元，汇率 1 美元=8.30 元人民币，用 8300 万元人民币购买 1000 万美元，购买美国债券获得利息 60 万美元，次年 1 月初汇回投资原本和利息共 1060 万美元，汇率 1 美元=8.25 元人民币，折合 8745 万元人民币，共获得投资收益 445 万元人民币（8745–8300）。其中：获得利息 60 万美元，如果汇率不变，成为 60×8.3=498（万元人民币）；资本金的汇率风险损失为 1000×（8.25–8.3）= –50（万元人民币）；利息的汇率风险损失为 60×（8.25–8.3）= –3（万元人民币）；投资收益为 498–50–3=445（万元人民币）。如果美元升值，则公司将获得汇率风险收益。

前面的举例都是说明如何测量某一项交易的汇率风险。在实际工作中，不仅要测量交易中每一笔外汇应收款、应付款、外汇借款的汇率风险，而且应注意综合测量整个企业交易中全部外汇债权与外汇债务 （包括外汇应付款、外汇借款等）相抵后净债权或净债务的汇率风险。

【例 4-7】　我国某企业只有美元债权债务，外汇债权（外汇应收款）800 万美元，外汇债务（外汇应付款、外汇借款）700 万美元，两者相减外汇净债权 100 万美元。如果预测外汇将贬值，如汇率由 1 美元=8.40 元人民币变为 8.30 元人民币，在这种情况下，企业将发生汇率风险损失 10 万元[100×（8.3-8.4）]。当企业的外汇债权少于外汇债务时，设外汇债权为 700 万美元，外汇债务为 800 万美元，两者相减后外汇净债务为 100 万美元。如果预测外汇将升值，如汇率由 1 美元=8.40 元人民币变为 8.50 元人民币，在这种情况下，企业将发生汇率风险损失 10 万元[100×（8.4-8.5）]。假如上述两种情况中汇率变化方向相反，则企业都将从中获得收益。

（1）当企业只有一种外汇债权债务时，交易风险的综合测量比较简单。

（2）当企业有多种外汇债权债务时，交易风险的大小不仅要看汇率变动的方向和变动幅度，而且要看各种外汇汇率变动的相关性。两种外汇对本国货币的汇率同时升值或同时贬值，称为正相关。

【例 4-8】　美元对人民币的汇率升值 3%，欧元对人民币的汇率也升值 3%，称为完全正相关，相关系数为 1；如果美元对人民币升值 3%，欧元对人民币升值 2%，则相关系数为 0.67；如果美元对人民币升值 3%，欧元对人民币升值 1%，则相关系数为 0.33，两种外汇对本国货币的汇率，一种外汇升值，另一种外汇贬值，称为负相关。如果美元对人民币升值 3%，欧元对人民币贬值 3%，叫完全负相关，相关系数为-1；如果美元对人民币升值 3%，欧元对人民币贬值 2.5%，则相关系数为-0.83；如果美元对人民币升值 3%，欧元对人民币贬值 1.5%，则相关系数为-0.5。下面举例说明各种外汇汇率变动的相关性对交易风险的影响。设某企业有美元和欧元两种外汇债权债务，可能有以下四种情况。

（1）美元为净债权，欧元为净债务。例如，净债权 100 万美元，净债务 80 万欧元，美元和欧元对人民币的汇率变动可能有以下两种情况。

一是美元和欧元都贬值或升值。先看美元和欧元都贬值。预测美元对人民币的汇率由 1 美元=8.40 元人民币将变为 1 美元=8.30 元人民币，美元贬值 1.19%，欧元对人民币的汇率由 1 欧元=10.10 元人民币将变为 1 欧元=9.9788 元人民币，贬值 1.20%，两种外汇对人民币都贬值，具有高度正相关。美元贬值使企业的人民币收入减少 10 万元（损失），即 100 万美元×（8.3-8.4）=-10（万元人民币），欧元贬值使企业的人民币支出减少 9.696 万元（得利），即 80 万欧元×（10.10-9.9788）=9.696（万元人民币）。损失的 96.96%被得利抵消，在这种情况下企业的交易风险很小。相反，当美元和欧元都升值时，两种外汇与人民币的汇率变动也是正相关。美元升值会使企业的人民币收入增加（得利），欧元升值会使企业的人民币支出增加（损失），得利与损失也能相互适当抵消，因而企业的交易风险较小。

可以看出，在一种外汇是净债权，另一种外汇是净债务的情况下，当两种外汇都贬值或升值，即汇率变动正相关时，损失能全部或部分被得利所抵消，从而降低外汇风险。至于两种外汇对人民币的汇率变动的损失与得利相互抵消的程度（可能是得利大于损失，抵消全部损失还有余，也可能是得利小于损失，只能抵消损失的一部分），取决于以下两种差异。一是两种外汇折合人民币金额的差异，前例中，100 万美元折合人民币的金额为 840 万元（100×8.4）；80 万欧元折合人民币的金额为 808 万元（80×10.10）。二者不一致是影响损失与得利抵消程度的因素之一。二是两种外汇与人民币汇率变动幅度的差异，前例中，美元贬值 1.19%，欧元贬值 1.20%，两者高度正相关，但不完全一致。前例中上述两种差异都不大，因而损失的绝大部分（96.96%）被得利所抵消。如果两种外汇折合人民币的金额都是 840 万元，汇率贬值率都是 1.20%，则损失与得利正好全部抵消。

二是美元升值、欧元贬值，或美元贬值、欧元升值。当美元升值、欧元贬值，两种外汇对人民币的汇率变动是负相关。美元升值会使企业的人民币收入增加（得利），欧元贬值会使企业的人民币支出减少（得利），两种外汇汇率变动的影响之和使企业得利很多。相反，当美元贬值、欧元升值时，两种外汇对人民币的汇率变动也是负相关，美元贬值会使企业的人民币收入减少（损失），欧元升值会使企业的人民币支出增多（损失），两种外汇汇率变动的影响之和使企业损失很多。

从上述分析可以看出，在一种外汇是净债权，另一种外汇是净债务的情况下，当一种外汇升值另一种外汇贬值，即汇率变动负相关时，企业的得利很多或损失很多，从而提高了外汇风险。

（2）美元为净债务，欧元为净债权。两种外汇与人民币的汇率变动对企业交易风险的影响与前述相同。

（3）美元和欧元都是净债权。例如，美元净债权 100 万，欧元净债权 80 万。如果两种外汇与人民币的汇率变动是负相关，即一种外汇升值，另一种外汇贬值。例如，美元汇率由 1 美元=8.23 元人民币变为 1 美元=8.30 元人民币，美元升值会使企业的人民币收入增加 7 万元（利得），即 100×（8.30-8.23）。欧元汇率由 1 欧元=10.20 元人民币变为 1 欧元=10.10 元人民币，欧元贬值会使企业的人民币收入减少 8 万元（损失），即 80×（10.10-10.20）。损失的 87.5%被得利抵消，使企业外汇风险降低。如果两种外汇都升值，会使企业的人民币收入大大增加，得利很多，但如果两种外汇都贬值，会使企业的人民币收入大大减少，损失很多。也就是说，两种外汇与人民币汇率的变动正相关，会提高企业的外汇风险。

（4）美元和欧元都是净债务。如果两种外汇与人民币的汇率变动是负相关，即一种外汇贬值，会使企业的人民币支出减少（得利），而另一种外汇升值，会使企业的人民币支出增多（损失），损失被得利全部或部分抵消，使企业的外汇风险降低。如果两种外汇都贬值，会使企业的人民币支出大大减少，但如果两种外汇都升值，会使企业的人民币支出大大增加，可见两种外汇与人民币的汇率变动正相关，会提高企业的外汇风险。

（二）折算风险及其计量

1. 折算风险的概念

折算风险亦称会计风险，折算是指将国外附属公司的外币会计报表，采用一定的方法，按照一定的汇率进行折算，以母公司所在国的货币来表示，以便汇总编制整个公司的合并会计报表。折算风险就是指由于汇率变动，报表的不同项目采用不同汇率（现行汇率、历史汇率、平均汇率）折算，而产生损失或利得的风险。

2. 折算方法

损益表中的项目通常是按所包括的时期内的平均汇率（经过适当加权）折算；资产负债表中的项目则有四种折算方法可以使用，即流动/非流动法、货币/非货币法、现行汇率法和时态法四种。

（1）流动/非流动法。此种方法所有流动资产（现金、应收账款和存货等）和流动负债都照现行汇率折算（现行汇率也叫当前汇率，是指在编制资产负债表那天的汇率），其他的资产和负债则按历史汇率折算（历史汇率是指在资产和负债项目发生时第一次记在企业账上时所采用的汇率）。此法缺点主要是现金、应收账款和存货也同样将因当地通货贬值而出现外汇损失。

（2）货币/非货币法。所有金融资产及一切负债（包括流动负债和长期负债）都按现行汇率折算，而实物资产或非货币资产则按历史汇率折算。如果所有实物资产均以历史成本表示，则此法比较正确。但如果实物资产已按当前市价重新估价，则此法将不能表示真正情况。

（3）现行汇率法。将国外子公司的所有资产和负债都按现行汇率折算。

（4）时态法。该方法与货币/非货币法唯一不同的地方在于对存货和投资项目的处理。对存货和投资项目都适用成本与市价孰低原则，如果存货和投资项目是按历史成本计量，则应按历史汇率折算，如果存货和投资项目是按当前市价计量，则应按现行汇率折算。当存货和投资项目按历史成本计量并按历史汇率折算时，时态法与上述货币/非货币法完全相同。上述四种折算方法的异同见表4-4。

表4-4 四种折算方法的比较

资产负债表项目	流动/非流动法	货币/非货币法	时态法	现行汇率法
现金	C	C	C	C
应收款	C	C	C	C
存货				
按成本	C	H	H	C
按市价	C	H	C	C
投资				
按成本	H	H	H	C
按市价	H	H	C	C
固定资产	H	H	H	C
无形资产及其他资产	H	H	H	C
应付款	C	C	C	C
长期负债	H	C	C	C
实收资本	H	H	H	H
留存收益	*	*	*	*

*表示轧算的平衡数字

注：C表示现行汇率；H表示历史汇率

以上四种方法中，现行汇率法属于单一汇率法，其他三种方法均属多种汇率法。外币会计报表的折算主要涉及两大问题：一是采用何种汇率对外币会计报表项目进行折算；二是对外币会计报表折算差额（损益）如何处理。

《国际会计准则第 21 号——外汇汇率变动的影响》要求，境外企业外币报表的折算方法应根据境外经营的业务和财务特点来确定。该准则将境外经营分为以下两类：第一类为境外实体。由于汇率的变动不会直接影响母公司的现金流量，而会影响母公司在境外经营中的投资净额，该准则认为，折算后的报表应尽可能保留其境外报表所反映的财务成果和比例关系，因此应采取单一汇率法即现行汇率法进行折算，折算发生的差额不应计入损益，而应记作股东权益。第二类为母公司经营有机组成部分的经营单位。由于汇率变动会直接影响母公司经营的现金流量，相当于母公司从事该项经营所受的影响，应采用时态法对不同性质的项目分别按不同汇率进行折算，折算发生的差额一般计入当期损益。

以上四种方法中，现行汇率法是目前最流行的折算方法。美国在 1976 年之前主要采用流动/非流动法，美国公司还可以自由选择折算方法，许多公司结合采用流动/非流动法和货币/非货币法两种方法。此后，根据财务会计准则委员会第 8 号公告的规定，采用货币/非货币法。1981 年 12 月美国财务会计准则委员会第 52 号公告发布后，才开始采用现行汇率法。我国财政部 1995 年 2 月颁布的《合并会计报表暂行规定》中规定我国企业对子公司外币会计报表折算采用现行汇率法。

3. 折算风险的计量

折算风险是通过境外企业外币会计报表折算的结果来计量的。

【例 4-9】 用香港某公司对其境外子公司会计报表的折算作为例子来说明折算风险的计量方法。设香港某公司在 A 国设一子公司，该公司用 A 元记账。2015 年初，公司将该子公司 2014 年会计报表中的 A 元按适当汇率折算为港元。设有关汇率如下：

股份发行时日的汇率　　　　　　　1A 元=4.20 港元
固定资产取得时的汇率　　　　　　1A 元=4.19 港元
2013 年 12 月 31 日的汇率　　　　 1A 元=4.15 港元
2014 年 12 月 31 日的汇率　　　　 1A 元=4.10 港元
2014 年平均汇率　　　　　　　　　1A 元=4.13 港元
2013 年第四季度平均汇率　　　　　1A 元=4.165 港元
2014 年第四季度平均汇率　　　　　1A 元=4.12 港元
股利支付日的汇率　　　　　　　　1A 元=4.105 港元

为了对不同的折算方法加以比较，在折算表中列出现行汇率法和时态法两种折算方法。资产负债表的折算见表 4-5。损益表的折算见表 4-6。

表 4-5　2014 年资产负债表的折算表

项目	金额（万 A 元）	按现行汇率法折算		按时态法折算	
		汇率	万港元	汇率	万港元
现金	100	4.10	410	4.10	410
应收账款	200	4.10	820	4.10	820

续表

项目	金额 （万A元）	按现行汇率法折算		按时态法折算	
		汇率	万港元	汇率	万港元
存货（按成本，先进先出）	300	4.10	1 230	4.12	1 236
固定资产	2 000	4.10	8 200	4.19	8 380
资产合计	2 600		10 660		10 846
应付账款	300	4.10	1 230	4.10	1 230
长期负债	200	4.10	820	4.10	820
实收资本	1 500	4.20	6 300	4.20	6 300
留存收益	600		2 518		2 496
累计折算调整额			−208		
负债及股东权益合计	2 600		10 660		10 846

表 4-6   2014 年损益表的折算表

项目	金额 （万A元）	按现行汇率法折算		按时态法折算	
		汇率	万港元	汇率	万港元
销货收入	5 000	4.13	20 650	4.13	20 650
销货成本	3 500	4.13	14 455		14 465
折旧费	200	4.13	826	4.19	838
其他费用	300	4.13	1239	4.13	1 239
折算损益					−10
税前利润	1 000		4 130		4 118
所得税	300	4.13	1 239	4.13	1 239
税后利润	700		2 891		2 879
留存收益（2013年12月31日）	500		2 090		2 080
股利分配	600	4.105	2 463	4.105	2 463
留存收益（2014年12月31日）	600		2 518		2 496

  上述两种折算方法所用汇率及折算损益处理方法有所不同，因而折算损益及留存收益就不一致。按现行汇率法折算的结果是损失208万港元，但不列为当期损益，而以累计折算调整额项目列于资产负债表中，做递延处理，年末留存收益为2518万港元。按时态法折算的结果为利得10万港元，作为当期损益，列于损益表之内，年末留存收益为2496万港元。流动/非流动法和货币/非货币法的折算方法及折算损益处理方法与时态法基本相同，只是某些项目的折算使用的汇率有所不同。表4-5累计折算调整额−208万港元并不是本期的折算损失，而是逐年折算损益的累计数。为了测定本期的折算损益，需要编制表4-7。

  同样可以用时态法（货币/非货币法）测定本期的折算损益，见表4-8。

表 4-7　用现行汇率法测定的折算损益

项目	金额（万 A 元）	A 元贬值前		A 元贬值后		本期折算损益/万港元
		汇率	万港元	汇率	万港元	
现金	100	4.15	415	4.10	410	−5
应收账款	200	4.15	830	4.10	820	−10
存货（按成本）	300	4.15	1 245	4.10	1 230	−15
固定资产	2 000	4.15	8 300	4.10	8 200	−100
资产合计	2 600		10 790		10 660	−130
应付账款	300	4.15	1 245	4.10	1 230	−15
长期负债	200	4.15	830	4.10	820	−10
实收资本	1 500	4.20	6 300	4.20	6 300	0
留存收益	600		2 518		2 518	0
累计折算调整额			−130		−208	−105
负债及股东权益合计	2 600		10 790		10 660	−130

表 4-8　用时态法（货币/非货币法）测定的损益

项目	金额（万 A 元）	A 元贬值前		A 元贬值后		本期折算损益/万港元
		汇率	万港元	汇率	万港元	
现金	100	4.15	415	4.10	410	−5
应收账款	200	4.15	830	4.10	820	−10
存货（按成本）	300	4.12	1 236	4.12	1 236	0
固定资产	2 000	4.19	8 380	4.19	8 380	0
资产合计	2 600		10 861		10 846	−15
应付账款	300	4.15	1 245	4.10	1 230	−15
长期负债	200	4.15	830	4.10	820	−10
实收资本	1 500	4.20	6 300	4.20	6 300	0
留存收益	600		2 486		2 496	+10
负债及股东权益合计	2 600		10 861		10 846	−15

　　在实际工作中测定折算损益，不必按资产负债表每个项目一一计算和加减。只要将受险（暴露）资产合计减去受险负债合计，求出受险资产或负债净额，再乘以汇率变动差异，就可求得折算损益额。受险资产或负债净额的计算见表 4-9。

表 4-9　受险资产或负债净额的测定　　　　　单位：万 A 元

项目	资产负债数额	用现行汇率法测定的数额	用时态法（货币/非货币法）测定的数额	用流动/非流动法测定的数额
现金	100	100	100	100
应收账款	200	200	200	200

续表

项目	资产负债数额	用现行汇率法测定的数额	用时态法（货币/非货币法）测定的数额	用流动/非流动法测定的数额
存货（按成本）	300	300		300
固定资产	2000	2000		
资产合计	2600			
受险资产		2600	300	600
应付账款	300	300	300	300
长期负债	200	200	200	
股东权益	2100			
负债及股东权益合计	2600			
受险负债		500	500	300
受险资产或负债净额		2100	−200	300

折算损益的计算如下。

采用现行汇率法时：2100×（4.10–4.15）= −105（万港元）（损失）

用时态法（货币/非货币法）时：−200×（4.10–4.15）=10（万港元）（利得）

采用流动/非流动法时：300×（4.10–4.15）= −15（万港元）（损失）

（三）经济风险及其计量

1. 经济风险的概念

经济风险是指由于汇率变动对企业产销数量、价格、成本等经济指标产生影响，从而使企业未来一定时期利润和现金净流量减少或增加，引起企业价值变化的一种潜在风险。企业的价值主要取决于它能带来的现金流量。

经济风险的影响力是长期性的，而交易风险和折算风险都是一次性的。评价一个企业的长期经营能否健康发展，经济风险比交易风险和折算风险更为重要，因为它所计量的正是汇率变动对企业效益的长期影响。经济风险涉及面广，它不仅包括财务内容，而且涉及市场营销、供应和生产等各个方面，因此，经济风险的计量与管理乃是整个公司经营管理的责任。

2. 经济风险的计量

经济风险的计量要运用经济分析方法，这是一种概率分析，是企业从整体上进行预测、规划和分析的过程。经济风险的预测不可避免地含有主观成分，因为要估计汇率变动对未来一段时期经济财务成果的影响。经济风险的分析很大程度上取决于公司的预测能力，预测的准确程度将直接影响该公司在融资、销售与生产方面的战略决策。下面举例说明经济风险对现金流量的影响。

【例 4-10】　某公司生产的产品主要向 A 国出口，从 A 国进口部分原材料。该公司 2014 年 10 月预测 2015 年全年将会产生的利润和现金流量，见表 4-10。

表 4-10　公司 2015 年损益及现金流量预测表

项目	金额/元
销售收入内销 200 000 件，单位售价 100 元	20 000 000
外销 200 000 件，单位售价 100 元折合 10A 元	20 000 000
销售成本 400 000 件，单位成本 75 元	30 000 000
现金营业费用、固定费用	28 000 000
变动费用（销售收入的 10%）	4 000 000
折旧	1 200 000
税前利润	2 000 000
所得税（33%）	660 000
税后利润	1 340 000
加回折旧	1 200 000
现金净流量	2 540 000

在 2015 年 1 月 1 日，公司尚未开始营业活动之前，A 元对人民币的汇率发生变动，由 1A 元=10 元人民币变为 1A 元=8 元人民币，A 元贬值 20%，人民币升值 25%。汇率的这一变动对公司的利润和现金流量将产生何等影响，这要看汇率变动对产品销售量、售价和成本等指标的影响情况而定。

（1）对产品销售量的影响。公司生产的产品，单价 100 元人民币，汇率变动前折合为 10A 元（100÷10），汇率变动后折合为 12.5 A 元（100÷8），如不降低价格，A 国进口商觉得产品价格比过去提高了，就有可能减少进口，因而公司的出口销售量有可能减少。另外，由于 A 元贬值，人民币升值，企业从国外进口产品，单价 10A 元，A 元贬值前需支付人民币 100 元，贬值后只需支付 80 元，有些企业因此不在国内购买产品，改为从国外进口，这使国内对产品的需求减少，因而公司的国内销售量也可能减少。公司的产品外销和内销数量都可能减少，并相应地减少产量，这将使公司的利润和现金净流量减少。

（2）对产品售价的影响。如果公司为了不减少出口销售量，就应适当降低产品售价，如降到 80 元人民币，仍相当于 10A 元（80÷8），A 国进口商仍愿购买。产品售价降低，将使公司的利润和现金净流量减少。

（3）对产品成本的影响。假设公司从 A 国进口原材料，花费 40 万 A 元，A 元贬值前折合人民币 400 万元（40×10），贬值后折合人民币 320 万元（40×8），生产产品的原材料成本降低了。人民币升值后，国内的物价可能下降，使公司的采购支出减少。产品成本费用降低，将使公司的利润和现金净流量增加。如果汇率变动是 A 元升值，人民币贬值，则会发生相反的结果，可能使出口销售量增加，相应地增加产量，使产品售价适当提高，成本升高。

第四节　外汇风险管理

在对待外汇风险的态度上，有些人认为只要汇率的相对变化是由基本经济因素（如国际利率和购买力平价）决定的，就没有必要管理外汇风险。然而，在大多数货币市场上明显偏离这些平价关系的现象是存在的，而且造成偏离的一些因素很难预测。第一，政府对外汇市场及相关金融市场的行政干预使我们很难确定汇率何时将偏离由基本经济因素决定的水平。第二，即使市场是自由和有效率的，也很难预计汇率变动的确切时间和大小。在自由、有效率的市场上，汇率会随着国内外政治、经济等方面的不断变化而随意变动。在政府控制或干涉的货币市场上及黑市货币市场上，汇率变动的方式变幻莫测，因为正是在没有事先通知的情况下政府的干涉是最有效的。因此，管理外汇风险必须考虑汇率变动方向与幅度的这种不确定性。另外，由于公司不能精确预计未来的外汇现金流量的数量和时间，外汇风险管理变得更为复杂。

总之，在管理外汇风险时，公司应该做到如下几点：①确定每个计划期间内外汇敞口（受险或暴露）净量；②预计外汇汇率的变动；③评价管理外汇风险的各种方案；④确认负责执行管理外汇风险计划的组织单位。

一、外汇风险管理体系

1. 确定外汇敞口

真正的外汇损失取决于三个因素：①受汇率变动影响的净外汇敞口；②汇率变动对外币资产与负债的影响程度；③汇率变动的时间与幅度。在进行外汇风险管理时还应该综合考虑三种外汇风险，减少一种外汇风险的行动有可能增加了另一种外汇风险。如果一家公司在降低交易风险和经济风险的同时又力图降低折算风险，就可能出现上述情况。在仅考虑降低交易风险和经济风险时不太可能发生这样的冲突。

在确定净外汇敞口时，公司还必须考虑到外币资产与负债自然抵补的性质及范围。因为一个国家的货币贬值经常伴随着较高的通货膨胀水平，那么设在该国的子公司资产与负债都随当地通货膨胀率而变动，两方面的影响的结果也许会全部或部分抵消。所以，外汇敞口净数量取决于公司的资产与负债的性质，即当汇率变动时它们的价值如何变动。另外，在制定外汇风险策略时必须考虑国家政府对抵补措施的限制。例如，企业为防止货币贬值造成外汇损失而采取的许多金融交易，如为汇出利润而购买硬通货等，经常受到当地政府的限制，以防止或放慢本国货币的进一步下跌。

2. 预测汇率变动

汇率变动的幅度与时间是确定外汇风险的关键。为管理外汇风险，公司必须建立定期预测汇率变动的程序。除了基本经济因素外，有时还必须注意政府对外汇市场进行干预的时间和规模。必须承认，预测汇率非常困难。尽管这样，许多公司仍花费大量人力、物力对汇率进行预测。汇率预测不仅用于外汇风险管理，也用于其他领域，如资本预算和公司计划等。

3. 外汇风险管理各种方案的比较

抵补由汇率变动而造成的外汇损失的方法有很多。在建立外汇风险管理战略时必须对各种方法的性质与成本仔细权衡。这些管理方法基本上可分为两类：①在金融市场上通过各种金融工具（如远期合约、期货合约及期权合约等）来抵补汇率变动造成的损失；

②在经营决策时，尽可能地降低外汇风险水平。我们在后面将分别具体分析这两类风险管理方式。

4. 外汇风险管理的组织

一旦确定了外汇敞口并选择了抵补措施，公司必须能够迅速并有效地完成外汇风险的抵补。为达到这一目的，公司必须建立一定的组织机构来协调和执行其外汇风险管理策略。除了确定负责外汇风险管理的组织单位外，公司也必须实施适当的政策以便指导风险管理部门，并处理各部门之间可能发生的冲突。

所以，一个有效的管理外汇风险的系统基本上包括四个主要部分：①汇率预测系统；②确定外汇敞口的系统；③权衡抵补方案及成本的系统；④完成外汇风险管理策略的组织。

对在世界各地多元化经营的大跨国公司来说，不同子公司之间的外汇风险互相抵补的机会是很多的。因此，许多大公司趋向集中管理外汇风险，这样可以避免不必要的抵补成本。另外，如果必须利用金融工具作为风险管理战略的一部分时公司还能够利用规模经济的优势。公司还可以把外汇风险管理与筹措资金策略结合为一体。协调外汇风险管理与流动资本管理的一种技巧是利用多边冲销中心。在集中管理外汇风险时，跨国公司应尽量让国外子公司的管理人员参与，因为许多抵补机会只有在当地才有，而当地子公司的管理人员对如何有效地管理外汇风险能提供有价值的信息和见解。

二、通过金融工具抵补风险

以下述例题说明如何利用金融工具来抵补外汇风险。

【例 4-11】　M 公司为美国的一家生产企业，在 3 月向英国出口一批产品，合同金额为 1 000 000 英镑，3 个月后即 6 月收到这笔货款。资本成本是 12%，M 公司得到下列报价。

即期汇率：　　　　　　1.7640 美元/英镑
3 个月远期汇率：　　　1.7540 美元/英镑
英国贷款年利率：　　　10%
英国投资年利率：　　　8%
美国贷款年利率：　　　8%
美国投资年利率：　　　6%

6 月到期的看跌期权信息如下：合同金额为 31 250 英镑，协定汇率为 1.75 美元，每英镑期权价格为 2.6 美分，每份合同的交易费用为 25 美元。6 月到期的看跌期权信息如下：合同金额为 1 000 000 英镑，协定汇率为 1.75 美元，期权价格为合约总金额的 1.5%。另外，公司对 3 个月后即期汇率的预测为 1.76 美元/英镑。公司有以下四种方案可供选择：不采取抵补措施；在远期市场抵补；在货币市场抵补；在期权市场抵补。

（一）不采取抵补措施

M 公司也许决定承担外汇风险。依据它对将来汇率的预测，M 公司期望 3 个月后收到 1 000 000×1.76=1 760 000 美元。但这是带有风险的。如果到时候英镑下跌到 1.65 美元，那么 M 公司只能收到 1 650 000 美元。如果 3 个月后英镑比预计的还要坚挺，M 公司的收入将超过 1 760 000 美元。

（二）在远期市场抵补

如果 M 公司选择远期外汇市场来抵补，它必须先与银行签订一份远期合约，按 3 个月远期汇率（即 1.754 美元/英镑）卖出 1 000 000 英镑。这样 M 公司再也没有外汇风险了。3 个月后，公司将从英国进口商那里收到 1 000 000 英镑。这时远期合约到期并实行交割，M 公司将从银行那里收到 1 754 000 美元。

可以看出，若利用远期合约抵补风险，不管将来汇率如何变动，公司将收到 1 754 000 美元。当然，M 公司也可以采用货币期货合约抵补风险。从本质上讲，这两种方法是相同的。但期货合约大都在固定的交易所内交易，并且合约金额和到期日也是固定的。另外，期货合约双方都得交纳保证金，合约每天结算，如果保证金降至一定限度，还要补交至最初水平。另外，期货合约抵补还得考虑基差风险（期货市场价格与即期市场价格变动幅度不一致而导致抵补不完全）。所以大部分公司更喜欢利用远期外汇市场抵补外汇风险。远期合约一般是与商业银行达成的，合同金额和到期日也可以根据公司的需要而商定。

（三）在货币市场抵补

货币市场抵补的结构与远期市场抵补相似。不同的是货币市场抵补的成本是由两国利率之差决定，而远期抵补的成本由远期汇率决定。我们知道，在有效率的市场上利率之差与远期汇率的关系可由利率平价定理确定，但实际上市场并不总是有效率的。为了在货币市场上抵补，公司今天应在伦敦借英镑，并将其转换成美元，3 个月后用收到的英镑货款还英镑债务。那么今天应借多少英镑呢？公司应该借足够的英镑使得 3 个月后连本带利恰好等于 1 000 000 英镑。假定应借 x 英镑，那么

$$(1+3/12×10\%)x=1\ 000\ 000$$

$$x = 975\ 610（英镑）$$

今天按 10% 的年利率借 975 610 英镑，3 个月到期。应把借到的英镑在即期市场按 1.7640 美元/英镑换成美元，立刻收到 1 720 976 美元。但是，为了和其他方案比较，我们还应该考虑货币的时间价值，即今天收到的 1 720 976 美元 3 个月后相当于多少美元。这要取决于公司目前的资金状况。如果目前公司资金富裕，暂时不需要这笔美元资金，可以在美国货币市场投资 3 个月。为了便于和远期抵补比较，我们计算一下 3 个月后货币市场抵补的结果：

$$1\ 720\ 976×（1+3/12×6\%）=1\ 746\ 791（美元）$$

但是，假定公司可以把今天收到的美元用于公司的一般经营，那么在计算 3 个月后的终值时应该按公司的资本成本即 12% 计算：

$$1\ 720\ 976×（1+3/12×12\%）=1\ 772\ 605（美元）$$

这个结果要比远期抵补的结果好。所以，利用远期市场还是货币市场抵补要看公司目前的流动资金状况。如果公司资金并不富裕，可以把今天收到的美元用于一般经营活

动的话，应采用货币市场抵补。但如果公司资金富裕，收到的美元只能用于货币市场投资时，应采用远期市场抵补。

（四）在期权市场抵补

公司可以通过购买看跌期权来抵补外汇风险。看跌期权可使公司确保美元收入低限，但英镑升值时公司仍能受益。根据前面的报价，可以在交易所购买6月到期的看跌期权。期权的成本计算如下：

每份合约的价格	0.026×31 250=812.5（美元）
每份合约的佣金	25.0 美元
每份合约总计成本	837.5 美元
所需合约数目	1 000 000÷31 250=32
期权合约总成本	26 800 美元

也可以在柜台市场，即从银行购买6月看跌期权。期权的成本为

$$期权成本 = 合约金额 × 期权价格 × 即期汇率$$
$$= 1\,000\,000 × 1.5\% × 1.7640$$
$$= 26\,460（美元）$$

经过比较，应该从银行购买看跌期权，因为期权成本较小。为了便于和其他抵补方法比较，我们还应计算一下今天付出的期权成本3个月后是多少。若采用公司的资本成本为机会成本，那么3个月后期权成本相当于：

$$26\,460 × （1+3/12 ×12\%） = 27\,254（美元）$$

3个月后，收到1 000 000英镑的货款，这时如果英镑贬值，汇率降至低于1.75美元/英镑，即行使期权合约赋予它的权利，按协定汇率卖掉英镑，得到1 750 000美元。这笔收入再减去期权成本，净收入为1 722 746美元。这个数目是公司确保的最低限制，虽然比远期市场抵补或货币市场抵补的结果要差，但期权抵补结果没有上限。这是因为，若3个月后英镑即期汇率高于1.75美元/英镑的协定价格，公司将不会行使期权，而是在市场上按较高的即期汇率卖掉英镑，得到更多的美元，其潜力是无限的。

总之，可供选择的抵补工具很多。除了上面讨论的外，还有货币掉换、利率掉换等。在利用金融工具抵补外汇风险时，应仔细分析外汇敞口形成的时间及带来的不确定性程度。如果公司不能确定将来外币现金流量是否发生或何时发生（如在投标竞争时不知道是否能够中标），那么期权合约是最好的抵补方案，因为它给公司最大的灵活性。这时就不能利用远期市场或期货市场，因为如果期望的现金流量没有实现（中标失败），远期合约或期货合约本身就会造成外汇敞口。

三、通过经营决策抵补风险

绝大多数跨国公司都可以通过经营决策来降低外汇敞口的水平，下面介绍常用的几种。

（一）提前与延迟

公司可通过改变支付期限，即提前或延迟（leads and lags）来降低外汇风险。提前就是在信用到期之前支付；延迟是指在信用到期之后支付。具体地讲，如果外币坚挺时，对外币应收账款应延期收回，对外币应付账款应提前支付；如果外币疲软时，对外币应收账款要提前收回，而对外币应付账款要延迟支付。例如，当 1997 年亚洲金融风暴发生后，Avon 公司随即要求在东亚国家的子公司每周汇回利润，而之前是按月汇回。这样可以尽量避免因货币贬值造成的损失。但是在实践中，这种提前与延迟技巧不仅受到公司流动资本需求的限制，而且受当地政府对外汇交易活动的限制。目前与传统的提前与延迟技巧相似的一种方法是通过各种直接和间接方式（如转移价格）加速向母公司汇回在弱币国家子公司的利润。

（二）选择计价货币

对于进出口商来说，如果能选择本国货币计价或支付，那么他们就完全避免了外汇风险。但这种做法受买卖双方的谈判地位和有关商品供求状况的限制。如果买方处于有利的市场地位，那么即使他接受卖方提出的货币计价，也必然会以要求降价或延长支付期限等作为交换条件。另外，进出口商并不是非要强调选择本币。他们可以根据汇率的预期变动选择计价货币。作为一项基本原则，进口商应尽量选择以疲软货币付款，而出口商应选择坚挺货币。许多公司很注重对销售和采购部门进行培训，强调这一原则。同样，在筹措资金时公司应选择弱币计价，尤其是当弱币即为当地货币时。如公司需要的是强币，则可通过货币掉换协议实现。在掉换协议中，银行安排公司之间进行暂时的资金掉换。所以，选择计价货币的基本思路是：减少以疲软货币表示的外币资产与现金流入，提高以疲软货币表示的外币负债与现金流出。

（三）自然抵补

若预计将持续不断地收到某种货币，抵消这一外汇风险的一种方式是用此货币借债。假设一美国公司长期出口市场为加拿大，为在加拿大市场取得有利的竞争地位，所有出口销售都用加拿大元。这一政策使公司要不断收取加拿大元。当然，这一系列的交易风险可用持续的远期合约和其他合约来抵补。但如果公司能找到持续使用加拿大元的方法会怎样呢？例如，美国公司可以从加拿大市场上筹集债务，用出口销售中赚取的加拿大元以支付加拿大元债务利息。另外，公司可以在加拿大采购原材料。这样，现金的流入和支出用的是相同的货币，风险就自然抵补了。通过经营决策来降低外汇风险的其他例子有许多。当然，每种方式都会带来一定的成本，不光有直接成本而且有机会成本：这是因为只考虑降低外汇风险水平而做出的经营决策降低了公司经营活动的灵活性。从短期角度来看，一个面临当地货币价值下降风险的国外子公司应该：①尽量降低当地货币现金及有价证券的水平，把它们转换成固定资产项目或存货等，或最好加速向母公司汇回股息及其他收入，或通过转移价格向其他设在强币国家的子公司转移利润。②紧缩信贷以减少当地货币应收账款水平，并延迟收回以强币计价的应收账款。③增加以外币购买的生产投入的进口量，减少当地货币存货量和固定资产。④借入当地货币资金，但需降低现金持有水平，否则简单的抵消毫无意义。⑤延迟支付当地货币应付账款，如果有必要并在经济上合算，宁可放弃信用销售的折扣条件。⑥在子公司的现金结算时，加速向强币国家子公司的支付并延迟从强币国家子公司收回应收账款。从长远角度来看，该子公司应该：①出口时尽量以外币计价，进口时以当地货币计价。在买卖合同中加进外汇保值条款以减少汇兑风险。②如果外汇风险不可避免的话，尽量利用经营决策来提供抵补外汇风险的经营机会。③利用当地货币贷款在当地建立独资或合资企业，或收购当地公司，并加强向强币国家的出口。④取消那些持续面临极端外汇敞口的海外机构，除非它们能带来足够高的利润。⑤强调产品研制和市场开发，旨在打入强币国家的市场。在实际操作中，以上各种战略的应用不仅受到这些战略成本的限制，而且受到政府及其他各种限制的制约。

四、外汇风险管理政策

根据在国外经营活动的规模和性质，主要有三种不同的外汇风险管理政策。

（一）保守政策

从理论上讲，涉及外汇的经营决策都可以依据预计的汇率做出，即有可能避免承担任何外汇风险。在这种极端情况下，涉及外汇的交易只有在能获利时（即使出现不利的汇率变动时也能获利，或通过在远期外汇市场上立即卖出或买进外汇能获利时）才能同意接受。在实际中这种对待外汇风险的态度将意味着放弃许多涉及外汇的交易活动，放弃这些选择的机会成本经常是很高的。所以绝大多数跨国公司认为这种保守政策是不可取的。这种对待外汇风险的政策只有那些跨国经营业务有限的进出口商才会采用。

（二）随意政策

跨国公司对待外汇风险的另一种方式是根本不考虑它们。在这种情况下，国外子公司被当作独立的企业对待，由于汇率偶尔变动而造成的任何损失被认为是企业经营的正常成本。这一政策可使跨国公司节省大笔外汇风险管理费用。当涉及外汇的正常交易量很小或相对其他交易量来讲并不重要，或者在计划期间内预计汇率变动很小时，这种政策特别有吸引力。以现金结算或只按短期商业信用交易的进出口商可以较安全地采取这种态度。跨国公司如果进行多地区多角化经营的话，也可以实行随意政策，这时，由于风险充分分散，在任何时间汇率变动造成的净损失相对较小。

（三）直接政策

这种政策介于前两种极端政策，如果跨国公司计划内涉及外汇的交易在其经营中占有重要地位，并且这种交易的现金流入涉及的外币与现金流出涉及的货币并不密切相关时，最优政策应该是积极管理外汇敞口引起的风险。另外，如果公司已制定了长期的国际经营战略目标，如在国外建立子公司等，那么公司应在整个计划期间内，对所有涉及的货币实行外汇风险最优化管理政策。换句话说，最佳外汇风险管理政策不仅要考虑公司的综合财务计划过程，而且应该涉及其他经营和财务政策，如融资、流动资本管理、资本预算、公司内部借贷、股息汇出与转移价格制定、税收规划，以及其他短期和长期财务政策。另外，公司还应该制定明确的程序以解决在外汇风险管理过程可能出现的各部门之间的冲突。

本章小结

　　外汇风险管理是国际财务管理的一项十分重要的内容，主要包括外汇风险的识别与测量、外汇汇率变动预测及外汇风险管理的策略与方法。

　　外汇是货币行政当局（中央银行、货币管理机构、外汇平准基金组织及财政部）以银行存款、财政部国库券、长短期政府证券等形式所保有的在国际收支逆差时可以使用的债权。

　　汇率又称汇价或外汇行市，是两种货币兑换的比率，即一国货币用另一国货币表示的价格。直接标价法是指以一定单位（1 个外币单位或 100 个外币单位）的外币作为标准，折算成若干本国货币来表示其汇率的标价方法。间接标价法是指以一定单位的本国货币为标准，折算成若干数额的外币来表示其汇率的标价方法。

　　外汇交易就是一国货币与另一国货币进行兑换的过程。体现在具体操作上就是：个人与银行、银行与银行、个人与经纪商、银行与经纪商、经纪商与经纪商之间进行的各国货币之间的有规范或半规范过程。

　　外汇风险指一个经济实体或个人，在参与的国际经济、贸易、金融等活动的一定时期内，其以外币计价的资产（债权）或负债（债务）因外币汇率的变化而引起价值的增减所造成的损失。外汇风险的类型包括：交易风险、折算风险和经济风险。外汇风险一般是由外币、时间和汇率变动三个因素共同构成的。

　　一个有效的管理外汇风险的系统基本上包括四个主要部分：①汇率预测系统；②确定外汇敞口的系统；③权衡抵补方案及成本的系统；④完成外汇风险管理策略的组织。

复习思考题

一、概念题

　　外汇　外汇风险　外汇交易　直接标价法　间接标价法

二、简答题

　　1. 什么是浮动汇率？
　　2. 如何计量各种外汇风险？
　　3. 外汇交易有哪些种类？
　　4. 如何对外汇进行分类？
　　5. 国际财务与外汇交易的关系是什么？
　　6. 管理外汇风险时必须考虑到哪几点？

三、计算题

　　1. 纽约外汇市场英镑与美元的汇率是 1 英镑=1.9345 美元，美元年利率为 5%，而英镑年利率是 8%,问在其他条件不变的情况下,英镑与美元的远期汇率会发生什么变化?为什么?6 个月英镑/美元远期汇率是多少?升贴水数字及年率是多少?

2. 纽约外汇市场美元与英镑的汇率是 1 英镑=1.4567~1.4577 美元,伦敦外汇市场美元与英镑的汇率是 1 英镑=1.4789~1.4799 美元,能否套汇?若用 100 万美元套汇可盈利多少?

3. 如果某英商持有 120 万英镑,当时纽约市场上年利率为 6%,伦敦市场上年利率为 10%。伦敦市场上即期汇率为 1 英镑=1.7500~1.7530 美元,3 个月的远期汇率为 1 英镑=1.7160~1.7200 美元,试问该英商应将 120 万英镑投放在哪个市场上?利润是多少?这种操作过程如何?这种行为称什么?

4. 香港外汇市场,某日美元与港元的汇价是 1 美元=7.7723~7.7780 港元,问 1 港元等于多少美元?

5. 已知 1 欧元=1.3225 美元,1 英镑=1.8980 美元,1 英镑=14.5678 港元,求:①欧元与英镑的汇率;②美元与港元的汇率。

6. 已知美元与日元的汇率是 1 美元=115.45~115.98 日元,美元与瑞士法郎的汇率是 1 美元=1.2067~1.2089 瑞士法郎,求瑞士法郎与日元的汇率。

7. 已知条件同第 6 题,若一客户买入 10 万瑞士法郎,应向银行支付多少日元,若买入 10 万日元,应向银行支付多少瑞士法郎?

8. 纽约外汇市场欧元与美元的汇率是 1 欧元=1.3245/76 美元,法兰克福外汇市场欧元与英镑的汇率是 1 欧元=0.6755/87 英镑,伦敦外汇市场英镑与美元的汇率是 1 英镑=1.8568/86 美元,问:①能否套汇?②若用 100 万美元套汇可盈利多少?③如何操作?

9. 某日伦敦外汇市场上即期汇率为 1 英镑=1.8955~1.8984 美元,3 个月远期贴水 50~90 点,如果顾客买入 3 个月远期 100 万英镑需要支付多少美元?

10. 已知:纽约外汇市场即期汇率美元/瑞士法郎为 1.2030~1.2040,3 个月远期贴水 120~165 点,求瑞士法郎/美元 3 个月远期贴水点数。

11. 如果某商品的原价为 100 欧元,为防止汇率波动,用美元与日元进行保值,其中美元占 60%,日元占 40%,在签约时汇率为 1 欧元=1.2468 美元,1 欧元=155.50 日元,在付汇时汇率变为 1 欧元=1.3275 美元,1 欧元=150.26 日元,问付汇时该商品的价格应为多少欧元?

12. 我国某公司出口一批机械设备,每台售价 1000 美元,现国外进口商要求我方分别用加拿大元和瑞士法郎报价,问:①若以即期汇率表为报价依据,我方应报价多少?②若发货后 6 个月外商付款,我方应报价多少?

当日纽约外汇市场外汇牌价是:

	即期汇率	6 个月远期
美元/加拿大元	1.1453~1.1486	40~50
美元/瑞士法郎	1.2025~1.2080	60~50

13. 我国某公司进口一批设备,外方以美元报价,每台售价 1.35 万美元,以欧元报价,每台售价 1 万欧元,试分析在 A、B 两种情况下我方应分别接受哪个报价?

A 当日人民币外汇牌价：　　　　　　　　　　即期汇率

美元/人民币　　　　　　7.8065～7.8378

欧元/人民币　　　　　　10.379～10.446

B 纽约外汇市场外汇牌价：　　　　　　　　　即期汇率

欧元/美元　　　　　　1.3268～1.3288

14. 我方某企业进口一批原材料，每吨售价为 112 加拿大元，我方要求以美元报价，并在 6 个月后付款，对方报价为 100 美元/吨，问我方是否应接受美元报价？为什么？

当日纽约外汇市场外汇牌价：　　　即期汇率　　　　6 个月远期

美元/加拿大元　　　　　1.1467～1.1490　　　　50～80

国际企业筹资管理

国际企业满足筹资需要的渠道既可以立足于国内，也可以立足于国际，尤其是发达国家的资本市场，存在许多金融工具可供选择，所以国际企业财务管理活动之一就是在国际金融市场上，以较低的筹资成本和合适的条件，筹集从事经济活动的资金。国际企业的筹资，既可以是直接筹资，也可以是间接筹资；既可以是股权筹资，也可以是债务筹资。本章重点阐述国际企业筹资的基本原理、主要类型，简要介绍国际企业筹资的主要方式及其特征，并对中国国际企业筹资活动的渠道运用进行分析。

第一节 国际企业筹资概述

一、国际企业筹资的概念

国际筹资是国内筹资的延伸。当国内资本市场的资金不足以满足其经济发展的需要时，或国内资本市场的筹资渠道和筹资方式不能适应企业筹资需要时，经济主体必然会突破国内金融市场筹资能力的局限，在全球范围内寻找资金来源，从而产生了国际筹资。国际企业筹资的目的是进入资金成本更优惠的市场，扩大企业发展资金的可获取性，降低资金成本。国际企业筹资的主要方式包括国际债券筹资、国际股票筹资、海外投资基金筹资、外国政府贷款、金融组织贷款等。

为更好地发展经济，中国跨国企业不仅在国内广泛筹集资金，也将国际筹资作为筹集资金的重要方式。目前，主要采取吸收外国直接投资、国际金融机构借款、国际商业银行借款、国际债券、国际股票等筹资方式。近年来，随着国际资本市场的发展，越来越多的中国企业选择在国际资本市场上筹措资金。以股票筹资为例，除了目前中国企业发行的人民币特种股票（B股）外，在中国香港上市的H股、在美国上市的N股、在英国上市的L股及在新加坡上市的S股都成为许多中国企业的筹资渠道。

二、国际企业筹资的特点

国际筹资行为涉及跨国或跨地域活动，必然要受到不同国家和地域的汇率、利率及税率的影响，同时，所在地的政治、经济、文化的差别，以及全球范围内丰富多彩的筹资渠道和信贷方式也对国际企业的筹资行为产生深远的影响。与国内单一企业相比，国际企业筹资有其特性，其主要表现如下。

1. 在资金需用量方面

由于国际企业为实施其全球战略，在世界范围内从事各种生产经营活动，其所需资金较多；而国内单一企业经营规模较小，生产经营活动较少，因而其所需资金也较少。

2. 在资金来源方面

国际企业不仅可以利用本国的各种资金来源，还可以跨越国界在不同国家和地区或国际市场上筹集资金，因而具有更广泛的资金来源。一般来说，国际企业更倾向于从国际金融市场上筹集资金。

3. 在筹资风险方面

影响国际企业筹资的因素较多。除了不同国家和地域的不同汇率、利率及税率外，还有其他一些更为复杂的因素，如不同经济政策、资本市场发育程度等，国际企业筹资风险性及不确定性较高。

三、国际企业筹资的渠道与方式

筹资渠道是指国际企业取得资金的途径，筹资方式则指国际企业取得资金的形式。两者之间，既有联系又有区别。同一筹资渠道的资金往往可以采用不同的筹资方式取得，而同一筹资方式往往又可适用于不同的筹资渠道。因此，对于各种筹资渠道和筹资方式的特点，应当分别加以研究，以便确定合理的资金来源。

（一）国际企业筹资渠道

国际企业所需资金不仅数量庞大，而且涉及众多国家和诸多币种，其筹资渠道广泛而多样。归纳起来，主要有以下四个方面。

1. 来自国际企业内部的资金

国际企业通过内部融通筹集的资金主要有两类：一是国际企业内部的未分配利润；二是公司内部积存的各种基金。特别是国际企业集团内部相互融通的资金，已成为国际企业重要的资金来源。国际企业越来越重视国外盈利的再投资，因为通过这种渠道所筹集的资金不需要支付任何筹资费用，也没有本金偿还的问题，其筹资成本较低、筹资风险很小。

2. 来自国际企业母国（母公司）的资金

国际企业可以利用其与母国的密切联系，从母国银行、非银行金融机构、有关政府组织、企业甚至个人处筹集资金。具体说来，主要有三条途径。

（1）从母国金融机构获得贷款。这是国际企业从外部获取资金的重要途径之一。

（2）在母国资本市场上发行债券或股票筹资。这是国际企业一种传统的筹资方式。

（3）通过母国有关政府机构或经济组织获得资金。相比较而言，这三种筹资途径中第一和第三种筹资成本较低、风险较小，但筹集的资金量有限，第二种途径筹资成本及风险相对较高，但筹集的资金量较大。

3. 来自东道国的资金

当来源于国际企业内部及其母国的资金不能满足生产经营的需要时，国际企业经营所在国家和地区的资金也是重要的补充来源。由于各国的经济状况与条件不同，利用东道国资金的情况也因国别而异。在发达国家和地区，由于经济基础较好、资本市场发育程度较高，企业资本相对充裕。在发展中国家和地区，由于经济发展相对落后，证券业务起步较晚，资本市场不很健全，企业通过证券与资本市场筹措资金相当有限，主要依赖银行业提供资金，但银行也只是提供国际企业中短期贷款的主要组织。

4. 来自国际的资金

除了上述三种渠道以外的第三国或超国家组织获取的资金，是国际企业筹措资金的又一主要渠道。具体说来，它主要有：①向第三国或国际金融机构借款。当国际企业向第三国购买货物时，一般可向该国银行获取出口信贷。②向国际资本市场筹资。这种筹资的对象主要是一些大型跨国银行或国际银团。例如，国际企业可在国际股票市场上发行股票，由一些银行或银团购买，也可在国际债券市场上发行中长期债券筹资。当然，国际企业也可能采用出售"外国债券"的办法进行筹资，但其外汇风险较大。此外，国际企业还可以在国际租赁市场上融资。

（二）国际企业筹资方式

国际企业的筹资方式可分为两类，即国际资本筹资和国际负债筹资。

1. 国际资本筹资

这是国际企业通过在国际市场上发行股票向社会筹集资本的一种方式。它体现了国际企业产权的最终归属，因而也称为国际股权集资或国际产权集资。国际股票筹资是国际企业筹措长期资金的一种重要方式。采用这种方式所筹集的资金是国际企业资金来源的基础，它主要用于两个方面：一是创建新的企业；二是扩展原有的股本。

2. 国际负债筹资

这是国际企业为最大限度地提高其价值，以承担负债的形式在国际上筹集资金的一种方式。它主要包括下列几种具体形式：①国际债券筹资，是指国际企业在国际债券市场上通过发行以某种货币为面值的债券所进行的一种筹资形式；②国际信贷筹资，是指国际企业向国际金融机构或国际间其他经济组织借款的一种筹资形式，主要包括国际商业银行信贷和国际贸易信贷两种；③国际租赁筹资，是指国际企业按租约合同规定分期付给出租人一定的租赁费从而取得一定时间内租赁物的使用权的一种筹资形式，主要包括融资租赁和经营租赁等；④国际补偿贸易，是指国外企业以向国内企业提供的机器设备、技术专利等作为贷款，待项目投产后，国内企业以该项目的产品直接偿还贷款或以双边协商的其他偿还办法还贷的一种筹资形式。

四、国际企业筹资的作用

（一）弥补资金不足，加快经济发展

国际资本的流入为一些急需资金的企业开拓了筹资渠道，缓解了资金供求矛盾，为一些正在成长中的企业提供了大量资金。中国是一个快速发展的新兴国家，在经济建设中资金短缺，国内资金无法满足经济发展的需要，走出国门进行海外筹资是一条解决资金不足的有效途径。

（二）有利于推动国际贸易的发展

国际资金流动最先是依附于国际商品和劳务而流动的。但在一定条件下，国际资金流动会起反作用，国际融资会进一步促进国际商品与劳务的流动。例如，贸易筹资，银行对进出口商融通资金、提供信贷担保等，对国际贸易的发展起着极大的推动作用。

（三）有利于解决闲置资金的出路

无论是企业或者国家，在一定时期内，所持有的资金往往是余缺不均的。一般说来，经营差的企业缺少资金，而经营良好的企业资金比较充裕，但有时也缺少短期资金；发展中国家大多短缺资金，而石油生产国和发达国家往往资金比较富裕。资金充裕的企业或国家其多余资金如不予利用或正常使用，就会成为闲置资金，甚至成为游资。这种游资往往在国际金融市场频繁流动，进行投机冲击，扰乱市场。国际融资作为一种调剂资金余缺的手段，可以把各种多余（闲置）资金，按照市场经济的规律，加以筹集，合理疏导，充分发挥资金的应有作用。

（四）有利于促进各国经济以至全球经济的发展

资金是生产要素之一，就一个企业而言，企业的发展离不开必要的资金投入；就一个国家来说，经济建设需要资金。如果一个企业资金短缺，就无法扩大生产、改进技术，开发新产品。一个国家如果财力有限，很多经济项目就会由于本国资金不足而无法开展，这势必会减缓一国经济建设的速度。国际筹资作为企业、金融机构、各国政府筹措资金的手段和途径，在调剂资金、合理配置资源要素方面能起到重要作用，从而促进各国经济和世界经济的发展。

（五）有利于国际分工，提高企业产品的国际竞争力

跨国公司在资金、管理及全球网络方面都有明显的优势，通过国际筹资，可以充分利用资金、技术和市场网络，把受资国生产的产品销往海外或提高产品的附加值，为其冲击国际市场创造良好的条件。

第二节 国际企业债券筹资

一、国际债券的含义

(一)债券的概念及要素

债券是国家政府、金融机构、企业等机构直接向社会借债筹措资金时,向投资者发行,并且承诺按规定利率支付利息并按约定条件偿还本金的债权债务凭证。由此,债券包含以下四层含义:①债券的发行人(政府、金融机构、企业等机构)是资金的借入者;②购买债券的投资者是资金的借出者;③发行人(借入者)需要在一定时期还本付息;④债券是债的证明书,具有法律效力。债券购买者与发行者之间是一种债权债务关系,债券发行人即债务人,投资者(或债券持有人)即债权人。

债券是一种有价证券。由于债券的利息通常是事先确定的,所以,债券又被称为固定利息证券。

(二)国际债券的概念

国际债券是指国际金融机构和一国政府的金融机构、企业、组织等,为了筹集资金在国际市场上以外国货币为面值发行的债券。国际债券的重要特征是发行者和投资者属于不同的国家,筹集的资金来源于国外金融市场。和国内公司不同的是,跨国公司不仅可以通过在本国债券市场上发行债券得到长期资金,而且可以在国际债券市场上发行国际债券从而筹到长期资金。同时,由于发行债券对企业资信要求较高,能够发行债券也是跨国公司信誉的一种象征。对于投资者来说,发行债券不仅可以获得资金收益,而且国际债券拥有较强的流动性,所以风险较小。

二、国际债券的分类

国际债券一般划分为外国债券(foreign bond)和欧洲债券(euro bond)。自 20 世纪 90 年代,开始出现"全球债券"这一概念。

(一)外国债券

外国债券早在 19 世纪就已经存在,是比较传统的国际债务,是指国际债券发行人通过外国金融市场所在地国家的银行或其他金融机构,发行的以该国货币为面值的债券。外国债券的特点是,债券发行人属一个国家,而债券的面值货币和发行市场同属另一个国家。如中国在美国发行以美元标价的债券,为外国债券。由于发行外国债券要跨越国界,这样既要受本国外汇管理法规的约束,又要得到市场所在国的批准。

外国债券市场是国际金融市场的重要组成部分。它是国内债券市场中外国公司或外国政府发行债券的场所,是国内债券市场的一部分。因此,作为国内债券市场的一个组成部分,外国债券的发行必须遵循当地法律,且必须以发行地货币标价。有时,对这些债券的发行面额会有一些额外的限制。例如,在瑞士、德国和荷兰发行的外国债券要遵守排队制度，发行者必须排队等候才能发行债券。

（二）欧洲债券

1. 简介

欧洲债券是指国际债券发行人通过银行或其他金融机构在债券面值货币所属国以外的另一个国家发行并推销的债券。其特点是，它一般同时在两个或两个以上国家的境外市场上发行，且不在任何特定的资本市场注册，由国际辛迪加包销。债券的发行人属于一个国家，而债券在另外一个或多个国家的金融市场上发行，债券面值用非发行地所在国货币表示。如中国在美国发行日本债券。

欧洲债券为小记名债券（bearer bond），包括浮动利率债券（floating rate bonds）、固定利率债券（fixed rate bonds）、可转换债券（convertible bonds）及认购权证（warrants）等。欧洲债券的不记名特点使得持有者能够获得免税收入，因此降低了公司的融资成本。由于欧洲债券市场是一个境外市场，不受各国金融政策、法令的约束，对发行债券的审批手续、资料提供、评级条件等不如其他债券市场严格，所以对借款人有很大的吸引力。一些大的跨国公司，如 IBM 公司、Texaco 公司等都能够在欧洲债券市场上比在国内更快、更灵活地筹措到资金，长期以来都能以比美国财政部公布的借贷利率更低的利率获得贷款。

2. 主要特点

（1）债券的发行者、债券面值和债券发行地点分属于不同的国家。例如，A 国的机构在 B 国和 C 国的债券市场上以 D 国货币为面值发行的债券，即为欧洲债券。这个债券的主要发行人是各国政府、大跨国公司或大商业银行。

（2）债券发行方式以辛迪加为主。债券的发行方式，一般由一家大商业银行或投资银行牵头，联合十几家或数十家不同国家的大银行代为发行，大部分债券是由这些银行买进，然后转到销售证券的二级市场或本国市场卖出。

（3）高度自由。债券发行一般不需经过有关国家政府的批准，不受各国金融法规的约束，所以比较自由、灵活。

（4）不影响发行地国家的货币流通。发行债券所筹措的是欧洲货币资金，而非发行地国家的货币资金，故欧洲债券的发行，对债券发行地国家的货币资金流动影响不太大。

（5）货币选择性强。发行欧洲债券，既可在世界范围内筹资，也可安排在许多国家出售，而且可以任意选择发行市场和债券面值货币，筹资潜力很大。例如，借款人可以根据各种货币的汇率、利率和其他需要，选择发行欧洲美元、英镑、马克、法郎、日元等任何一种或几种货币的债券，投资者亦可选择购买任何一种债券。

（6）债券的发行条件比较优惠。其利息通常免除所得税或者不预先扣除借款国家的税款。此外，它的不记名的发行方式还可使投资者逃避国内所得税。因此，该债券对投资者极具吸引力，也使筹资者能以较低的利息成本筹到资金。

（7）安全性较高、流动性强。欧洲债券市场的主要借款人是跨国公司、各国政府和国际组织。这些借款机构资信较高，故对投资者来说比较安全。同时该市场是一个有效的和极富有活力的二级市场，持券人可转让债券取得现金。

（8）市场反应灵敏、交易成本低。欧洲债券市场拥有两大清算系统，从而使该市场能够准确、迅速、及时地提供国际资本市场现时的资金供求和利率汇率的动向，缩小债券交割时间，减少交割手续。世界各地的交易者可据此快速进行交易，极大地降低交易成本。

（三）全球债券

全球债券是指在全世界各主要证券市场同时发行的国际债券。这是 20 世纪 80 年代末在国际资本市场日益全球化的背景下的一种创新。

国际债券有许多具体形式，主要包括以下几种。

1. 固定利率债券

固定利率债券又称普通债券。这种债券的利率在偿还期限内固定不变，当金融市场利率变化不大时适合发行这种债券。若市场利率剧烈波动，则这种债券的发行有减少的趋势。

2. 浮动利率债券

在还本期限内，这种债券的利率不固定，而要随着短期存款利率的变化定期地进行调整。调整利率的根据是伦敦银行同业拆放利率，在这个利率的基础上，再增加 0.25% 左右的加息。发行浮动利率债券时，都会规定最低利率。因此，无论何种情况下，这种债券的利率都不得低于原来规定的最低利率。近年来，浮动利率债券的发行有增加的趋势。

3. 零利息债券

这是 20 世纪 80 年代新上市的一种债券，它不附带息票，购买者不收利息，而是根据规定的利率对所发行的债券进行折价购买，在到期日实现所投资本的收益，即按票面金额兑现。

4. 混合利率债券

发行这种债券时把还本期限分成两段，前一段债券的利息按浮动利率计算，后一段按固定利率计息。至于还本期限如何分段，视具体情况而定。

5. 可转换债券

可转换债券也称可转换股票债券。它在价格和付息等方面与普通债券相似，不同的是它可以在债券到期日之前将债券面额按事先确定的转换比率转换成债券发行公司的股票。可转换债券可以减轻发行公司的还债压力，增加公司的自有资本，降低发行成本；同时对购买者而言，当债券发行公司的净收益不多时，可以稳得固定利息，当公司净收益增加时，可以将债券转换为股票享受股东权益。还有一种附认股权证的债券，此种债券按金额比例附有一定数量的认股权证，给予投资者在一定时期内按照预定价格购买普通股股票的权利。

6. 商业票据

它属于短期证券，是信誉较好的大企业为了满足其流动资金的需要，公开发行的短期借款期票。其票面金额固定，期限通常为 30～270 天，票据按贴现方式发行。持票人可将商业票据持有至到期日凭票取款，也可以在票据到期前到市场出售。

三、国际债券的发行

目前，世界上主要的外国债券市场主要有：①纽约外国债券市场。外国借款者在美国发行的以美元计价，并主要由美国国内包销团经办的债券，即扬基债券（Yankee bonds）。债券期限以中期为主，一般是 5～25 年。②武士债券（samurai bonds），即在日本市场上发行的外国债券，期限多为 5～20 年。武士债券的发行和招募要事先向大藏省申报，发行时必须以某家日本主要证券机构（如山一、大河、日兴、野村等大型证券公司）为牵头经理人，发行后在东京证券交易所交易。③猛犬债券（bulldog bonds），即在英国发行的外国债券，期限一般为 5～40 年。④龙债券，是以除日元以外的亚洲国家或地区货币标值的外国债券的总称，期限通常为 3～8 年。龙债券发行后在亚洲地区交易所（如新加坡等）挂牌上市交易。

（一）国际债券的评级

在国际债券市场发行公募债券，一般要通过专门的评级机构对发行者的偿还能力做出估价，对债券发行进行信誉评级，以保证债券购买者的利益。国际债券评级一般由国际信用等级评定机构进行。目前，世界上最著名的评级机构是美国的标准普尔（Standard & Poor）公司和穆迪（Moody）公司。债券发行的等级是根据违约风险的相对程度进行评定的，利率变动或货币变动都可能导致债券有很大的风险。债券等级评估机构注重的仅是使用风险，以及发行人是否具有足够数量的货币偿债能力。

（二）国际债券的发行主体

国际债券的发行主体即国际债券的发行者，可以是一个国家的政府、某一金融机构、跨国公司、工商企业（或其他企业），也可以是某一国际组织机构。按传统用语，公司债是私债，而国债和政府机构债是公债，两者的信誉度和市场地位都很不一样。国际债券市场仍以国债和政府机构债为主，但公司债的比重正在日益加大。

中国刚进入国际债券市场时，对外发行债券的主体是财政部（代表国家政府）和国家指定的"十大窗口"（中国银行，中国国际信托投资公司，交通银行，中国投资银行，广东、海南、天津、上海、福建和大连等省、市的国际信托投资公司）。20 世纪末以后，"十大窗口"以外的单位，如中国建设银行、中国工商银行、中国农业银行、国家开发银行、中国进出口银行和少数大型工商企业，获准对外发行债券筹资。财政部、中国银行、中国国际信托投资公司等通过许多次对外发行债券，已经在国际资本市场上建立了中国的信誉，国外投资者对中国经济发展已有了全面了解，这为中国公司进入国际债券市场创造了良好条件。

（三）国际债券的发行条件

1. 发行额

发行额是指发行债券的总额，即发行债券筹措资金的总额。发行额的多少与发行者的资金需求有关，同时要看当时的市场对这种债券的吸收能力如何。此外，发行者的资格、信用、知名度及债券的种类也都是确定发行额的重要因素。发行额定得过高，不仅会造成销售的困难，而且会对该债券发行后在流通市场的价格产生不利的影响。适当的发行额一般是由发行人与承销商事先根据上述各项因素共同商定的。

2. 票面利率

票面利率是指债券的一年利息与票面金额的比率。利率对于发行者来说是越低越好，而对于投资者（债券购买者）来说则是越高越有吸引力。发行者应与承销商协商，在不影响债券销售的情况下，争取尽可能低的利率。此外，承购公司销售债券的能力对于利率水平也有一定的影响。影响利率的因素甚多，一般难以准确预测。所以，对发行人来说，最主要的是自己能综合分析市场形势，做出判断。

3. 偿还期限

偿还期限是指债券从发行时起到付息还本全部结束为止经过的期限。按国际一般惯例，期限在 1 年以内的债券叫短期债券，期限在 1 年以上的债券叫长期债券，而习惯上又把期限为 1～5 年的债券叫中期债券。

4. 发行价格

发行价格是指在债券发行市场上出售债券时所使用的价格。债券的发行价格取决于面值、票面利率、偿还期限和市场收益率。债券的发行价格可以是平价、折价或溢价。折价或溢价发行是为了与市场的实际利率保持一致，以调整债券购买人的实际收益。这里需要指出的是，债券虽然是一种确定付息的证券，但在二级市场上，它的价格会随市场利率和供求情况的变化而发生波动。

5. 偿还方式

债券的偿还主要有以下两种方式：一是期满偿还，是指按债券发行时既定的偿还期限，到债券期满时一次偿还本金；二是期中偿还，是指在债券期满前分次偿还债券本金，到期满时全部偿还完毕。此种方式又可分定时偿还、任意偿还、买入注销和提前回售等几种具体方式。

四、发行国际债券的策略

发行国际债券是一项风险大、技术性很强、需要丰富经验的工作。企业所具有的雄厚资本、知名度，以及国家的声望，都将有助于债券的发行。在债券的发行过程中，应采取一些策略，以使债券的发行事半功倍、减少风险。

（一）慎重选择发行代理者和发行时机

在筹划债券的发行过程中，首先要慎重选择代理发行机构。一般要选择资金雄厚、信用卓著、经验丰富、有广泛的业务联系并且收费低廉的投资银行或证券公司作为代理公司，这样的代理机构，可以使各方面工作顺利进行，降低发行成本。可以用投标竞争的方式进行挑选。选择好代理者之后，要与主经理公司和承购集团签订发行债券的协议书，并做好发行债券的各种准备工作。在签订协议的过程中，重要的是研究影响债券市场的各种因素，包括市场利率和汇率的变动趋势、其他种类债券的发行价格、二级市场同种债券的买卖价格等，以确定债券的发行条件，并商定最佳发行时期。

（二）分散发行市场，争取有利的发行条件

发行国际债券，应熟悉国际金融市场，包括欧洲债券市场和主要国家的国内市场，以便债券能分散地在各个市场发行。分散发行市场，可以充分利用国际投资银行和证券公司之间的竞争，争取更有利的发行条件，还有利于吸取各种外汇资金，降低发行的风险。

（三）合理配置发行债券的币种，减少外汇风险

发行国际债券，债券票面选择哪种货币作为面值货币，需要进行正确决策。因为在国际金融市场上存在着汇率变动的风险，应该正确预测汇率的变动方向和各国货币变动的趋向，以决定债券的面值货币。原则上，面值货币应选择汇率处于下降趋势的"软货币"，这样做的好处在于还本付息时可以减少债务负担，节约外汇支出。但是，债券市场是"硬货币"的市场，"软货币"作为面值货币将难以销售，并且需要承担较高的利率。所以要密切研究各国货币的未来发展趋势，综合各种因素，权衡利弊，选择有利的货币作为面值货币。总体来看，如果分散发行市场，发行债券的币种最好多样化，"软""硬"货币之间适当搭配，这样可以分散和抵补外汇风险。

（四）预测利率的变动趋势，决定债券计息方式和偿还年限

能够正确掌握利率的变动趋势是确定计息方式的主要根据。如果所发行债券货币的利率在未来处于下降趋势，则债券可以采用浮动利率计息，以便减轻利息负担。如果处于上升趋势，则可以采用固定利率。另外，对利率的趋势判断也是确定偿还期限的依据。如果利率处于下降趋势，债券的偿还年限应缩短，债券期限不宜太长。

■ 第三节　国际企业股票市场筹资

国际企业股票市场筹资，是指在国外股票市场上发行股票以获得国外的权益资本。在国际资本市场进行权益融资，能够使公司进入分散化的股权市场，规避当局部资本市场状况不好时融资可能出现的困难。同时，对于某些跨国公司来讲，进入国际市场后，不仅可以筹集所需要的资本，还可以在国际上获得投资者的关注，扩大公司在国际市场上的知名度。

一、国际企业股票市场筹资的优缺点分析

进入 21 世纪以来，股票市场国际化有两种明显的倾向：一是越来越多的公司到发达国家的股票市场上发行股票和上市；二是投资者购买外国公司的股票呈不断上升趋势。近年以来，中国一些企业发行股票筹集和利用外资已取得了良好效果。利用国际股票市场筹资具有以下优点。

（1）可以为企业发展筹集大量外汇资金。中国经济正处在迅速发展时期，资金不足是制约经济增长的一个重要因素，利用外资是解决资金不足问题的一条重要渠道。过去，我们采取吸收外商直接投资，借用外国政府贷款和国际商业贷款，以及对外发行债券等方式利用外资。随着国内股票市场的建立和发展，我们应当运用股票方式吸收外资。1993～2015 年，中国国境内企业在境外上市筹集了大量外汇，折合人民币 8620.6 亿元，利用筹集到的大量资本从国外引进设备和技术，开展技术改造，扩大生产经营规模，大大提高了经济效益。

（2）有利于改善企业财务结构。据统计，近些年到中国香港和外国发行股票与上市的企业在发行股票筹资前，平均资产负债率在 70%以上，发行股票后，企业增加了自有资本，平均资产负债率变为 50%左右。2015 年末，工业类上市公司平均资产负债率为 47.7%，比国有工业企业平均水平 65%低 17.3 个百分点。1998～2015 年，中国公司的资产负债率进一步下降，利用国际股票筹资改善了财务结构，使资产负债率趋于合理水平，企业正常运行和发展。

（3）与借外债相比，发行股票筹集外资风险较小。因为发行股票筹集的资金是公司的自有资本，可以长期使用，股票可以转让，不退股，无需还本，只是允许境外投资者拥有公司的部分所有权，公司只需支付一定的股利。股息红利发放由公司根据盈利情况决定。而借入外债（如从外国银行贷款、在国外发行债券）必须按期还本付息，还容易受国际金融市场上利率和汇率变化的冲击，可能陷入债务危机。

（4）与从国外银行借款相比，发行股票筹集外资具有广泛性、公开性（公布公司财务和经营状况）和灵活性（投资金额可多可少，股票可随时在流通市场上转让变现）的特点，对国外投资者具有较大的吸引力，便于广泛吸收国外企业、单位、个人手中的闲散资金。因此，国际股票筹资对于中国企业和海外投资者来说，都是一种更为便捷、更为灵活的形式。

但是，企业股票在境外发行和上市也存在着一些不利之处，主要表现在以下几个方面。

（1）与债务筹资相比，在境外发行股票筹资成本较高。对外借款和发行债券，对投资人而言，风险较小，故要求的报酬率也较低；利息费用在税前列支，可获得节税利益，故借外债成本较低。而境外发行股票筹资，股东投资风险较大，要求的报酬率也较高；股利在税后支付，无节税利益；境外发行股票的发行费用较多，股票发行后，还要承担信息披露成本，因而在境外发行股票筹资的成本比较高。

（2）与发行国际债券相比，发行国际股票在技术上相对较难，所费时间较多。国际企业要熟悉国际资本市场的规则与条件，还要选择适合的筹资方式，这对于中国企业来说都是一个新的难题。

（3）与其他利用外资的方式相比，公司在境外发行股票筹资是以出让部分股权换取外方投资为代价的，要允许境外投资者拥有公司的部分所有权，分享公司的一部分利润。

综上分析，企业股票在境外发行和上市既有利也有弊，但就整体而言，还是利大于弊。它的不利之处也正是我们在受益的同时所必须付出的一种代价，而这种代价远远小于企业从中所得到的益处。

二、国际股票的发行

企业在境外发行股票和上市筹资可采用多种方式，除按股票是否向社会公开发行，国际股票融资可分为私募和公募两种以外，还可按不同的标准进行不同的分类。

（一）按是否以本公司的名义发股上市分类

按是否以本公司的名义发股上市，国际股票可分为直接上市方式和间接上市方式。

1. 直接上市

直接上市是指企业直接以本公司的名义到中国香港和国外股票市场发行股票并上市。利用这种方式，企业不仅可筹集到大量资金，且有利于转换经营机制，提高知名度和促进企业的国际化经营，因而国家鼓励采用这种筹资方式。中国证券监管机构分批批准的企业在中国香港及国外其他国家和地区发股和上市，都是采用此种方式。

2. 间接上市

间接上市是指企业以中国香港或外国有关公司的名义发行股票和上市。因为直接到境外发股上市，会遇到法律之间的差异和其他障碍，采用间接方式则可以绕过这些障碍，达到境外上市的目的。间接上市具体又可分为买壳上市、造壳上市和借壳上市等几种情况。

（1）买壳上市。这是指国内企业购买一家已在中国香港或境外上市公司，取得对该公司的全部股权或控股权，加以整顿、重组，注入国内资产，扩展上市公司的规模，然后利用该公司的上市资格在国际股票市场上筹集资金，以达到国内企业境外上市的目的。理想的"壳"公司应具有这样的特征：所处行业大多为夕阳行业，其主营业务增长缓慢，盈利水平较低甚至亏损；公司的股权结构比较单一，便于对其进行收购控股。买壳上市方式手续简便、节省时间，但是要选择一家合适的壳公司并非易事。

（2）造壳上市。这是指国内欲上市企业先在境外建立一家公司，创造条件申请上市，取得上市资格后，国内企业再通过这家上市公司在境外募股上市。造壳上市具体又有以下三种方式：①控股上市，是指国内企业在境外注册一家公司，然后由该公司建立对国内企业的控股关系，再以该境外控股公司的名义在境外申请募股上市，所筹资金投回国内公司。②附属上市，是指国内欲上市企业在境外注册一家附属机构（国内企业的子公司），然后将境内资产、业务注入境外附属公司，再由它申请境外募股上市。③分拆上市，是指从现有的境外公司中分拆出一个子公司，然后注入国内资产，再由它在境外申请募股上市。

与直接发股上市方式相比，造壳上市是以一家境外未上市公司的名义申请发股上市，这种做法相对于国内企业直接申请到境外募股上市要容易一点。相对于买壳上市而言，造壳上市成本与风险较低，因为造壳上市是有目的地选择或设立公司，而买壳上市却要花费很大代价去购买壳公司，购买不当，很容易造成损失，风险较大。造壳上市的最大局限是从境外设立公司到最终发行股票经历时间较长，且国内企业必须先拿出一笔现汇或其他资产到境外注册设立壳公司。

（3）借壳上市。这是指国内母公司通过将资产注入境外已上市的子公司，然后以该子公司的名义在境外募股和上市。

（二）按股东持有股票的形式分类

按股东持有股票的形式，国际股票可分为纸面形式的股票、记入股东账户的股票和存托凭证（depository receipt，DR）。

1. 纸面形式的股票

这是股票的基本形式，公司发行股票时，投资者购买股票并支付款项，公司将股票交给投资者。现在，这种形式的股票只在采用私募方式时使用。

2. 记入股东账户的股票

在采用公募方式发行股票时，公司一般不发给投资者纸面形式的股票，而是委托证券公司或股票交易所利用电脑为股东开设账户，股东买入和卖出股票数都记入该账户。

3. 存托凭证

存托凭证是股票的替代形式，又称存券收据或存股证，是指在一国证券市场流通的代表外国公司有价证券的可转让证券凭证，属公司融资业务范畴的金额衍生工具。存托凭证一般代表公司股票，有时也代表债券。以股票为例，A 国的上市公司甲为使其股票在 B 国发行和上市，向 B 国证券管理部门提出申请，获得批准后，在 B 国找一家信誉好的银行作为存托银行，由存托银行指定一家与企业有关的在 A 国的银行作为保管银行，甲公司将一定数额的股票存入保管银行，B 国投资者到存托银行交款购买 A 国甲公司的股票，由存托银行签发存托凭证。投资者持有的不是甲公司的实际股票，而是代表甲公司股票的存托凭证，可据以领取股利，存托凭证也可以在流通市场转让。存托凭证方式简便、易行，对国际股票的筹资者和投资者来说都比较方便。

三、国际股票的发行价格

（一）影响股票市场价格的因素

股票市场价格的高低，取决于两个因素：一是股利；二是存款利息率。可用下列公式表示：

$$SP = D/I$$

式中，SP 表示股票市场价格；D 表示年股利；I 表示存款年利息率。

上列公式仅仅表明了影响股票市场价格的基本因素。在实际生活中，由于股利水平和利率高低受许多因素影响，股票价格的形成并非如此简单。一般来说，股利水平是股份公司经营状况变化的反映，一切影响企业经济效益的行为和现象，最终都会影响到企业的净收益和股利派发，从而影响到股票价格。银行利息率高低则是金融市场环境变化的结果，凡是引起金融市场环境改变的因素，也都会影响股票价格的波动。影响股票市场价格波动的因素，除了经济因素以外，还有政治因素和心理因素等。

（二）确定发行价格的方法

确定股票发行价格的方法有多种，现介绍三种主要方法。

1. 市盈率法

市盈率又称本益比，是指股票市场价格与盈利的比率。计算公式为

$$市盈率=股票市价/每股收益$$

通过市盈率法确定股票发行价格时：首先，应根据经审核后的盈利预测计算出发行人的每股收益；其次，可根据二级市场的平均市盈率、发行人所在行业情况（同类行业公司股票的市盈率）、发行人的经营状况及其成长性等拟定发行市盈率；最后，依发行市盈率与每股收益的乘积决定发行价格。

按市盈率法确定发行价格的计算公式为

$$发行价格=每股收益×发行市盈率$$

$$每股收益=税后利润/发行前总股本数$$

确定每股税后利润有两种方法：一种为完全摊薄法，即用发行当年预测的全部税后利润除以总股本，直接得出每股税后利润；另一种是加权平均法。不同的方法得到的发行价格不同，一般来说，采用加权平均法较为合理。因为股票发行的时间不同，资金实际到位的时间也不同，这不仅影响到企业效益，而且投资者在购股后才应享受应有的权益。

加权平均法的计算公式为

$$股票发行价格=（发行当年预测利润/发行当年加权平均股数）×市盈率$$

$$发行当年加权平均股数=[发行前总股本数+本次公开发行股数×（12-发行月份）/12]$$

2. 净资产倍率法

净资产倍率法又称资产净值法，是指通过资产评估和相关会计手段确定发行人拟募股资产的每股净资产值，然后根据证券市场的状况将每股净资产值乘以一定的倍率，以此确定股票发行价格的方法。其计算公式是

$$发行价格=每股净资产×溢价倍率$$

净资产倍率法在国际上常用于房地产公司或资产现象要重于商业利益的公司的股票发行。依此种方式确定每股发行价格，不仅应考虑公平市值，还需考虑市场所能接受的溢价倍数。

3. 现金流量折现法

现金流量折现法通过预测公司的未来盈利能力，计算出公司净现值，并按一定比例的折扣率折算，从而确定出股票发行价格。该方法首先是用市场能接受的经济手段预测公司每个项目未来若干年内每年的净现金流量，再按照市场公允的折现率，分别计算出每个项目未来的净现金流量的净现值。由于未来收益存在不确定性，发行价格通常要对

上述每股净现值折让 20%～30%。

国际主要股票市场对新上市公路、港口、桥梁、电厂等基建公司的估值和发行定价一般采用现金流量折现法。这类公司的特点是前期投资大、初期回报不高、上市初期的利润一般偏低，如果采用市盈率法发行定价，则会低估其真实价值，而对公司未来收益（现金流量）的分析和预测，能比较准确地反映公司的整体和长远价值。用现金流量折现法定价的公司，其市盈率往往远高于市场平均水平，但这类公司发行上市时套算出来的市盈率与其他公司的市盈率之间不具有可比性。

四、中国企业境外上市

在中国，融资难一直是企业发展壮大的重要阻碍，大量国内企业也因此纷纷选择到境外上市以获取企业发展所需的资金。以民营企业为例，截止到 2010 年底，在境外上市的民营企业已经超过了 600 家。与世界其他国家海外上市所不同的是，中国境外上市企业的绝大多数属于"境外单独上市"而非交叉上市。据 Wind 数据库的统计，截止到 2010年底，在中国全部境外上市企业中，交叉上市的企业只有 85 家，而且几乎全部是国有企业。JP Morgan 的 ADR 数据库显示，同期在美国通过美国存托凭证上市的 287 家非中国企业中，258 家都在其母国上市，而其中的 123 家中国企业只有中国铝业股份有限公司、中国石油天然气集团公司和中国人寿保险股份有限公司等 12 家大型国有企业在国内 A股上市。

在这个国际资本大融合的浪潮中，作为寻求境外上市的中国企业而言，我们看到了很多机遇，更广阔的资本流动有利于公司股票流动性的提高，也有利于公司声誉的提高；同时，我们也面临了很多的挑战，复杂多变的境外市场有着各自特有的准则和规范，新进入的企业需要学习和适应的地方还有很多。

（一）中国企业境外上市的原因

1. 国内发行股票并上市的程序十分复杂

从我国企业发行股票并上市的实践来看，企业在国内发行股票的程序十分复杂，时间很长，受政策变化影响较大。从企业改制到发行上市一般在一两年，有的甚至达 4～5年。而境外发行股票上市的时间相对较短，且预期明朗，企业可以据此安排经营活动。

2. 已上市公司的示范效应

已在境外上市的中国公司筹集了较多扩大生产经营所需的资金，且境外上市可以提高公司知名度，改进公司治理，实现管理层股权激励，这些都为未上市公司树立了良好的示范效应，提高了这些企业的境外上市的积极性。

3. 境外市场在再融资方面存在优势

境外市场在再融资方面存在优势，主要表现为融资门槛低、程序便利。在香港市场，许多公司上市 6 个月后就增发新股。在新加坡市场 2～4 周就可完成配股和增发，再融资没有盈利条件和间隔期的要求，融资额也没有上限。境外市场再融资的高效率，极大地满足了中小企业特别是优质中小企业在融资时效性方面的需求，是内地市场完全不能与之相比的。

4. 境外市场的全流通

境外市场的制度是吸引很多内地企业去境外上市的因素。事实上，不少民营企业选择红筹上市的方式正是基于全流通的考虑：一方面，全流通是公司上市并成功套现的先决条件，全流通使公司可以采取多种形式持续融资，同时可以自主进行多元化经营；另一方面，海外创投的公司倾向于境外上市，以通过全流通退出实现增值受益，如李宁体育用品有限公司、上海盛大网络发展有限公司、内蒙古蒙牛乳业（集团）股份有限公司的海外上市，均让介入其中的海外创投获得了巨额利润。

5. 境外证券监管机构的积极态度

境外一些主要证券交易所，如纳斯达克，以及伦敦、香港、新加坡证券交易所等都实行了公司化改制，为了能向股东提供好的回报，这些交易所在全球范围内争取上市资源，纷纷来国内进行市场推介，使国内企业对境外上市有了更多了解。

6. 我国政府的政策支持

2004 年 1 月 31 日，国务院颁布《加强证券市场宏观管理九大方针》，即所谓的"国九条"政策，其中第九条第二款明确指示："积极利用境外资本市场，遵循市场规律和国际惯例，支持符合条件的内地企业到境外发行证券并上市"；中国证券监管部门也在逐步放宽境外上市的审批要求；各地政府也制定政策，鼓励和支持当地企业境外上市。

（二）中国企业境外上市的几种模式

1. 大型国有企业经改组改制境外上市融资

中国大型国有企业在境外上市主要采用以下两种方式：一是境内企业经改组改制直接到香港、纽约、新加坡和伦敦等地上市；二是境内企业在境外注册成立公司在香港上市，这就是红筹股方式。

在境外上市的国有企业大多是一些老企业，它们经过改组改制直接到境外上市。例如，青岛啤酒公司是国有企业中第一家赴海外上市的公司，它是经过股份制改造，建立青岛啤酒股份有限公司在香港联合交易所有限公司发行股票和上市（H 股）。又如，鞍山钢铁集团公司是中国最大的钢铁综合生产企业之一，由于规模特大，生产经营财务情况复杂，不宜于整体上市。鞍山钢铁集团公司选择三个生产技术比较先进和效益优良的轧钢厂加以组合，经过股份制改造建立鞍钢新轧钢股份有限公司，于 1997 年 7 月在香港联合交易所有限公司发行股票和上市。中国移动通信集团公司是国有企业海外上市的典型。1997 年，广东、浙江两省的移动通信公司将资产注入中国移动（香港）有限公司，在香港和纽约两地上市。2000 年，国家组建中国移动通信集团公司，按照整体上市、分步实施的计划，经过 8 年 8 次资本运作，先后收购全国各省份的通信资产，至 2005 年 6 月完成整体上市后，成为首家在中国 31 个省份经营电信业务的海外上市公司。

2. 优质民营企业境外上市融资

中国民营企业在境外上市主要采取以下两种方式：一是境外注册企业上市；二是境外买壳上市。民营企业倾向于这两种方式，主要是因为国内审批严格、复杂，而且给民营企业上市的机会不多。国内第一家采用上述第一种方式上市的民营企业是裕兴电脑公司。1999 年该公司在百慕大注册成立"裕兴计算机科技控股有限公司",将国内资产注入该壳公司,于 2000 年 1 月在香港创业板成功上市,募集资金 4.2 亿港元。国美电器是在海外买壳上市的。国美电器购买中国香港上市公司——京华自动化有限公司,并逐步提高持股比例,最终控制了该上市公司,这家公司后来成为国美电器在香港上市的壳公司。

3. 新技术公司与境外资本共成长

新技术公司从创建的风险投资到最终境外上市,始终与国外资本共舞。例如,新浪于 1999 年先后获得多家风险投资公司包括华登国际投资集团、软银集团、高盛集团、戴尔等的风险投资。2004 年 4 月,新浪在纳斯达克市场正式挂牌上市,股价定于 17 美元,当日收盘价 20 美元以上,公司上市获得了很高的溢价。新浪上市后,风险资本开始择机退出,获得了超常规投资回报。2004 年,多家风险投资公司(包括全球最大的搜索引擎公司 Google 和美国前三大风险投资商之一的 DFJ)完成了对百度的风险投资,2005 年 8 月,百度在纳斯达克市场正式挂牌上市,股价定为 27 美元,收盘价 122.45 美元,公司的市场价值达 40 亿美元。

4. 大型银行、企业上市融资 A+H 股模式

2000 年以来,许多大型国有企业只在境外上市,大型银行也计划到美国上市,过去一些企业的境外上市暴露出一些缺点,于是争议又起,认为大型银行、企业只到境外上市,不利于国内证券市场的发展,而且到境外上市对银行、企业也有一些不利之处。随着中国经济的快速发展,国内 A 股市场经过深入改革,市场规模扩大,尤其是流动性不断改善;近几年香港股市有了很大发展,越来越多的国际资本流入香港,香港正在成为世界上首次公开募股的最大市场。中国证券监督管理委员会(以下简称中国证监会)鼓励企业在国内上市,融资额较大的企业应在内地和中国香港上市。A+H 股模式成为中国大型银行、企业的选择,招商银行、交通银行分别于 2002 年 4 月、2005 年 6 月实行了 A+H 股模式。2006 年 6 月 1 日,中国银行在香港上市,首次公开募股(H 股)融资 100 亿美元,7 月 5 日在国内 A 股上市。2006 年 10 月,中国工商银行 A 股和 H 股同步发行上市,在香港首次公开发行 H 股,筹资 160 亿美元,在上海 A 股上市筹资 60 亿美元。2007 年 4 月,中信银行在上海和香港同步上市,"绿鞋"前合计融资达 54 亿美元。预计中国将有不少企业、银行将陆续在内地和香港上市。

(三)中国企业境外上市的程序

中国企业申请境外上市,不仅要遵守中国证监会规定的一些基本条件,还要符合上市地证券交易所规定的条件。上市程序一般分为以下几个阶段。

1. 上市前的准备阶段

1)上市的可行性研究

通过详细的调查研究对企业上市的必要性、可实现性及对经济和社会的有利性等方面进行全面而系统的综合性研究,据以做出正确的上市决策,并选择最佳的上市方案。

2）选择和委托中介机构

中介机构包括财务顾问、保荐人、承销商、律师事务所、会计师事务所、资产评估机构等，企业应选择中介机构，与其签订中介服务合同。中介机构进入企业后，应开展各项尽职调查，策划企业改组和改制，准备有关申请文件及编写招股书、法律意见书、审计报告、估值报告和拟定上市方案等。

3）进行企业改组

企业改组是指把原有企业改造成为股份有限公司。在境内或境外发行股票和上市，都要进行企业改组和企业改制。企业改组是指经过分析研究确定将原企业的哪些业务、资产、负债和人员划归将要建立的股份有限公司，哪些车间、分厂或子公司归属于将要建立的股份有限公司，从而确立公司的基本框架和业务、资产范围，因为主要是资产的划分与组合，故又称资产重组。

4）进行企业改制

企业改制是指把企业改组中从原企业划分出来的业务、资产和人员按照《中华人民共和国公司法》规定的条件、要求和程序改建为股份有限公司。为了使公司的股票能在境外发行和上市，不仅要把国有企业改造成为符合中国有关法律法规的股份有限公司，而且要与国际接轨，使企业成为符合上市地法律法规要求的股份有限公司。

2. 申请及审批阶段

境内的国有企业、民营企业及其他所有制形式的企业经重组改制为股份有限公司并符合上市条件的，均可自愿向中国证监会提出境外上市申请，由有办理上市业务资格的证券公司进行辅导、推荐，向社会公布，听取对申请上市公司的意见，经中国证监会审核批准后到境外发行股票和上市。

公司申请到境外主板市场上市需报送下列文件：①申请报告；②所在地省级人民政府或国务院有关部门同意公司境外上市的文件；③境外投资银行对公司发行上市的分析推荐报告；④公司审批机关对设立股份公司和转为境外募集公司的批复；⑤公司股东大会关于境外募集股份及上市的决议；⑥国有资产管理部门对资产评估的确认文件、国有股权管理的批复；⑦公司章程；⑧招股说明书；⑨重组协议、服务协议及其他关联交易协议；⑩法律意见书；⑪审计报告、资产评估报告及盈利预测报告；⑫发行上市方案。

公司到境外主板市场上市的申请及审批程序如下：公司在向境外证券监管机构或交易所提出发行上市初步申请3个月前，需向中国证监会报送前述①～④文件；中国证监会就有关申请是否符合国家产业政策、利用外资政策及有关固定资产投资立项规定与国家发展和改革委员会；经初步审核，中国证监会发行监督部函告公司是否受理其境外上市申请；公司在确定中介机构之前，应将拟选中介机构名单报中国证监会备案；公司在境外证券监管机构或交易所提交发行上市初步申请5个工作日前，应将初步申请的内容报中国证监会备案；公司在向境外证券监管机构或交易所提出发行上市正式申请10个工作日前，需向中国证监会报送前述⑤～⑩文件，中国证监会在10个工作日内予以审核批复。

3. 境外募股及上市阶段

下面以中国企业到美国公开发行股票和上市为例加以说明。

1）准备注册登记表

外国公司（非美国公司）到美国发行股票，应根据美国《1933 年证券法》第五节的要求注册登记。如果外国公司的会计准则不同于美国的公认会计准则（GAAP），美国证券交易委员会（Securities and Exchange Commission，SEC）允许采用股票发行公司当地国可理解的会计准则，但必须对美国公认会计准则与股票发行公司当地国会计准则的重要区别进行说明。

2）SEC 审核

SEC 的公司财务部对公司提交的注册登记表进行审查，就其不足之处发出一份意见书，指出需要修改或补充的地方，股票发行公司和承销商对注册登记表进行修改、补充和澄清，达到要求后，SEC 才宣布注册登记表生效。

3）听证

由主承销商召开股票承销会议，对注册登记表和募资说明书中的信息披露进行检查，承销商的律师向股票发行公司的经理、董事或其他高级职员提出有关问题，检查草拟注册登记表的有关内容，检查股票发行公司的经营管理情况，审查股票发行公司的有关合同等。发行公司的董事会和高级管理人员对提出的问题予以解答，并对注册登记表的错误信息或遗漏的重要信息或听证的事项负法律责任。承销商通过听证可了解注册登记表的真实可靠性。

4）根据《蓝天法》注册

在美国发行股票，除了接受 SEC 的管制外，许多州还采用《蓝天法》保护投资者利益，该法律要求发行公司按规定进行证券发行登记，并向投资者提供必要的商业和财务信息，着重审查证券质量的优劣。有时即使是 SEC 的公司财务部认为合格的注册登记表，如果不符合《蓝天法》的要求，这一证券也可能不能在该州发行。

第四节　国际企业信贷筹资

国际企业信贷筹资是指国际企业向国际金融机构或其他经济组织借款的一种筹资形式。从广义的角度来说，国际信贷包括国际贷款、国际债券发行、国际租赁和国际补偿贸易等。从狭义的角度来说，国际信贷仅指国际贷款。

一、国际信贷的分类

国际贷款按贷款来源不同可以分为外国政府贷款、国际金融组织贷款、国际商业贷款（包括国际商业银行贷款和出口信贷等）和混合贷款（由政府贷款和出口信贷或国际商业银行贷款混合组成的贷款等），以及风险投资银行对高新企业贷款等，此外，企业还可以从外国企业获得贷款。企业从外国商业银行取得贷款是境外融资的一个主要渠道。外国政府贷款和国际金融组织贷款主要通过政府与国际金融机构办理，而国际商业贷款主要通过国际信贷市场进行。

（一）外国政府贷款

外国政府贷款是指一国政府利用财政资金向另一国政府提供的优惠性贷款。它有以下特点。

（1）一般是在两国政治、外交关系良好的情况下进行，为一定的政治、外交关系服务。

（2）受贷款国财政经济状况制约，贷款数额不会太大。

（3）属于主权外债，强调贷款的偿还。中国政府借用的外国政府贷款，除经国务院批准由国家统还的情况外，其余由项目业主偿还且多数由地方财政担保。

（4）贷款条件优惠。贷款利率一般为0.2%～0.3%，个别贷款无息。贷款偿还期限通常在10～40年，并含有2～15年的宽限期。

（5）限制性采购。外国政府贷款的第三国采购比例一般为15%～50%，即贷款总额的50%～85%用于购买贷款国的设备和技术。借款国通常不能自由选择贷款货币，汇率风险较大。

（6）投向限制。外国政府贷款主要用于政府主导型项目建设，领域集中于基础设施、社会发展和环境保护等。

（二）国际金融组织贷款

国际金融机构贷款，是指国际金融机构作为贷款人的国际信贷活动。全球性的国际金融贷款机构主要有国际货币基金组织和世界银行，区域性的国际金融贷款机构主要有亚洲开发银行、泛美开发银行、欧洲投资银行、非洲开发银行等。此处主要介绍世界银行贷款和亚洲开发银行贷款。

1. 世界银行贷款

世界银行（World Bank）即国际复兴开发银行（International Bank for Reconstruction and Development），它是根据1944年7月联合国货币金融会议的决议于1945年12月与国际货币基金组织同时成立的，后来又先后成立了两个附属机构：国际金融公司（International Finance Corporation，IFC）和国际开发协会（International Development Association，IDA）。这三个机构统称为世界银行集团。世界银行总行设在华盛顿，在纽约、巴黎、伦敦、日内瓦、东京和北京等地设有办事处。

世界银行贷款具有以下特点。

（1）世界银行贷款对象为会员国官方、国有企业和私营企业，如果借款人不是政府，一般需要政府的担保。贷款的主要对象是特定工程项目，该项目必须在会员国的领土范围内，但不提供贷款项目的全部费用，而是要求借款国提供部分配套资金。近年来，世界银行增加了对农业、教育、人口保健、城市发展方面的贷款。

（2）世界银行贷款的期限长、利率优惠。贷款期限一般为7～30年。1976年7月之后，世界银行的贷款采取浮动利率，但是一般低于市场利率；收取的费用也较少。只对签约后来支付的贷款额收取0.75%的承诺费用。

（3）借款国要承担汇率变动的风险。世界银行的贷款都是以美元计值的。借款国也需要以美元支付本金和利息。这样，借款国就要承担汇率变动的风险。

（4）手续严格、费时长。世界银行贷款手续严格。一般来说，从借款国提出项目，经过世界银行相关部门选定、评定等阶段，到借款国取得贷款，一般需要1年半至2年时间。

2. 亚洲开发银行贷款

亚洲开发银行（The Asian Development Bank）成立于1966年，是一个致力于亚洲和太平洋地区经济与社会发展的区域性国际金融机构。亚洲开发银行通过发放贷款，协助成员方特别是欠发达成员方加速经济发展。亚洲开发银行总部位于菲律宾首都马尼拉，建立之初有31个成员，截至2013年已有67个成员，其中48个来自亚洲地区。

亚洲开发银行提供的贷款主要有以下形式。

（1）项目贷款，即为具体项目提供的贷款，这是亚洲开发银行传统的主要贷款方式。这些项目需要满足效益良好、借款国或地区信誉良好、有利于借款国或地区的发展等条件。

（2）规划贷款，即为成员国或地区成员需要优先发展的部门或其所属部门提供资金，使其扩大生产能力，结构更趋合理化和现代化。

（3）部门贷款，即对成员国或地区成员与项目有关的投资进行援助的一种形式，目的是提高所选择的部门或其分部门的执行机构的技术与管理能力。部门贷款主要集中于乡村发展、灌溉、高速公路、教育等方面。

（4）开发金融机构贷款，又称为中间转贷，是通过成员国或地区成员的开放性金融机构进行的间接贷款，其目的是支持亚太地区私营企业的发展。

（5）综合项目贷款，即对较小的成员国或地区成员的一种贷款方式。这些国家或地区的项目规模比较小，需要的贷款数额不大，因此把这些项目捆绑在一起，作为一个综合项目来办理贷款。

（6）特别项目执行援助贷款，即亚洲开发银行为防止贷款的项目因缺乏资金而无法顺利进行提供的贷款。

（7）私营部门贷款，分为直接贷款和间接贷款。直接贷款是由政府担保的贷款，或没有政府担保的股本投资。间接贷款主要指通过开发性金融机构的限额转贷和对开放性金融机构的股本投资。

（8）联合筹资，指区外经济实体与亚洲开发银行共同为成员国或地区成员的某一个开发项目筹资，包括平行筹资、共同筹资、伞形筹资、窗口筹资和参与性筹资五种类型。

（三）国际商业银行贷款

国际商业银行贷款是指国际商业银行作为贷款人的国际信贷活动。国际商业银行一般是指跨国银行或多国银行。跨国银行，是指超越本国国境经营业务的银行；多国银行，是指由多个国家的银行联合起来组建的银行。

国际商业银行贷款可按贷款期限的长短分为短期信贷、中期信贷和长期信贷。

1. 短期信贷

短期信贷是 1 年以内的贷款，主要有两种方式：银行与银行之间的同业拆借和银行对非银行客户的信贷。在短期信贷时，借贷双方不必签订贷款协议，只需通过电话、电传成交，事后以书面确认即可。借款人借款一般都是现款，而且利息较高。银行的同业拆借期限通常为 1~6 个月。

2. 中期信贷

中期信贷是期限为 3~5 年、金额在 1 亿美元以内的贷款。在国际商业银行贷款中，双边中期贷款是中期贷款的主要形式。双边中期贷款，是指一家银行对另一家银行提供的贷款。中期信贷的风险较大，借贷双方银行要签订贷款协议，有时贷款银行甚至会要求借款方提供担保。

3. 长期信贷

长期信贷是 5 年以上的贷款。银团贷款是长期信贷的一种形式。银团贷款，是指由一家银行牵头、多家银行参与的共同提供的贷款，这种贷款又称为辛迪加贷款，是国际商业银行贷款的主要形式，占国际资本市场借贷的一半以上，占发展中国家贷款的 85% 以上。

与政府贷款的特点相比，国际商业银行贷款的特点主要如下。

（1）贷款额不受数额限制。政府贷款会受到一定数额的限制，而国际商业银行贷款不受数额限制。

（2）借款人可自由使用贷款，不受贷款银行的限制。

（3）贷款容易获得。国际商业银行贷款的手续较简便，尤其是银行同业间贷款、银团贷款和项目贷款，因为这些属于银行批发业务。

（4）贷款的成本较高。国际商业银行贷款的利率以市场利率为基础，而且要负担一定的费用，因此成本较高。

二、国际信贷的筹资成本

（一）决定国际信贷筹资成本的因素

国际信贷筹资成本是指国际企业从国外筹借资金所付出的代价，包括支付的利息、费用和外币折合差额等。外汇借款的成本与借款金额的百分比，就是国际贷款的实际融资率。对国际贷款实际筹资成本进行预测，是外汇借款筹资决策的需要。企业的实际筹资成本只有低于企业资金利润率的时候，才能获得财务杠杆利益，提高企业经济效益。

在现实中，国际企业在国际金融市场上所借货币的币值很可能随借款人所在国货币的变动而不断变化。企业实际筹资成本的大小取决于以下因素：①贷款银行收取的利息率；②所借货币的币值在贷款期内的波动；③所得税税率的高低。

（二）国际信贷筹资成本的计算

筹资成本，是指企业因筹集和使用资金而支付的各种费用，包括资本使用费和筹资费用两部分内容。资本使用费，是指企业因使用资金而付出的费用，如向股东支付的股利、向债权人支付的利息等。筹资费用，指企业在筹措资金过程中付出的费用，如向银行借款支付的手续费，因发行股票、债券而支付的发行费等。筹资费用是在筹措资金时一次性支付的，可直接从筹资数额中扣除；扣除后的余额为实际筹资金额。

筹资成本表示为资本使用费与实际筹资数额的比率，年筹资成本的计算公式如下：

$$筹资成本=每年的资本使用费/（筹资数额-筹资费用）\times100\%$$

信贷筹资成本的资本使用费为支付的利息。借款利息可以作为费用在税前扣除，使企业的税前利润减少，起到抵税的作用。在借还款资金均为本位币的情况下，每年付息、到期还本的信贷筹资成本计算公式如下：

$$K_d = \frac{I(1-T)}{B(1-f)}\times100\% = \frac{B\times i\times(1-T)}{B(1-f)}$$

式中，K_d 为信贷筹资成本；I 为每年支付的利息；T 为所得税税率；B 为借款的本金；i 为借款的年利率；f 为筹资费用率，即筹资费用与筹资金额的比例。

三、国际信贷的筹资风险及规避

（一）国际信贷的风险来源

企业利用国际信贷筹借外汇资金，在一定条件下，能给企业带来财务杠杆利益，但也存在着一定的财务风险，其风险来源主要有以下几方面。

1. 利率风险

在实行浮动利率的情况下，利率上升就会使企业的利息支出增加，借款成本提高。例如，A 公司 3 月 1 日借入 5000 万美元，借款期半年，当时年利息率 9%，每三个月调整一次。如果半年内利息率不变，将支付利息 230 万美元（3 月 1 日至 8 月 31 日实际计息天数为 184 天）。如果 6 月 1 日利息率变为 10%，则该公司需支付利息 242.78 万美元（3 月 1 日至 5 月 31 日和 6 月 1 日至 8 月 31 日实际计息天数都是 92 天）。由于利息率上升，企业需多支付利息 12.78 万美元，给企业带来了债务偿还的困难。

2. 汇率风险

如果企业借款、用款和还款的币种不同，汇率发生变动，就可能发生汇兑损失，使借款成本提高，从而增加偿还债务的困难。汇率风险有以下两种表现：外币与人民币之间的汇率风险和外币与外币之间的汇率风险。后者是借一种外币而用另一种外币偿还。例如，A 公司某年 6 月为了从日本进口原材料从银行借款 6000 万日元，当时汇率为 1 美元=120 日元，此笔货款折合 50 万美元。A 公司出口产品的收入是美元，只能用美元来偿还，12 月还款时，汇率变为 1 美元=100 日元，还清此笔贷款的本金就需支付 60 万美元，由于汇率变动，A 公司需多支付 10 万美元。如果该公司借美元而用出口收入的美元还借款，就不会发生上述汇率风险。

3. 项目建设风险

项目建设风险主要是指外汇贷款项目在建设过程中由于施工和投资等方面的问题

而产生的风险，包括外汇贷款项目超支风险（由于进口设备和材料涨价、各种工程款增加等）和投产拖期风险。

4. 市场风险

市场风险主要是指由于贷款项目所生产的产品在市场容量和销售价格方面的变化引起产品滞销积压或价格下跌、收入减少，从而影响还贷的风险。

5. 生产技术风险

生产技术风险主要是指利用外汇贷款引进的设备本身在技术、工艺流程和国内设备配套等方面存在较大问题，从而影响进口设备的正常运转，或利用进口设备生产的产品在技术、质量、规格等方面达不到标准，存在严重的质量问题，无法投放市场，废品率高，从而使贷款无法正常归还的风险。

6. 经营管理风险

经营管理风险主要是指使用外汇贷款的企业在经营管理方面存在严重问题，造成企业失去竞争能力，各项经济活动不能正常进行，从而影响外汇贷款不能按期偿还的风险。

上面所说的国际信贷筹资风险都是从经济方面来分析的。此外，企业或一国政府的国际借款无力偿还，还可能有政治的和其他方面的原因。例如，有的国家由于遭到外国军事入侵，发生内战或严重的社会动乱、特大自然灾害，经济遭受严重损失，企业和国家无力偿还外债，这种风险一般称为政治风险或国家风险。

（二）国际信贷风险的规避

国际企业利用国际贷款筹集外汇资金，在一定条件下能够给企业带来财务杠杆利益，但也存在风险。其风险来源除项目建设风险、市场风险、生产技术风险、经营管理风险，以及政治风险或国家风险外，还有利率风险和汇率风险。国际企业运用多种外币组合融资，常常能够使融资成本降低，达到降低风险的目的。

1. 在借、用、还三个阶段采用不同的方法

（1）借款阶段：在外汇贷款协议签订之前，要对贷款项目在技术、经济、财务等方面进行可行性研究，对贷款项目的效益和风险进行预测与分析，正确进行筹资决策，正确选择借款的货币、利率和还本付息方式，合理安排借款期限和还款计划，正确签订贷款协议，尽量争取对自己有利的条款。例如，在协议中规定货币可转换、延期还款、提前还款和利率安排等条款，为资金的使用和偿还打好基础。

（2）用款阶段：切实做好贷款项目的建设管理和投产后的生产经营管理，保证按期或提前投产，提高产品质量，扩大出口销售，增加外汇收入，降低成本费用，增加利润，这样就能按期偿还外汇贷款本息。

（3）还款阶段：要按还款计划提前做好资金准备，及时办好还款手续。外债较多的企业应按债务余额的一定比例提存外汇，建立偿债基金，在外汇指定银行开立现汇账户存储。国家批准的专项还贷出口收汇可以直接记入该账户。专户资金只能用于对外支付本息，不得转移或用于其他支付。

2. 运用金融工具防范汇率风险和利率风险

在国际金融市场上一般采用货币互换、利率互换、利率期货和利率期权等方法。

（1）货币互换。货币互换是指两个独立的筹资者将各自筹集到的等值的、期限相同的不同货币的债务进行货币的调换，由银行作为中间人，调换双方达成协议。这种做法的目的是将一种货币的债务换成另外一种货币的债务，以减少借款成本，或避免远期汇价变动所带来的风险。

（2）利率互换。利率互换是指两个独立的筹资者利用各自的筹资优势，分别借入币种、金额和期限相同但计息方式不同的债务，然后双方通过中介人（通常是银行）互换付息方式，以期得到各自所期望的利率种类，从而达到降低借款成本或避免将来利率不利变化带来风险的目的。

（3）利率期货。企业从国外借款，实行浮动利率，如果担心利率上浮，通过利率期货交易，可以使利率固定在目前的水平上。

（4）利率期权。实行浮动利率，借款人无时无刻不在为利率风险担忧，而借款人因某种原因又不愿将其浮动利率债务转换成固定利率债务。为了保险起见，买进利率期权也是防范风险的一种可行手段。利率期权的形式主要有封顶利率期权、封底利率期权和两头封利率期权。

本章小结

在全球化竞争的时代，国际企业必须从战略上意识到，不走出去，不进军国际市场，在竞争中就将陷入被动挨打的境地。中国企业要学会在国际化的过程中，运用国际化的操作方法（包括融资和并购），利用海外资本市场帮助自己实现目标。

2004 年 1 月 31 日国务院颁布了《加强证券市场宏观管理九大方针》，其中第九条第二款明确指示："积极利用境外资本市场，遵循市场规律和国际惯例，支持符合条件的内地企业到境外发行证券并上市。"任何企业发展到一定阶段，都需要借助资本的力量来实现产业规模的迅速扩张。因此，资本运作应成为企业未来发展战略的重要组成部分。

中国跨国企业融资首先要思考如何在海外上市，上市地点的选择包括但不限于香港主板、香港创业板、新加坡主板、新加坡创业板、纽约证券交易所、美国证券交易所、美国全国证券交易商协会自动报价系统、美国场外柜台交易系统、ATM 等。采取的方式包括 IPO、买壳上市（反向收购）、造壳上市、存托凭证、可转换债券。从一个国家角度考虑，可以吸收外商直接投资融资，其方式有中外合资、中外合作、外商独资和外资并购。

在国际企业经营中，如果企业规模较大、信誉良好，可以申请发行国际债券，利用国际信贷融资，在对外贸易往来中可以取得卖方信贷和买方信贷；在引进大型成套设备时可以采取国际租赁方式取得资金融通。国际企业进行国际融资有多种方式、多条渠道可以选择，关键是要选择最适合企业的方式，只有这样才能在国际财务管理过程中获得成功。

➢复习思考题

一、概念题

国际筹资　直接筹资　境外上市　杠杆租赁　项目筹资

二、简答题

1. 简述国际筹资的作用。

2. 理想的"壳"资源选择必须具备哪些条件？

3. 什么是境外上市模式？

4. 中国企业境外上市的主要原因是什么？

5. 说明国际并购的一般动因。

6. 应对外资并购的对策有哪些？

7. 世界银行贷款的特点是什么？

8. 说明国际商业银行贷款的特点和形式。

第六章

国际企业投资管理

国际投资，是指跨国公司等国际投资主体，将其拥有的货币资本或产业资本，通过跨国界流动和营运，以实现价值增值为目的的经济行为。从投资者的角度看，对外投资可扩展生产规模，获得更高的利润；从被投资地区的角度看，吸收投资可帮助本国发展经济。

国际投资是随着金融资本的逐渐形成而出现的。国际投资经历了两个发展阶段。第一个阶段是间接投资阶段，它是国际投资的出现和形成阶段。从 20 世纪中期开始，国际投资呈现出主体多元化趋势，资金来源渠道多样化。随着国际金融市场的深入发展，国际投资已成为国际经济活动中的重要力量。

本章主要介绍国际企业投资概述、国际投资理论、国际企业直接投资动机与环境及国际资本预算。

第一节 国际企业投资概述

国际投资，又称国外投资或海外投资，是指跨国公司等国际投资主体，将其拥有的货币资本或产业资本，通过跨国界流动和营运，以实现价值增值的经济行为。

国际投资的内涵应包括以下三个方面。

（1）参与国际投资活动的资本形式是多样化的。它既有以实物资本形式表现的资本，如机器设备、商品等，也有以无形资产形式表现的资本，如商标、专利、管理技术、情报信息、生产诀窍等；还有以金融资产形式表现的资本，如债券、股票、衍生证券等。

（2）参与国际投资活动的主体是多元化的。投资主体是指独立行使对外投资活动决策权力并承担相应责任的法人或自然人，包括官方和非官方机构、跨国公司、跨国金融机构及居民个人投资者。而跨国公司和跨国银行是其中的主体。

（3）国际投资活动是对资本的跨国经营运活动。这一点既与国际贸易相区别，也与单纯的国际信贷活动相区别。国际贸易主要是商品的国际流通与交换，实现商品的价值；国际信贷主要是货币的贷方与回收，虽然其目的也是实现资本的价值增值，但在资本的具体营运过程中，资本的所有人对其并无控制权；而国际投资活动，则是各种资本运营的结合，是在经营中实现资本的增值。

一、国际投资的发展

国际投资是商品经济发展到一定阶段的产物，并随着国际资本的发展而发展。当商品经济发展到资本主义社会以后，银行资本与生产资本相融合并日益发展，促进了资本积累的进一步扩大，并形成了规模庞大的金融资本，出现了大量的资本过剩，以资本输出为早期形态的国际投资也随之产生。随着国际经济交易内容的不断丰富，投资的内容和形式也在不断发生着演化。从国际资本活动的历史进程来看，国际投资活动首先表现为货币资本的运动，即以国际借贷、国际证券投资为主要形式的国际间接投资，其标志是跨国银行的出现；其次表现为生产资本的运动，即国际直接投资，其标志是跨国公司的出现。

（一）国际投资的初始形成阶段（1870～1914年）

这一时期，以电力革命为标志的第二次科技革命出现后，生产力得到了快速发展，国际分工体系和国际垄断组织开始形成，银行资本和产业资本相互渗透、融合，从而形成了巨大的金融资本，为资本输出提供了条件，以资本输出为特征的国际投资也随之形成。这一时期的国际投资，表现出如下特点：①投资国的数目很少；②投资的形式以间接投资为主，直接投资比重极小；③投资的来源主要是私人投资，官方投资比重很低；④投资的主要流向是由英国、法国和德国流向其殖民地国家，目的突出地反映为寻找有力的投资场所，以便获得超额利润。

（二）国际投资的低速徘徊阶段（1915～1945年）

这一时期是两次世界大战之间。由于两次世界大战和20世纪30年代的经济大危机，资本主义国家不同程度地受到了战争的破坏，资金极度短缺，市场萎缩，国际投资活动也处于低迷徘徊之中。

这一时期国际投资活动的基本特点可概括为：①国际投资不甚活跃，规模较小、增长缓慢；②私人投资仍占主体，但比重有所下降，官方比重有所上升；③间接投资仍为主流，但直接投资的比重有所上升；④主要投资国地位发生变化，美国取代英国成为最大的对外投资国。

（三）国际投资的恢复增长阶段（1946～1979年）

1947年美国"马歇尔计划"的实施，拉开了大规模对外投资活动的序幕。加之，这一阶段世界政治局势相对平稳及第三次工业革命的兴起，国际投资活动迅速恢复并快速增长。

这一时期国际投资活动的基本特点可概括为：①投资规模迅速扩张；②对外投资方式由以间接投资为主转变为以直接投资为主；③许多发展中国家也加入到国际投资国的行列之中，特别是石油输出国，其"石油美元"成为国际对外投资的重要资金来源。

（四）国际投资的迅猛发展阶段（1980年及以后）

这一阶段，由于科技革命、金融改革和跨国公司全球化经营等多种因素的共同作用，国际投资蓬勃发展，成为世界经济发展中最为活跃的因素。但不同国家的国际投资增长速度并不一致。其中美国的增长速度放慢，而日本的增长速度加快。

这一时期国际投资活动的基本特点可概括为：①国际直接投资继续高速增长；②国际间接投资也得到迅猛发展；③发达国家之间的资金对流，即相互投资成为国际投资的主流趋势；④形成了美国、日本、西欧"三足鼎立"的投资格局。

二、国际企业投资的类别

（一）按投资主体划分

按投资的主体及合作方式的不同，国际企业投资的方式可分为国际合资投资、国际合作投资和国际独资投资。

1. 国际合资投资

国际合资投资是指某国投资者与另外一国投资者通过组建合资经营企业的形式所进行的投资。这里的合资经营企业通常是指两个或两个以上不同国家或地区的投资者按照共同投资、共同经营、共负盈亏、共担风险的原则所建立起来的企业，它是国际投资的一种主要方式。合资企业的组织形式有无限公司、有限公司、两合公司和股份有限公司等四种。合资企业的出资方式主要有现金、实物和无形资产。

2. 国际合作投资

国际合作投资是指通过合作经营的形式所进行的投资。它是国外投资者与东道国投资者通过签订合同、协议等形式来规定各方的责任、权利而组建的企业。按照国际惯例，合作企业通常有两类：法人式和非法人式。国际合作投资的合作条件可以是现金、实物、土地使用权、工业产权或其他财产权利。合作企业的收益分配一般不按股分红，而是按合同的规定对利润或产品进行分成。合作期满后，合作企业的财产，一般归东道国合作者所有，而外国合作者则完全退出企业。

3. 国际独资投资

国际独资投资是指通过在国外设立独资企业的形式所进行的投资。它是根据某国的法律，经过该国政府批准，在其境内兴办的全部为外国资本的企业。其形式一般可分为股份公司、有限责任公司、独资企业等。

（二）按投资方式划分

按投资方式的不同，国际企业投资包括国际证券投资、国际信贷投资、国际直接投资和国际技术转让等。

1. 国际证券投资

国际证券投资是指一国投资者将其资金投资于其他国家的公司、企业或其他经济组织发行的证券，以期在未来获得收益。在国际证券市场上，常见的可供企业投资的证券有国债、机构证券、商业票据、银行承兑汇票、公司股票和公司证券。进行证券投资比较灵活方便，可以降低风险，增加企业资金的流动性和变现能力。

2. 国际信贷投资

国际信贷投资的对象包括：①各种存款，即通过适当的存款方式进行投资。它具有手续简便、变现灵活、收益适度的特点。存款种类包括商业银行的储蓄定期存款、互助储蓄存款、存贷协会开立的存款账户等。此外，还包括银行大额可转让定期存单的短期投资方式。②银团贷款，指由若干家商业银行组成一个贷款集团或贷款银团，联合向一个借款者提供相当数额资金融通的一种贷款形式。此外，还包括联合贷款、项目贷款等。

3. 国际直接投资

国际直接投资是指一国或地区的对外直接投资者通过垄断优势（主要表现为无形资产）的国际转移，获得部分或全部外国企业的经营控制权，以实现最终目标与直接目标高度统一的长期投资行为。国际直接投资是国内直接投资的延伸、扩展和特殊表现形式。投资者通过对外国直接投资创办企业或与当地资本合作经营企业，并通过直接控制或参与其生产业务的一般资本流动，主要表现为生产成本、关键技术、专门技术、管理方法乃至商标专利等国际间的转移或转让。其具体的投资组织形式包括：①到国外开办工厂、企业、子公司；②同国外企业共同投资开设合作经营企业或合办企业；③购买外国企业的股票，从而控制或参与经营管理原有的企业。

4. 国际技术转让

国际技术转让，又称世界技术贸易，是国际资本流动的一项基本内容。国际技术转让十分广泛，包括成套技术装备、关键技术设备的交易，技术图纸、工艺资料、技术诀窍、技术许可证、专利权商标专利权等在内的技术软件的转让，以及科技咨询、技术培训服务的提供等。

（三）按投资时间长短划分

以时间长短为依据，国际企业投资可分为短期投资和长期投资。

1. 短期投资

短期投资是指能够随时变现、持有时间不超过一年的有价证券投资及不超过一年的其他投资。短期投资主要利用债券和股票等有价证券进行，具有投资风险小、变现能力强、收益率低等特点。

2. 长期投资

长期投资是指不准备随时变现、持有时间超过一年的有价证券投资及超过一年的其他投资。长期投资可以利用现金、实物、无形资产、有价证券等形式进行，具有投资风险大、变现能力差、收益率高等特点。

在实践中，长期投资有向短期投资转化的情形，具体有两种情况。

（1）时间性转化。　随着时间的推移，长期投资到期日逐步临近，如在一年内到期的长期投资，实际上已是短期投资。

（2）管理性转化。在长期投资期间，因企业急需资金或发现接受投资单位财务状况恶化，继续执行长期投资将招致很大损失，企业可改变投资目的，将长期投资迅速变现。

（四）按投资经营权有无划分

以投资经营权有无为依据，国际企业投资可分为国际直接投资和国际间接投资。

1. 国际直接投资

国际直接投资是指一国企业或个人在另一国企业中拥有全部或一部分经营管理权的投资，这种投资的形式包括在国外创办独资企业或合资企业、收购国外企业一定比例以上的股权及用国外附属企业的利润进行再投资。

2. 国际间接投资

国际间接投资又称为国际证券投资，是指一国企业或个人购买另一国企业发行的有价债券，或者购买国外企业一定比例以下的股权，该比例一般为10%。直接投资与间接投资区别的基本标志是投资者是否能有效地控制作为投资对象的外国企业，即对国外企业的有效控制权。国际直接投资的性质和投资过程比国际间接投资复杂。另外，国际直接投资和国际间接投资投资者获取收益的性质与风险不同。

三、国际企业投资的特点

（1）国际企业投资已成为生产要素国际交流的重要形式。直接投资方式在战后的国际投资中已日趋占据重要的地位，其目的不仅是谋取利润，而且更重要的是实现生产要素的交流、市场的扩大、技术水平的提高、国际金融的渗透，以及适应在生产国际化形势下国际竞争的需要。

（2）投资目的的多元化。国际企业投资的目的多种多样，有的是促进资本保值、增值，有的是改善投资国与东道国的双边经济关系，有的则带有明显的政治目的，等等。

（3）国际企业投资的资金来源多渠道和多样化。资金来源既包括自有股本、折旧基金、国外利润、应付款项、暂时闲置的库存现金等，也包括其遍布世界各地子公司所吸收的东道国政府和当地私人企业的投资与信贷资金，以及向当地市场和国际资金市场筹集的资金等。

（4）投资活动中货币单位的差异性。各国所使用的货币不同，货币本位的差别决定了资本的国际间相对价格的差别，这种差别影响国际企业投资的规模和形式。

（5）国际资本流动出现脱离商品劳务流转的趋势。当代国际资本流动和国际货币运动已日益成为谋取高额利润的手段，从而形成一种带有独立性的纯金融交易。

（6）国际企业投资具有更大的复杂性和风险性。国际企业投资的经营活动遍及多个国家，因而受到各国不同的政治、经济、金融体制和环境的制约。这给企业选择资金投放方向（即投资决策）带来了更多的不确定性。汇率变动、利率变动、通货膨胀问题等，以及政治风险因素，都是企业进行国际投资时必须考虑的。

（7）国际企业投资具有更多的灵活性和套利机会。跨国公司可以通过全球范围的对外直接投资，使其产品的销售市场、主要原材料的供应来源及主要产品的生产地点多元化，进而使公司不易受到那些影响个别市场需求的随机因素和当地政府干预的损害，能够有效地减少其盈利的波动性。此外，国际企业通过对外直接投资，可以充分利用有关东道国的自然禀赋（如廉价的劳动力、节约运输成本），还可以绕过关税壁垒和贸易限制，或者从国际市场中获取信息和获取经验。

四、国际企业投资的程序

各种不可预见因素的显著增加，进行国际投资比国内投资风险要大得多，因此，国际企业必须按科学的程序进行投资。一般来说，这一程序主要包括以下五个步骤。

1. 确定投资目标

企业应该根据自身经营的特点和当时的国际市场状况，确定国际投资的目标，即确定该投资项目是有利于企业取得更多的利润，或者是有利于企业占领国际市场，或者是有利于保证原材料的供应，还是有利于取得所在国的先进技术和管理经验。

2. 确定投资组合与方式

根据降低风险和利益最大化的原则，以及企业自身的条件，确定投资组合，即采用直接投资或采用间接投资；间接投资包括对哪些证券进行投资，且各自的比例如何；等等。

3. 评价国际投资环境

与其他投资相比，国际企业投资受投资环境的影响更大。各国的政治、经济、社会文化条件对投资项目的效益会产生程度不同的影响，为此，就需要用特定的方法对投资环境进行研究，选择投资环境好的地域进行投资，以尽可能地降低投资风险，提高投资效益。

4. 规划投资项目

拟定具体的投资方案，对投资项目在技术、工程、经济和外部协作条件等进行全面的调查研究，根据项目的要求和可能条件，拟定多个方案选择比较。

5. 评价投资项目

首先，需要对投资项目进行分类，为分析评价做好准备；其次，计算有关项目的收益、成本和现金流量，运用各种投资评价指标来分析投资项目的经济效益。财务上的评价报告编出后，再提交企业决策高层进行最后的选择。

五、国际企业投资的意义

促使企业进行国际投资的根本动力是企业可以从国际投资中获得利益，这些利益可以简单地归纳为以下几个方面。

1. 套取利率差异

利润驱动是各种资本输出方式形成的共有动机之一。一般认为，各国的利率差异引起资本流动。资本从利率较低的国家流向利率较高的国家，直到这种利差消失为止，此时投资的利润达到最大化。一般来说，由于利差而引起的利润驱动，将主要作用于国际证券投资。

2. 获得廉价资源

当今世界国际企业投资的一个主要潮流就是发达国家向发展中国家进行投资,其主要目的就是获取发展中国家丰裕或低廉的生产要素以满足本国资源的需要,或降低成本。低廉的成本有助于企业抢占国际市场份额。

3. 减少风险

企业走向国际化,在全球范围内建立起自己的一体化空间和内部体系,能有效地克服外部市场的缺陷所造成的障碍,分散经营风险。

4. 形成全球视野

现代社会已经进入"知识经济"的时代。企业通过国际投资建立起来的广泛、有效的信息网络,在寻求新的国外资源、打入新的国外市场,或者从国际市场中获取信息及先进的技术和管理经验等方面,都发挥着积极的作用。

同时,国际企业投资除了对企业具有重大意义外,还日益成为一国宏观经济政策和策略的一个重要组成部分。一国宏观经济发展战略是国际资本流动策略的基础,但是,国际资本流动的策略并非完全处于被动地位。国际资本流动策略的正确与否也反作用于宏观经济发展,甚至给宏观经济发展带来巨大而深远的影响。

■ 第二节　国际企业投资理论

第二次世界大战后,国际投资迅速发展,推动了国际投资理论的建立。这些理论研究包括这样一些问题:企业为什么选择生产者的身份进行国际经营?进行国际投资的企业如何与当地的企业进行竞争并占据优势?为什么国际投资的行业分布主要集中在几个行业上?为什么进行国际投资的企业是一些大型的跨国公司?各种国际投资理论从不同的角度揭示了国际投资的动因。

一、垄断优势理论

1960 年美国经济学家斯蒂芬·海默(Stephen Hymer)在其论文《国内企业的国际化经营:对外直接投资的研究》中突破以往理论对企业国有化经营的诠释,开创性地提出了垄断优势理论(monopolistic advantage theory),并由其导师查尔斯·P. 金德尔伯格进行了补充和发展,该理论认为当代的跨国企业进行海外直接投资并长期经营是因为这些公司具有垄断优势。

海默通过研究 1914~1956 年美国企业的境外投资,发现当时的美国企业大多通过直接投资的方式,投向西欧国家的特定行业,如钢铁、机械、电子、化工等。这些行业对利率变化的敏感性较低,将其投资的原因用利率差异论进行解释具有局限性。海默在其导师金德尔伯格的指导下,发现这些企业具有控制体系,相比东道国的同类企业具有更有利的垄断优势,其为了在更大的范围利用这种垄断优势创造更多的利润而进行海外直接投资。垄断优势的产生是由于市场具有缺陷,是不完全性的,包括产品市场、生产要素市场、规模经济及政府管制等引起的市场不完全性，这些不完全性相应地导致了企业在这些领域存在垄断优势。

不同于以往理论认为海外直接投资是由资本流动导致的，垄断优势理论设立了全新的解释框架，将国际直接投资作为一个新的独立的学科进行研究，解释了为何不断出现跨国公司为了在更大的区域利用垄断优势而进行的横向投资，也解释了为什么跨国公司只是将一些劳动密集型工序转移到其他地区的纵向投资，对跨国公司的海外直接投资理论的发展产生了重大的影响。

二、产品生命周期理论

1966 年美国哈佛大学教授雷蒙德·弗农（Raymond Vernon）基于美国企业在第二次世界大战结束后海外直接投资的情形，认为美国大量出现的海外直接投资与其经营的产品的生命周期密切相关，并在其著名的论文《产品周期中的国际投资与国际贸易》中开创性地提出产品生命周期（product life cycle，PLC）理论。

弗农认为产品具有类似于生命的由生到成熟到衰老的过程，即一个产品从设计研发到投入市场，进而随着更新换代遭到淘汰退出市场的过程。该理论认为一个产品的生命周期具有三个阶段，即创新研发阶段、成熟发展阶段、定型标准化阶段，并将世界各国大体划分为三类，即创新国家、次发达国家、欠发达国家，同时将三个阶段与企业的战略选择、海外投资和进出口结合起来进行动态分析。

第一阶段：创新研发阶段。该理论认为新产品的研发需要大量的人力资本和财力支持，并且由于新技术和新工艺的不稳定性，产量低、成本高，产品创新多在实力雄厚的创新国家（一般是发达国家，如美国、德国）进行。新产品的需求价格弹性较小，企业可以垄断国内市场，定较高的价格，由于产品没有普及，其他两种类型的国家需求量较小，企业可以通过出口满足，无需进行海外直接投资。

第二阶段：成熟发展阶段。随着生产技术的不断成熟，新产品可以进行大批量生产，而且新产品的价值也被次发达国家所认识，新产品需求量增加。同时，工艺和方法的扩散，国内外的仿制者增加，进口国为了保护本国企业的发展开始对创新国的产品输入设置障碍。这一阶段，创新国企业为了减少成本，避免跨国贸易壁垒，开始在次发达国家建立海外生产、销售机构，进一步占领当地市场。

第三阶段：定型标准化阶段。在这个阶段，随着生产技术及产品本身的不断成熟、完善，产品和生产可以实行完全的标准化，研发费用的比重进一步降低，产品由技术密集型转变为资本或非技术熟练劳动力密集型。创新国的技术优势已经完全丧失，竞争主要体现在价格上。此时，创新国选择通过直接投资将标准化后的生产工艺向成本低的欠发达国家转移，取得比在国内及次发达国家生产较多的收益，占领更大的市场。当该技术已经无利可图时，创新国通过许可方式转让。

产品生命周期理论将海外直接投资与国际贸易、产品生命周期综合起来，将动态与静态相结合，阐述海外直接投资的动因、时机与区位选择的动态关系，具有一定的理论地位。

三、内部化理论

1976 年英国雷丁大学经济学家彼得·巴克利（Peter J.Buckley）和学者马克·卡森（Mark Casson）在《跨国公司的未来》一书中将科斯的成本理论引用到对跨国公司的研究中，提出了跨国公司的一般理论——内部化理论。随后阿兰·拉格曼（A.M.Rugman）、卡森发展并逐步完善了内部化理论。

该理论认为，由于外部市场因中间产品交易的市场缺陷、政府干预等因素具有不完全性，企业进行海外直接投资是为了在更大的范围内形成本企业一体化空间和内部的交易，将中间产品特别是知识产品在公司内部转让，解决企业内部较高的配置效率和外部市场的矛盾，缩小交易成本，用企业内部的管理替代外部的市场机制，充分利用企业所掌握的技术、信息和知识，获得内部化的利润。因此，如果某地的资源配置的内部化成本要比利用市场进行交易的成本少，企业就会创建内部市场取代低效率的外部市场，在国外建立内部市场的过程也就是海外直接投资的过程，即跨国公司形成的过程。

不同于以往的理论仅从产品、生产要素等一个层面来分析跨国公司海外直接投资的动因，内部化理论将一般性的海外直接投资活动的动因都囊括其中，在不同程度上包含了其他理论。与此同时，该理论也是对垄断优势理论的完善，成为海外直接投资体系的重要部分，也对后续学者的研究奠定了基础，如邓宁以内部化理论为研究基础之一，提出国际生产折中理论的OLI[①]模式。

四、国际生产折中理论

1977 年，英国雷丁大学经济学教授约翰·哈里·邓宁（John Harry Dunning）在其论文《贸易、经济活动的区位和跨国企业：折中理论方法探索》中提出了自己的一套综合国际贸易、技术转让和对外投资等方面，解释对外经济关系的综合理论分析框架。该理论吸收了之前各种国际投资理论的优点和合理之处，从所有权形式出发，系统地解释了国际企业交往中的出口、技术转让、直接投资等三种主要方式，是其之前各种投资理论折中的结果，也是集大成者。

该理论认为跨国企业一般具有三种优势，即所有权优势、区位优势、内部化优势，这三种优势决定了企业所采取的国际生产活动的方式。

（1）所有权优势。该优势是进行国际投资的必要条件，指一国的企业具备或者能够取得的他国企业不具备或者难以取得的优势，包括：①生产要素禀赋，如自然资源、劳动力、基金、技术等要素；②技术优势，如垄断的产品生产工艺、创新能力、商标专利等；③组织管理能力，即企业拥有的企业家才能；④企业规模。企业拥有这些优势的大小决定了其进行海外直接投资的能力。

（2）区位优势。该优势指投资者在投资环境方面所具有的优势，包括：①直接区位优势，即东道国具有的有利因素，如广阔的市场、政府的投资优惠政策等；②间接区位优势，即母国的不利因素，如劳动力成本提高、运输费用大等。该优势的大小决定了企

---

① O（ownership）表示所有权优势，L（location）表示区位优势，I（internalization）表示内部化优势。

业进行海外直接投资的可能性及投资区位的选择。

（3）内部化优势。巴克利和卡森的内部化理论认为为了弥补市场的不完全性缺陷，企业更愿意选择将中间产品通过在企业内部交易的方式，将外部市场交易行为转化为企业内部交易。邓宁引用了这一理论，把企业将外部交易内部化的能力看成企业的内部化优势。该优势的大小直接决定了企业在许可权转让、出口、海外直接投资等国际经济形式中选择哪种形式实现其所有权优势。

邓宁认为企业具有哪些优势会相应地在出口、技术转让、直接投资这三种经济形式中做出选择。当一个企业只具有所有权优势，却不能将外部的交易内部化到企业中，并且不具有区位优势，此时企业唯一的选择即是将技术以许可的方式转变为无形资产投资出去获取收益；当企业同时具备了所有权优势和内部化优势，却缺乏合适的具有区位优势的投资地区，导致企业无法进行跨国直接投资，只能选择国内生产，将产品出口到国外。因此，区位优势是海外直接投资的充分条件，所有权优势、内部化优势仅是必要条件。

五、比较优势理论

日本学者小岛清教授在其代表作《对外直接投资》一书中，从国际分工原则出发，系统阐述了比较优势理论。小岛清认为，海默的垄断优势理论是从微观经济理论出发，强调厂商内部垄断优势对直接投资的影响，重视对海外投资企业进行微观经济分析和公司管理的研究，但忽略了宏观经济因素的分析，尤其忽略了国际分工原则的作用。这种从美国实际情况得出的国际投资理论不能解释日本的对外直接投资现象，两国的国情不同。小岛清认为，美国的对外投资企业主要分布在制造部门，这种直接投资是建立在贸易替代型结构基础上，也就是说，美国从事直接投资的企业正是美国具有比较优势的产业部门。根据国际分工的原则，美国应将这类企业留在国内，通过不断扩大出口来获得比较利益。但由于这些企业竞相到国外投资设厂，把产品的生产基地转移到国外，结果造成很多弊端。美国的出口被直接投资所替代，致使美国的出口减少，国际收支逆差加大，出口贸易条件恶化。

该理论认为，日本的对外投资方式与美国不同，资源开发型投资占很大比例，而在制造业方面的投资也属于贸易创造型，而不是贸易替代型，也就是说，日本在制造业的投资不仅没有替代国内同类产品的出口，反而会带动与此相关的其他产品的出口，从而使直接投资和出口贸易结合起来。日本向国外投资的企业，一般均为在日本国内生产已丧失比较优势的部门。为了继续维持这些企业的生产规模，需要到比较优势更大的国家进行生产，而在日本国内集中发展新兴产业，使国内的产业结构更加合理。这样可以促进对外贸易的发展，因此日本的直接对外投资实际上是补充日本比较优势的一种手段。总之，该理论认为，日本的对外投资动因与欧美等国不同，它是遵循国际贸易中的比较利益原则进行的。这样进行直接投资的企业的必要条件不是垄断优势，投资者大多数是中小型企业，它们的技术水平与东道国更接近，更适合当地的生产条件，更能为东道国所接受。

六、国际直接投资发展阶段理论

(一)理论要点

20世纪80年代初,邓宁在一篇论文中,研究了以人均国民生产总值(gross national product,GNP)为标志的经济发展阶段与一个国家的外国直接投资(外资流入)及一个国家对外直接投资(资本流出)与一国净的对外直接投资之间的关系。同时对对外直接投资阶段的划分及各阶段国际直接投资的特征和国际直接投资发展阶段顺序推移的内在机制,进行了较为全面的解释。

第一阶段(人均GNP低于或等于400美元)。这一阶段不会产生直接投资净流出的现象,这是由于一个国家的企业还没有产生所有权优势。由于东道国各种条件的制约,在这一阶段外资总的流入量不大。

第二阶段(人均GNP在400~1500美元)。在这一时期内,外资流入量增加,但主要是利用东道国原材料及劳动力成本低廉的优势,进行一些技术水平较低的生产性投资。在对外投资方面,东道国的投资流出仍停留在很低的水平上,只是在临近国家进行了一些直接投资活动,并通过引进技术及进入国际市场等形式来实现进口替代投资的经济发展战略。

第三阶段(人均GNP在2000~4750美元)。由于东道国企业所有权优势和内部化优势大大增强,人均净投资流入开始下降,对外直接投资流出增加。这标志着一个国家的国际直接投资已经发生了质的变化,即专业化国际直接投资过程的开始。

第四阶段(人均GNP超过5000美元)。这一时期是国际直接投资净流出的时期。随着该国经济发展水平的提高,这些国家的企业开始具有较强的所有权优势和内部化优势,并具备发现和利用外国区位优势的能力。

(二)理论发展

邓宁对上述理论做了一定的修改,波特提出了竞争阶段论,这些都对国际直接投资发展阶段理论做出了一定贡献。其中最具代表性的是日本的小泽辉智1992年提出的国际直接投资模式。

小泽辉智提出的国际直接投资模式可以称为新的、综合的国际投资阶段发展论。其理论核心是强调世界经济结构特点对经济运行特别是对投资的影响。

1. 世界经济结构特点

世界经济结构特点如下。

(1)每一个经济实体内部的供给方和需求方有着差异。

(2)企业是各种无形资产的创造者和交易者。

(3)各国经济发展水平和实力的科层结构明显。

(4)各国经济结构升级和发展具有相应的阶段性与继起性。

(5)各国政策中有一种从内向型向外向型转变的趋势。

在以上这些内容中,小泽辉智认为(3)和(4)非常重要。前者说明经济发展水平的差异决定了利用外资和对外投资的形式与速度；而后者则说明一个国家的产业结构升级是一个循序渐进的过程，这一过程是利用外资和对外投资经验的积累。

2. 波特的竞争发展理论

在波特的竞争发展理论中，提出了四个特征明显的国家竞争发展阶段：资源要素驱动阶段、投资驱动阶段、创新驱动阶段及财富驱动阶段。

3. 国际直接投资模式

根据世界经济结构的特征，结合波特的竞争发展理论，小泽辉智认为，国际直接投资模式是一种与经济结构变动相应的资本有序流动。具体表现如下。

（1）要素（资源与劳动）驱动阶段的国家，吸引的一般都是属于资源导向型或劳动力导向型的外国投资。

（2）一个国家处于劳动驱动阶段向投资驱动阶段过渡时期，主要在资本品和中间品产业中吸收外资；与此同时，在劳动密集的制造品产业中，会产生向低劳动成本国家的对外直接投资。

（3）从投资驱动阶段向创新驱动阶段过渡时期，将会在技术密集产业吸引对外直接投资；与此同时，在中间品产业中会发生对外直接投资。

七、投资诱发要素组合理论

投资诱发要素组合理论从投资国与东道国的双方需求、双方所具条件的综合这一新的角度阐述对外直接投资的决定因素，同时着重强调间接诱发要素在当代对外直接投资中所起的重要作用。该理论在阐述对外直接投资的决定因素时注意了东道国的需求和条件所产生的诱发作用，以及国际环境条件投资决定因素的作用，克服了先前理论中只注重投资目的、动机和条件，忽视东道国和国际环境的因素对投资决策影响作用的片面性。

（1）直接诱发要素是对外直接投资产生的主要要素。它主要是指各类生产要素，包括劳动力、资本、技术、管理及信息等。

（2）间接诱发要素在当代对外直接投资中起着重要作用。它是指除直接诱发要素之外的其他非要素因素。

间接诱发要素包括：①投资国政府诱发和影响对外直接投资的因素；②东道国诱发和影响对外直接投资的因素；③世界性诱发要素和影响对外直接投资的因素等。发展中国家的对外直接投资，在很大程度上是间接诱发要素在起作用，而且这种作用在当代对外直接投资中越来越重要。

■ 第三节　国际企业直接投资动机与环境

国际企业直接投资的出发点是各种不同的动机和原因，而后还要根据投资环境的特点进行投资可行性论证。

一、国际企业直接投资的动机

（一）战略性动机

跨国公司为实施其全球经营战略，必须借助于对外直接投资这种投资形式。其基本动机有以下几点。

1. 获取原材料

如果跨国公司已经获得对原材料、加工过程、农产品最终市场及运输的控制，则该跨国公司也就拥有特殊优势，从而可以避免被人控制而保障其经营安全，同时还可以据此获得更多的利润。另外，通过对原材料产地的直接投资，可以实现原材料供应渠道的多元化，这对担心罢工和政策风险的企业来说尤为重要。这是因为，一方面，企业可以此为筹码来对工会、政府施加压力，从而避免罢工或政府政策改变给企业带来的不利影响；另一方面，拥有多个工厂供应同一种原材料或产品，从而可确保企业的生产经营活动的正常运转。

2. 寻求知识

为使企业尽可能多地掌握新知识、新理念，以及新的制造技术和工艺，跨国公司往往以某种方式学到其所想得到的技能，以便日后能利用这种技能。这是因为，先进的技术、技能和信息都是无形资产，具有很强的专用性，很难为他人所模仿和掌握。企业一旦占有这些资产，就可使局外企业难以进入市场，从而形成企业的垄断优势，据此可以给企业带来丰厚的超额利润。因此，一些跨国公司有意到技术先进国家进行投资，以获取这些先进技术。其基本做法是，与当地高科技企业合资经营、收购或兼并当地高科技企业，或者在当地设立高技术实验室等。在产品更新速度快和技术发展迅猛的行业，不断地跟踪海外的发展水平是绝对必要的。

3. 降低成本

如果竞争对手已在国外拥有生产低成本产品途径，则对于一些发达国家的跨国公司来说，紧随竞争对手进行海外投资是其保持母国市场份额的必要条件。这是因为，竞争对手一旦在国外利用当地廉价的原材料和人工生产产品并出口到母国市场，就会威胁其在母国已拥有的市场份额，为与竞争对手进行有效竞争并维持其在母国的市场份额，它必须到海外组织生产并销回国内。其常用的一种策略是提高全球审视能力，以寻找世界范围内的低成本生产基地或生产技术。事实上，在竞争性行业，并不是为了获得超额利润，而仅为获取正常的利润和生存，各企业必须不断地抓住每个非专有性成本降低机会。

4. 稳定国内客户

一些跨国公司进行海外投资是为了稳定其国内客户。这些公司往往是向一些跨国公司提供服务或产品，当其客户为了避开高关税和出口配额限制而将生产基地转移到进口国或无配额的第三国去生产时，它也必须随其客户在相应国家开设分支机构，以保持其产品或服务的持续性。这是因为，一旦它不在国外为其客户提供产品或服务，就将促使该客户在东道国选择供应商,而客户所选择的供应商可能是其国内竞争对手的海外机构，其结果往往是使该公司不仅失去海外客户，而且有可能随之失去其在国内的原有客户。

因此，一些银行、广告代理商、会计公司、律师事务所等纷纷随其国际性客户的海外扩张而设立海外机构。

（二）行为性动机

跨国公司进行海外投资，有其行为性动机。主要表现为担心失去市场、追随竞争对手和回击国内市场的竞争等。

1. 担心失去市场

在现今世界经济日趋一体化的时代，不论是原材料市场，还是产品销售市场，都具有市场全球化的特征。新兴的日本跨国公司、发展中国家的跨国公司及欧美跨国公司之间重新争夺世界市场的竞争日益激烈。各跨国公司为避免市场被竞争对手抢占，纷纷将目光移向海外，进行海外投资，以迅速占有国际市场。

2. 追随竞争对手

外国直接投资在很大程度上取决于各竞争对手之间的相互行为约束和反应。在寡头垄断市场结构中只有少数大厂商，它们互相警惕地注视着对方的行为，如果有一个厂商率先到海外去投资设厂，其他几个对手就会相继效仿，做出反应，追随带头的厂商也到海外去投资设厂。这一方面是由于投资利润诱人；另一方面是为了保持竞争关系的平衡，否则自己就将落后，难以稳固竞争地位。

3. 回击国内市场的竞争

保持母国市场份额的必要条件是寻找降低产品生产成本的途径。特别对其产品已处于产品生命周期的第三阶段的公司来说，其产品已经在生产过程或技术方面达到标准化和规范化，其在技术上的垄断优势已完全丧失，市场的反馈信息已不再至关重要，而成本—价格因素在竞争中起了决定作用。为了降低成本，跨国公司往往将其生产基地转移到海外，在海外利用当地廉价的原材料和人工生产产品并出口到母国市场，以巩固其在母国已拥有的市场份额，与竞争对手进行有效竞争。

（三）经济性动机

国际企业进行国外直接投资，除了战略性动机和行为性动机外，有时也出于发挥其特定优势，如所有权优势、市场内部化优势和区位优势等进行国外直接投资。根据邓宁的国际生产折中理论，这些特定优势也就构成了国际企业国外直接投资的经济性动机。

二、国际企业直接投资的环境

国际投资环境是指在国际投资过程中影响国际资本运行的东道国（资本输入国）的综合条件。与国内投资环境相比，国际投资环境更为复杂多变，对投资的效益和风险产生的影响更大、更直接。为了正确地做出投资决策，首先必须对有关国家的投资环境进行分析评价。

（一）影响国际投资环境的基本因素

国际投资环境一般由硬环境和软环境两方面因素组成。

1. 硬环境

硬环境是指那些具有物质形态且影响国际投资运行效果的各种外部条件和因素，主要包括社会基础设施、自然地理条件。

1）社会基础设施

社会基础设施包括工业基础设施的结构与状况和城市生活服务设施的结构与状况。它是吸引国际直接投资的基本条件，具体内容包括能源、交通、通信、原材料供应、仓储、厂房、供水供电供热系统、金融信息、生活设施、文化卫生和其他服务设施条件等。

2）自然地理条件

自然地理条件包括地理位置、面积、地形、人口、城市的分布状况、自然资源、气候、自然风险等因素，其中人口因素是投资者评价东道国投资环境及市场规模的重要因素之一。

2. 软环境

软环境是指那些没有具体物质形态而影响国际投资运行效果的一些社会因素，主要包括政治法律因素、经济因素、社会文化因素等。

1）政治法律因素

政治法律因素是直接关系到国际投资"安全性"问题的一个重要方面。政治稳定、立法完善是投资者投入资本安全性的保障，也是获取利润的基础。政治法律因素包括一般政治观念、政治体制、法律体制、国防政策、外交政策、政治稳定性，以及对外国企业的法律规定、对进出口贸易的限制情况、对国际投资的鼓励与限制、对盈利汇回本国的限制情况和外汇管理规定等。其中能直接影响海外投资的因素是政治体制、政治稳定性、政府对外资的态度和法规。

2）经济因素

经济因素是影响国际直接投资最直接、最基本的因素。经济因素主要包括：①经济政策。对国际投资有较大影响的经济政策是贸易政策，包括自由贸易政策和保护贸易政策、工业化政策、地区开发政策、外汇管理政策和关税政策等。②经济发展水平和市场规模。这是投资者衡量投资机会和获利程度的重要指标。它包括反映市场总规模的 GNP、影响市场消费水平的人口和城市人口状况、反映东道国购买力水平的人均国民收入、综合反映经济发展水平和市场规模的制造业产值等。③市场消费水平。这是衡量市场规模的细分指标。它包括各种收入阶层的分布、个人收入及其分配、个人消费水平、个人消费支出的构成、家庭收支的平衡和主要商品的普及率等。④市场的健全程度和开放程度。市场体系是否完善，决定着投资者获得经营资源的难易程度和经营利益。⑤经济与物价稳定状况。它包括外债规模、通货膨胀、利率水平、商业信用等。

3）社会文化因素

各国的社会文化环境不尽相同，这将直接影响到东道国消费者的生活方式、消费倾向、购买动机和购买种类等，从而影响海外投资的国别与项目的选择。社会文化因素包括宗教制度、教育和劳动力的素质、社会心理因素、国民感情和民族意识等。如果外来投资者所处的文化环境与投资地的文化环境有较大冲突，则会给投资者带来许多不便，在投资过程中产生种种的不协调现象，必将会对投资的经济效益产生不良影响。

（二）国际直接投资环境的特点

（1）国际直接投资环境涉及的范围广，包含的内容多，是一个庞大、复杂、不规则的系统。

（2）国际直接投资在东道国国内会引起诸如税收、外汇管理、国际收支、国际结算、进出口贸易等一系列问题。

（3）投资者、东道国及国际金融组织之间对投资的目的、管理程序和方法，以及意识形态等方面的问题存在着很大差别，导致投资环境复杂化。

（4）国际直接投资环境的稳定性差、风险大。

（三）国际投资的风险

1. 国际直接投资风险概念

国际直接投资风险是指国际投资在特定的环境和特定的时间内，各种不确定因素的存在，客观上导致国际投资项目的实际收益与预期值之间的差距或国际投资的经济损失。

2. 国际直接投资风险的种类

通常，人们将国际投资风险划分为两大类：一类为商业风险；另一类为政治风险。

1）商业风险

国际投资商业风险是指由于经营环境、企业经营战略、经营决策等的变化导致投资经济损失的变化。商业风险包括以下几种。

其一，自然风险，即意外的自然灾害、自然环境的突变等引起的投资经济损失的变化。例如，由于西太平洋海流突然变化，一批批鱼群绕道而行，急剧减少了秘鲁海域的可捕捞资源，给日本三井物产公司设在秘鲁的一家专营鱼粉、鱼油等产品制造和加工的公司带来经济损失。这种风险主要来自大自然的变化，人们现在还很难控制。

其二，外汇风险，亦称汇率风险，指因汇率变化而导致投资者资产价值发生变化。它主要表现在三方面：一是外汇买卖风险，即外汇买卖过程中由于汇率变化而带来的风险；二是外汇交易风险，即由于汇率变化给国际投资主体相互之间用外币结算而带来的风险；三是会计结算风险，即由于汇率变化使子公司与母公司的资产价值在进行会计结算时发生的包括资产、负债、盈利等方面的变化。

其三，利率风险，是指一定时期内由于利率的变化而导致的国际投资者资产价值的变化。它主要表现在资本的筹集与运用的过程中。利率的变化包括投资者在借款和贷款活动时的利率变化、不同国家的利率变化、不同市场和不同币种的利率变化。利率变化对投资者的影响直接反映在其生产成本上。

其四，经营风险，指在商品（包括物质产品与非物质产品）的生产与销售过程中，由于市场条件和生产技术的变化而引起的风险。

2）政治风险

国际投资的政治风险，指国际经济往来活动中，与参与国家主权行为密切相关的风险，以及由政治因素而造成的经济损失的风险。由政治因素导致国际投资经济损失的变化，主要有以下几种。

其一，国有化风险。东道国因种种原因，经常对外国投资项目实施没收措施，使其变成国内资产。有时，东道国发生政权更迭，新政权不承认旧政权的对外政策，从而把外国资本实行国有化。有时东道国政府因对投资方的行为不满而采取强迫没收的政策。

其二，东道国政策与法律所产生的风险。东道国政策与法律所产生的风险主要来自东道国为了维护国家主权或保护国家利益等需要而颁布的政策和法律。例如，外方企业在某国投资建立工厂，该厂生产的产品深受该国公众喜爱，对该国同类产品有排斥性。该国为了保护本国工业的发展，对外方企业实行限量生产、增加税收等政策，这会影响投资方的利益。有时在国际贷款中，有些国家也会采取停止还债或延期还债等措施，使外方受到损失。

其三，转移风险。在经济往来过程中获得的经济收益，由于当地政府的外汇管制政策或歧视行为而无法汇回本国或境外的风险。例如，在海外投资中产生的利润、出卖股权的收入、国际贷款等收入或财产，无法转移到本国或其他安全地方。

其四，战争风险。战争风险是指东道国由于发生对外战争或国内革命等使投资者蒙受损失或实际收益偏离预期收益的可能性。战争风险比起其他风险，其损失程度更大。

综上所述，国际投资风险可分为两大类，即商业风险、政治风险。国际投资风险分类的细分与完善的过程，是随着人们对国际投资风险的认识逐步深化的。随着人们对国际投资风险认识的加深，国际投资风险的分类将更加完善。

（四）国际投资环境评价方法

为了选取一个最有利的投资场所，投资者总是力求把握某一国家或地区的投资环境，对影响投资环境的各个因素进行分析。关于国际投资环境分析方法的研究，国外已进行多年，常见的国际投资环境评价方法主要有以下几种。

1. 投资障碍分析法

投资障碍分析法，是依据投资环境各因素中阻碍国际投资运行因素的数量和程度来评价投资环境优劣的一种方法。一般来说，直接影响国际投资的障碍有以下四个方面。

（1）政治障碍。政治障碍主要有政治制度与投资国不同、政权不稳定性、战争风险、民族矛盾等。

（2）法律障碍。法律障碍主要有外国投资法律不健全，其法律及法规缺乏完整性、稳定性，当地执法不公正，没有完善的仲裁制度等。

（3）经济障碍。经济障碍包括经济停滞、通货膨胀、外汇短缺、融资困难、劳动力成本高、基础设施差、技术人员和熟练工人短缺、没有完善的资本市场等。

（4）政策障碍。政策障碍主要有对外国投资者的歧视性政策、政府对企业的过多干预、实行进口限制、实行外汇管理和限制汇回等。

在投资分析时应将这些具有阻碍国际投资的因素与本次投资的目的结合起来，详细地进行分析和比较，如果某一国的阻碍因素比另一国家少，那么，该国的投资环境就可以被认为是比较好的。这是一种以定性分析为主的国际投资环境评价方法。其优点是简便易行、评价的工作量和费用较少，但它仅根据个别因素做出判断，常会出现一些有利的投资机会被排除的现象。

2. "冷热"国对比分析法

"冷热"国对比分析法，是由美国学者伊西·利特法克等提出来的。他们根据美国250家企业对世界投资的调查资料，归纳出影响国外投资环境"冷热"的七大因素，对各国投资环境进行综合分析和评价，以比较各国投资环境状况。这七大因素的内容是：政治稳定性、市场机会、经济发展、文化一元化、法令阻碍、实质阻碍、地理文化差距。当政治稳定、市场机会大、经济增长快、文化统一、法规限制少、实质阻碍小、地理文化差距不大时，则形成有利于投资的"热"因素，具有这些有利条件的国家即为"热"国，否则即为"冷"因素和"冷"国。投资者应选择"热"国进行投资经营。表6-1是利特法克等从美国投资者角度对十国投资环境进行的冷热比较分析表。

表 6-1　十国投资环境冷热比较分析表

国别（冷热）		政治稳定性	市场机会	经济发展	文化一体化	法令阻碍	实质阻碍	地理文化差距
加拿大	热	大	大	大		小		小
	冷				中		中	
英国	热	大			大	小	小	小
	冷		中	中				
日本	热	大	大	大	大			
	冷					大	中	大
德国	热	大	大	大	大		小	
	冷					中		中
希腊	热					小		
	冷	小	中	中	中		大	大
西班牙	热							
	冷	小	中	中	中	中	大	大
巴西	热							
	冷	小	中	小	中	大	大	大
南非	热							
	冷	小	中	中	小	中	大	大
印度	热							
	冷	中	中	小	中	大	大	大
埃及	热							
	冷	小	小	小	中	大	大	大

3. 多因素评分分析法

对国际投资环境的"冷热"分析，主要是从宏观因素进行的，对于干扰国际投资环境的微观因素考虑得较少。为此，美国学者罗伯特·斯托鲍夫提出多因素评分分析法。这种评价方法是从东道国政府对外国投资者的限制与鼓励政策出发，对影响投资环境的八大微观因素及其若干个子因素进行具体分析，并根据各子因素对投资环境的有利程度给予评分，以表格的形式逐级评分，并相加得出总分（表 6-2）。分数越高，表明该地投资环境越好；分数越低，表明该地投资环境较差，当低到一定程度时则不能在该地投资。

表 6-2　投资环境多因素评分分析表

投资环境因素	评分
一、资本抽回（capital repatriation）	0～12 分
无限制	12
只有时间上的限制	8
对资本有限制	6
对资本和红利都有限制	4
限制繁多	2
禁止资本抽回	0
二、外商股权（foreign ownership allowed）	0～12 分
准许并欢迎全部外资股权	12
准许全部外资股权但不欢迎	10
准许外资占大部分股权	8
外资最多不得超过股权半数	6
只准外资占小部分股权	4
外资不得超过股权的三成	2
不准外资控制任何股权	0
三、不公平待遇及管制（discriminations and controls）	0～12 分
外商与本国企业一视同仁	12
对外商略有限制但无管制	10
对外商有少许管制	8
对外商有限制并有管制	6
对外商有限制并严加管制	4
对外商严格限制并严加管制	2
禁止外商投资	0
四、货币稳定性（currency stability）	4～20 分
完全自由兑换	20
黑市与官价差距小于一成	18
黑市与官价差距在一成至四成	14
黑市与官价差距在四成至一倍	8
黑市与官价差距在一倍以上	4
五、政治稳定性（political stability）	0～12 分
长期稳定	12
稳定但因人而治	10
内部分裂但政府掌权	8
国内外有强大的反对力量	4

续表

投资环境因素	评分
有政变和动荡的可能	2
不稳定，政变和动荡极可能	0
六、给予关税保护的意愿（willingness to grant tariff protection）	2~8 分
给予充分保护	8
给予相当保护但以新工业为主	6
给予少许保护但以新工业为主	4
很少或不给予保护	2
七、当地资金可供程度（availability of local capital）	0~10 分
成熟的资本市场，有公开的证券交易所	10
少许当地资本，有投机性的证券交易所	8
当地资本有限，外来资本不多（世界银行贷款）	6
短期资本极其有限	4
资本管制很严	2
高度的资本外流	0
八、年通货膨胀率（annual inflation）	2~14 分
小于 1%	14
1%~3%	12
3%~7%	10
7%~10%	8
10%~15%	6
15%~35%	4
35%以上	2
总计	8~100 分

4. 体制评估法

这是香港中文大学的闵建蜀教授提出的一个方法，这种方法不局限于各种投资优惠措施的比较，而是着重分析政治体制、经济体制和法律体制对投资"软环境"的影响。闵教授在多因素评分分析法的基础上，把投资环境分为三大因素，其中每一个因素又由一系列子因素决定，进而提出了闵氏体制评估法，如表 6-3 所示。

表 6-3　体制评估分析表

影响因素	子因素
一、政治体制	政治稳定性、国有化可能性、当地政府的外资政策、行政机构的设置、办事程序、工作人员的素质等
二、经济体制	经济增长、物价水平、资本与利润外调、筹资与借款的可能性、市场规模、当地竞争对手的强弱等
三、法律体制	商法、劳工法、专利法等各项法规是否健全，执法是否公正等

这种方法确定了五项评价标准，即稳定性、灵活性、经济性、公平性和安全性。这些标准反映了一个国家政治与行政体制、经济体制和司法体制的运行效率，它对外国投资的政治风险、商业风险和财务风险将产生直接的影响，从而关系到外国投资企业能否接近原材料供应地、降低成本、开拓市场、实现企业增长。体制的运行效率最终会对投资的目标利润产生影响。

第四节　国际企业资本预算

尽管跨国公司最初决定到海外进行直接投资是出于战略、行为和经济等方面的考虑，但在真正进行某个具体投资项目时，公司必须进行传统的财务分析，即资本预算。国外投资项目的资本预算和国内项目的资本预算运用的理论框架是一样的。

一、资本预算的标准

资本预算的标准有几种，但比较流行的是净现值标准。按照该标准，公司要估算该投资项目在将来每年带来的现金流量，然后按某一合适的折现率把未来的现金流量折算成现值，再减去项目的初始资本净支出即得到净现值。

净现值是指特定方案未来现金流入的现值与未来现金流出的现值之间的差额。所有未来现金流入和流出都要按预定贴现率折算为现值，然后再计算它们的差额。净现值大于或等于零，表示项目在财务方面是可以接受的；若净现值小于零，则应放弃。其计算公式为

$$NPV=\sum_{t=0}^{n}\frac{I_t}{(1+i)^t}-\sum_{t=0}^{n}\frac{O_t}{(1+i)^t}$$

式中，n 为投资涉及的年限；I_t 为第 t 年的现金流入量；O_t 为第 t 年的现金流出量；i 为预定的贴现率。理论上，净现值法是最好的评估方法。这不仅因为它考虑了货币的时间价值和整个项目期间的现金流量，还因为在筹资来源和管理能力不存在较大限制的情况下，公司最为关心的是项目在偿还了全部资本后所能带来的增量价值，即项目的净现值。

使用净现值标准的主要优点是该方法同公司股东评价投资项目的方式是相同的，它符合使股东财富最大化这一公司的最终目标。总体上说，国外投资项目的资本预算过程与评价国内投资项目时的框架是相同的。但由于国外投资项目本身的跨国特性，在评价国外投资项目时应考虑一些额外的因素，如外汇风险和政治风险对项目价值的影响等。

对酝酿中的国外投资项目，应从当地子公司的角度还是从母公司的角度去评价，这一直是个有争议的问题。公司的主要目标是使股东财富最大化。从这层意义上讲，应该从母公司的角度来评价国外投资项目。如果从母公司的角度出发评价项目，在计算净现值时应把母公司从该项目收到的净现金流量（以母公司货币表示）按某一折现率折算成现值，再减去母公司对项目的初始净投资。折现率相当于该项目现金流动的风险。在进行资本预算时还应考虑母公司货币的通货膨胀率。但是，母公司收到的现金流量并不只

取决于该项目的业绩表现，还取决于当地现金流量是如何管理的。例如，为了降低税负，母公司可能不会把项目的利润全部汇回总部，而把其中一部分甚至全部在当地进行再投资。在一些情况下，项目的利润可会被东道国政府永久性封锁，或者被迫在当地再投资。所以，这部分资金不能用来向股东发放股息，也不能用来偿还公司的债务。也就是说，股东不认为这些资金能增加公司的价值。并且，母公司可能只提供部分或根本不提供项目的初始投资资本。因此，即使从股东财富最大化这层意义上讲，从当地子公司的角度对投资项目进行评价也可能更好。这时，资本预算过程涉及项目的初始总投资，以及按一定的折现率折现的所有现金流量。折现率应反映项目风险和当地利率及通货膨胀率水平。

（一）调整折现率

为反映东道国政治风险和外汇风险而对折现率进行调整不会影响净现值占实际受险金额的比例。政治风险通常是指现在难以预测但在较远的未来可能会发生的不利的政治事件。所以，就政治风险而对折现率进行的调整，对项目早期的现金流量风险估计过重，而对项目后期的现金流量风险估计不够。

外汇汇率的变动对项目的未来现金流量也会产生潜在的影响。但是，汇率变动既可以减少也可以增加净现金流量（取决于汇率变动方向，以及产品在哪里销售和产品在哪里采购）。在对国外投资项目进行评价时，如果假定当地货币会比预计贬值更多，因此提高折现率，就会忽视当地货币贬值对投资项目的竞争地位可能产生的有利影响。由于竞争地位加强，投资项目销售量就会增加，而且增加的程度可能超过当地货币贬值的程度。

（二）调整现金流量

在应对国外投资风险时，跨国公司还经常采用调整现金流量，而不是调整折现率的方法。国外投资项目对母公司的现金流量将按照相应的国内项目的投资收益率折算成现值。由于国外投资而引起的任何额外风险将通过调整现金流量的方式加以考虑。同时，尽管调整折现率的方法在理论上存在缺陷，许多跨国公司仍使用这种方法对国外投资项目进行评价。在从母公司的角度对海外投资项目进行分析时，至少有两个方法可以调整国外投资遇到的额外风险。第一种方法是把在国外经营的所有风险，如政治风险、外汇风险和其他不确定因素等看作一个问题统一对待，进行资本预算时使用较高的折现率。第二种方法是保持折现率不变，根据国外的所有风险调整现金流量。

（三）调整风险

从项目本身的角度看，也存在"外国"风险。例如，一家国外子公司会因进口和出口业务而产生外汇敞口。确定一个国外投资项目投资收益率的主要目的是与当地的其他投资机会进行比较，因此，应根据当地投资者对具有相同经营和财务风险的项目所要求的投资收益率来确定折现率。这一折现率还应反映出当地的预计通货膨胀率。为了便于比较东道国的各种投资机会，不应强调母公司总体的偿债能力，这些能力对当地投资者和母公司股东的意义是不同的。另外，当地投资者和母公司股东对项目的风险有不同的理解。在母公司的股东看来，当地投资项目只不过是跨国公司在全球范围内广泛投资中的一个。而对当地投资者来讲，该项目或许是他们唯一的投资。分散经营可以降低风险，因而跨国公司要求的投资收益率可以比当地投资者低。从项目本身的角度进行资本预算时，折现率必须依据跨国公司财务管理人员的判断来确定，即如果当地投资者拥有该项目时他们会要求什么样的投资收益率。

二、国际资本预算示例

K 电子公司是美国一家电子元件制造商在韩国的独资企业。K 电子公司一直是销售型子公司，目前母公司正在考虑将该子公司转型成制造型子公司。K 电子公司产品主要在韩国销售，所有销售收入为韩元。

预计第一年销售收入为 22 000 000 000 韩元。销售量今后每年将递增 8%。K 电子公司需要的总流动资本（即现金、应收账款和存货）为销售收入的 20%。这笔流动资本的一半可以通过应付账款等方式取得，但另一半必须向 K 电子公司或美国母公司筹措。

因通货膨胀，预计物价将以下列方式提高。

（1）韩国一般物价水平：+6%（每年）。

（2）K 电子公司平均售价：+6%（每年）。

（3）韩国原材料成本：+2%（每年）。

（4）韩国劳动力成本：+8%（每年）。

（5）美国一般物价水平：+3%（每年）。

母公司提供的元件：母公司卖给 K 电子公司的元件的成本相当于售价的 96%。

厂房和设备将按直线折旧方式折旧，期望寿命为 8 年。到期残值为零。

K 电子公司将按销售收入的 2%向母公司支付特许费。这一费用在韩国是税收扣除项。

韩国和美国的公司收入所得率分别为 30%和 34%。韩国对向国外居民支付的股息、利息或各种费用不征收预扣税。

在韩国，经营和财务风险相当的其他公司的平均资本成本为 22%，美国母公司也采用 22%作为其国外投资项目的资本成本。

在投资项目初期那一年，汇率为 800 韩元/美元。K 电子公司预测以后每年韩元相对美元将以 3%的速度贬值。因此，年末的汇率预计如表 6-4 所示。

表 6-4 预计汇率表

年份	计算过程	韩元/美元
1	800×1.03	824.00
2	824×1.03	848.72
3	848.72×1.03	874.18
4	874.18×1.03	900.41
5	900.41×1.03	927.42

K 电子公司每年把会计净收入的 65%作为股息支付给母公司。母公司和子公司估计在以后 5 年，净收入剩下的 35%必须用于再投资，以满足流动资本增长的需要。

母公司花 9 000 000 美元全部购买了 K 电子公司发行的 7 200 000 000 韩元的普通股。

为进行正常的现金流动预计，做以下假定。

（1）销售收入在项目投入运行的第一年预计为 22 000 000 000 韩元，以后由于实际销售量每年增加 8%，销售收入将增长 8%，另外由于物价水平上涨，销售收入又增长 6%。所以，销售收入每年将增长 14.48%（1.08×1.06−1）。

（2）韩国原材料成本第一年预计为 3 000 000 000 韩元，以后每年原材料成本将由于实际销售量增长而增长 8%，而且由于原材料价格上涨而增长 2%。因此，原材料成本每年将上升 10.16%（1.08×1.02−1）。

（3）母公司提供的元件成本在第一年预计为 8 000 000 000 韩元。每年实际销售量增长 8%，美国通货膨胀率为 3%及韩元相对美元贬值 3%，因此，以韩元计算的母公司提供的元件成本每年增长 14.58%（1.08×1.03×1.03−1）。

（4）直接劳动力成本在第一年为 4 000 000 000 韩元。由于以后每年实际销售量增长 8%，并且韩国工资水平增长率为 8%，所以劳动力成本每年将提高 16.64%（1.08×1.08−1）。

（5）一般行政管理费用第一年为 5 000 000 000 韩元。以后每年由于扩大生产和销售，该项费用将增长 1%。

（6）清算价值：在五年期末，项目（包括流动资本）预计可以 8 000 000 000 韩元的价格出售给当地投资者继续经营，这相当于 8 626 081 美元（按 927.42 韩元/美元计算）。这部分收入不会被美国和韩国征税，而是在资本预算中被作为终值对待。

根据上述资料和假定，我们做出 K 电子公司的预计财务报表（表 6-5 和表 6-6）。

表 6-5　预计资产负债表

项目	百万韩元	千美元
（1）现金	720	900
（2）应收账款	0	0
（3）存货	1 280	1 600
（4）厂房和设备净值	6 000	7 500
（5）总计	8 000	10 000
负债与股东权益		
（6）应付账款	800	1 000
（7）普通股	7 200	9 000
总计	8 000	10 000

表 6-6　预计利润表　　　　　　　　　　　　　　单位：百万韩元

项目	年				
	1	2	3	4	5
（1）总收入	22 000	25 186	28 832	33 007	37 787
（2）原材料	（3 000）	（3 305）	（3 641）	（4 010）	（4 418）

续表

项目	年				
	1	2	3	4	5
（3）从母公司购买元件	（8 000）	（9 166）	（10 503）	（12 034）	（13 789）
（4）劳动力	（4 000）	（4 666）	（5 442）	（6 347）	（7 404）
（5）总变动成本	（15 000）	（17 137）	（19 586）	（22 391）	（25 611）
（6）毛利润	7 000	8 049	9 246	10 616	12 176
（7）特许费（2%）	（440）	（504）	（577）	（660）	（756）
（8）一般行政管理费	（5 000）	（5 050）	（5 100）	（5 152）	（5 203）
（9）折旧	（750）	（750）	（750）	（750）	（750）
（10）利息及税前收入	810	1 745	2 819	4 054	5 467
（11）减所得税（30%）	（243）	（524）	（846）	（1 216）	（1 640）
（12）净收入	567	1 221	1 973	2 838	3 827
（13）现金股息（65%）	369	794	1 283	1 845	2 487

总流动资本的一半必须由子公司或母公司负责筹措。因此，流动资本每年增加的50%将表示为额外的资金流出（表6-7）。

表 6-7　流动资本计算表　　　　单位：百万韩元

项目	年				
	1	2	3	4	5
（1）总收入	22 000	25 186	28 832	33 007	37 787
（2）年末所需要净流动资本 [20%×（1）]	4 400	5 037	5 766	6 601	7 557
（3）减年初流动资本	（2 000）	（4 400）	（5 037）	（5 766）	（6 601）
（4）另需流动资本	2 400	637	729	835	956
（5）减在当地由应付账款筹措的流动资本[50%×（4）]	（1 200）	（319）	（365）	（417）	（478）
（6）净流动资本新投资	1 200	318	364	418	478

由于项目的清算价值较高，项目的净现值为正，而且内部收益率大于当地同类投资项目的资本成本，即22%。也就是说，从项目本身的角度看，该投资项目是可行的。那么从母公司的角度看，该投资项目是否可行呢？K电子公司现金流量表见表6-8。

表 6-8　K电子公司现金流量表　　　　单位：百万韩元

项目	年					
	0	1	2	3	4	5
（1）税收和利息前收入		810	1 745	2 819	4 054	5 467
（2）减所得税		（243）	（524）	（846）	（1 216）	（1 640）

续表

项目	年					
	0	1	2	3	4	5
（3）净收入		567	1 221	1 973	2 838	3 827
（4）加折旧费		750	750	750	750	750
（5）加清算价值						8 000
（6）减另需流动资本的50%（表6-7中第6行）		(1 200)	(318)	(364)	(418)	(478)
（7）减项目初始投资	(7 200)					
（8）净现金流量	(7 200)	117	1 653	2 359	3 170	12 099
（9）现值系数	1.000	0.820	0.672	0.551	0.451	0.370
（10）每年现值	(7 200)	96	1 111	1 300	1 430	4 477
（11）累加净现值	(7 200)	(7 104)	(5 993)	(4 693)	(3 263)	1 214

内部收益率=26.78%

结论：从项目本身的观点，项目是可行的

表 6-8 列示了母公司预计从 K 电子公司收到的税后股息的计算过程。应注意的是，母公司收到这笔股息后必须按美国规定的公司所得税率（30%）纳税。不过，美国税收法案规定，对在韩国已交纳过所得税的股息收入给予一定的税收抵免。表 6-9 列示了母公司的税后股息计算表，表 6-10 列示了 K 电子公司向母公司的现金流动计算表。

表 6-9 母公司税后股息计算表

项目	年				
	1	2	3	4	5
以百万韩元为单位					
（1）现金股息支付	369	794	1 283	1 845	2 487
（2）加子公司在当地交所得税的65%	158	341	550	790	1 066
（3）计得股息	527	1 135	1 833	2 635	3 553
（4）汇率（韩元/美元）	824.00	848.72	874.18	900.41	927.42
以千美元为单位					
（5）计得股息	639.6	1 337.3	2 096.87	2 926.5	3 831.1
（6）美国税收（34%）	217.5	454.7	712.9	995.30	1 302.6
（7）减去税收抵免[（2）+（4）×1 000]	191.7	401.8	629.2	877.4	1 149.4
（8）另向美国交纳所得税[（6）-（7），如果（6）行较大]	25.8	52.9	83.7	117.9	153.2
（9）多余美国税收减免[（7）-（6），如果（7）行较大]	0	0	0	0	0
（10）母公司收到的税后股息[（5）-（7）-（8）]	422.1	882.6	1 383.9	1 931.2	2 528.5

表6-10 K电子公司向母公司的现金流动计算表

项目	年					
	0	1	2	3	4	5
以百万韩元为单位						
（1）特许费		440	504	577	660	756
（2）向子公司提供元件利润[4%×表6-6中（3）行]		320	367	420	481	552
（3）总收入		760	871	997	1 141	1 308
（4）汇率		824.00	848.72	874.18	900.40	927.42
以千美元为单位						
（5）税前收入[（3）+（4）×1000]		922.3	1 026.3	1 140.5	1 267.2	1 410.4
（6）减美国所得税（34%）		313.6	348.9	387.8	430.8	479.5
（7）特许费和出口利润（税后）		608.7	677.4	752.7	836.4	930.9
（8）税后股息		422.1	822.6	1 383.9	1 931.5	2 528.5
（9）项目投资成本	9 000					
（10）清算价值						8 626.1
（11）净现金流量	−9000	1 030.8	1 560.0	2 136.6	2 767.9	12 085.5
（12）现金系数	1.000	0.820	0.672	0.551	0.451	0.370
（13）每年现值	−9 000	845.3	1 048.3	1 177.3	1 248.3	4 471.6
（14）累加净现值	−9 000	−8 154.7	−7 106.4	−5 299.1	−4 680.8	−209.2

内部收益率：21.26%

结论：从母公司的角度看，该投资项目是不能接受的

从母公司的角度看，该项目不能接受，因为净现值为负值，并且内部收益率只有21.26%，稍低于母公司要求的22%的投资收益率。

■ 本章小结

国际企业投资是一种国际资本的流动，从投资者的角度看，对外投资可扩展生产规模，获得更高的利润；从被投资地区的角度看，吸收投资可帮助本国发展经济。

按投资的主体及合作方式的不同，国际投资的方式可分为国际合资投资、国际合作投资和国际独资投资。按投资方式的不同，国际投资包括国际证券投资、国际信贷投资、国际直接投资和国际技术转让等。以投资经营权有无为依据，国际投资可分为国际直接投资和国际间接投资。

国际企业直接投资是指跨国公司通过对外国直接投资创办企业或与当地资本合作经营企业，并通过直接控制或参与其生产业务的一般资本流动。国际企业间接投资主要是购买外国债券或进行财务性的股票投资。跨国公司进行国际投资时要进行资本预算。资本预算除了采用常见的项目投资评价方法外，还要对项目进行风险分析与评估。

国际企业直接投资动机有战略性动机、行为性动机和经济性动机。国际投资环境评

价方法有投资障碍分析法、"冷热"国对比分析法和多因素评分分析法。

➤复习思考题

一、概念题

国际企业投资　国际直接投资动机　国际直接投资环境　国际资本预算

二、简答题

1. 国际企业直接投资的动机是什么？
2. 为什么说增加收益和减少风险是国际企业直接投资的主要目的？
3. 简述国际直接投资环境的评估方法，并对各种方法的优缺点进行评价。
4. 什么是国外投资项目效益分析的调整净现值法？
5. 怎样划分国际企业投资的类别？
6. 国际企业投资有哪些特点？

三、计算题

我国甲公司考虑在 A 国办一子公司，预测有关资料如下。①初始投资 2000 万 A 元（折合 16 000 万元人民币）购买房屋和设备。②甲公司（母公司）向子公司提供专利技术，子公司按收入的 5%向母公司上交使用费。③A 国公司所得税税率为 30%，中国公司所得税税率为 25%。④子公司经营 5 年，第 6 年初将子公司出售，估计厂房设备价值为 1000 万 A 元。⑤预测经营期的收入：第 1 年 10 000 万 A 元，第 2 年 11 000 万 A 元，第 3 年 12 000 万 A 元，第 4 年 13 000 万 A 元，第 5 年 14 000 万 A 元。⑥预测各年经营成本：第 1 年 6000 万 A 元，第 2 年 6000 万 A 元，第 3 年 7000 万 A 元，第 4 年 7000 万 A 元，第 5 年 8000 万 A 元。⑦经营期每年的折旧 1000 万 A 元。⑧经营期每年的技术使用费为收入的 5%。⑨A 国政府规定：子公司每年提取的折旧要等到子公司经营期结束时才能汇回母公司；每年汇回母公司的利润不能超过初始投资的 20%。⑩各年提取的折旧留在子公司再投资，购买 A 国国库券，年利率 6%，利息汇回母公司时，要向 A 国和中国纳税。⑪受限制各年未汇回母公司利润在 A 国再投资，购买 A 国国库券，年利率 6%，这部分利润和再投资所得利息汇回母公司时，要向 A 国和中国纳税。⑫汇率预测：初始汇率为 1A 元=8 元人民币，第 1 年不变，以后 A 元对人民币汇率每年递增 0.5%。

要求：①编制子公司净利润和上交母公司净现金流量表；②编制折旧再投资后汇回母公司的现金流量表；③编制受限制未汇回利润再投资后汇回母公司的现金流量表；④编制项目现金流量表，计算净现值，评价该项目是否可行。

国际企业营运资金管理

营运资金管理既包括流动资产的管理，又包括流动负债的管理。国际企业面向国际市场，其经营和财务活动涉及各国不同的政治、经济、法律、社会和文化背景，相对于一般企业而言，国际企业营运资金管理有其特殊性。因此，国际企业在制定营运资金管理策略时，应相互配合、统一协调，通过资金在全球的合理流动和有效配置，实现各种流动资产持有水平的最优化，从而保证营运资金管理最终目标的实现。本章从国际企业营运资金管理的目标出发，详细阐述国际企业现金管理、存货管理、应收账款管理、短期投资管理及流动负债管理的方法和技巧。

第一节　国际企业营运资金管理概述

营运资金通常是指流动资产减去流动负债后的净额，营运资金管理既包括流动资产的管理，又包括流动负债的管理。一般而言，在企业资产总额中有近一半的资产为流动资产，流动负债在负债总额中也占有相当大的比重，营运资金管理涉及企业供、产、销等各个重要环节，做好流动资产投资决策工作对加速资金周转、增强短期偿债能力、有效控制融资风险、改善信用状况，进而实现企业长期发展战略目标，最终实现企业价值最大化的财务目标具有极其重要的意义。

国际企业面向国际市场，其经营和财务活动涉及各国不同的政治、经济、法律、社会和文化背景。因此，相对于一般企业而言，国际企业营运资金管理有其特殊性。

在跨国经营的条件下，营运资金管理主要表现在国际企业通过对外直接投资而形成的流动资产分布于世界各地，海外子公司还在国外资金市场上为流动资产筹措资金来源，它们要承受国际金融市场汇率变动及通货膨胀的风险，同时，世界各国税收制度和外汇管理制度的差异，也给营运资金管理带来了许多困难。各国政府的其他政策包括对股利汇付的限制、对国际企业内部付款提前或延迟的限制、对转移价格的限制、对债务比率的限制等。国际企业必须了解这些政策规定，对相关国家的经济及政治情况和有关政策给予高度的重视，并认真分析研究，在营运资金管理中加以考虑，以避免因政策限制带来的风险。

从国际企业营运资金管理的目标来看，美国的一些学者在对 579 家跨国公司的联合国际调查中得到有关营运资金管理方面的信息，调查结果显示：保证销售、降低流动资产余额、投资决策最优化、提供可用资金等都可能成为跨国公司营运资本管理的目标。其中一半以上的公司经理认为营运资金管理必须提供必要的现金、应收账款、存货及短期信用以保证预期销售目标的实现。另外，还有相当一部分经理认为尽可能降低现金、应收账款和存货的余额，即流动资产余额最小化是营运资金管理的主要目标。还有人认为，营运资金管理的目标在于资金调拨成本最小化、可控资金的最大化，以及最大限度规避管制、保证币值最大或获得税收套利等。

不同的跨国公司对营运资金的管理提出不同的目标，概括而言，跨国公司在制定营运资金管理策略时，母（总）公司和各子（分）公司之间应相互配合、统一协调，通过资金在全球的合理流动和有效配置，实现各种流动资产持有水平的最优化，使跨国公司总体的营运资金管理策略具有风险适中且稳健的特征，从而保证跨国公司营运资金管理最终目标的实现。

下面介绍在国际理财环境下，现金管理、存货管理、应收账款管理、短期投资管理及流动负债管理的方法和技巧。

■ 第二节　现金管理

在企业财务管理中，现金泛指可直接作为支付手段的资产，不仅包括库存现金，也包括银行存款及可以立即变现的有价证券、可转让存单等。现金是企业资产中流动性最强，也是收益性最低的资产。尽管现金的收益性最低，但企业仍必须持有一定数量的现金。在国际企业的财务管理中，国际金融市场汇率变动及通货膨胀的风险对现金管理提出了严峻的挑战，同时国际企业可以通过其遍布全球的分支机构参与世界各地的资本市场，这也为提高短期投资的效益提供了机会，因此对国际企业而言，现金更是应予以高度重视的一个营运资金项目。

一、现金管理的目标

一般而言，企业持有现金的主要原因在于满足其交易性需要、预防性需要和投机性需要。现金管理的目标是在保证企业正常生产及适度资产流动性前提下，尽量降低现金的持有量，并利用暂时闲置的现金进行短期投资，以提高资金的收益性。企业现金持有量过少容易造成生产中断，而且会降低企业资产的流动性，但过多持有现金会导致企业资金收益率下降，所以现金管理的过程就是在这两者之间进行权衡的过程。

国际企业的现金管理与国内企业一样，其目标在于：一是迅速有效地控制企业的现金资源；二是将企业的现金余额降低到足以维持其正常营运的最低水平。由于国际企业与国内企业在组织结构、经营活动等方面存在许多差异，面临着相对特殊的理财环境，所以其现金管理也有诸多不同于国内企业之处。从现金流动的渠道看，包括有母公司（或总公司）与外界企业之间的流动、子公司（或分公司）与外界企业之间的流动、子公司（或分公司）之间的流动、母公司（或总公司）与子公司（或分公司）之间的流动等。国际企业的现金管理涉及多个国家，面临复杂的国际环境，如各国政府可能对资金流入和流出做出各种限制、汇率经常变动、各国税制存在差异、某些东道国缺乏保障资金流动的便利条件等。对国际企业而言，机会与困难并存。国际企业可以从海外寻求到更多的短期投资机会，也可通过集中化管理，提高现金管理的效率和水平。

总的来讲，可将国际企业现金管理的目标概括为以下几个。

（1）以最少量的现金支持企业在全球范围内的生产经营活动。现金置存过少，将不能应付业务开支；现金置存过多，就会使这些资金无法参与正常的盈利过程而遭受损失。企业现金管理的重要职责之一，就是要在资产的流动性和盈利性之间做出抉择。

（2）尽量避免通货膨胀和汇率变动所带来的损失。持有过多的现金可能因持续通货膨胀而遭受贬值；如果企业置存的是软货币，则将承受汇率变动的风险。因此，币种的选择是国际企业现金管理的一项重要决策。

（3）从整体上提高现金调度、使用和储存的经济效益。各国银行存款的利率和短期投资的收益率不同，存放不同地点或不同证券上的现金则会产生不同的报酬。因此，国际企业应选择最有利的投放地点和投资形式，最大限度地提高现金收益率，以部分地弥补持有现金的损失。

二、现金管理的策略

为实现现金管理的目标，国际企业应在全球整体发展战略的指导下，迅速有效地将现金资源纳入控制之下，并合理预测现金需求，据此对这些现金进行最佳保存和运用，降低汇率与利率风险，从而使现金持有成本最低、风险最小。

国际企业的现金管理主要包括现金持有的管理和现金转移的管理两个方面。

（一）现金持有的管理

1. 最佳现金持有量

国际企业现金管理的重要任务之一是确定现金持有的最佳数量，就是在满足其全球发展战略的前提下使现金持有成本最低、风险最小的现金持有量。现金持有量超过实际需要量，会导致较高的机会成本；反之，则会导致发生信用风险。由于汇率波动、现金转移成本、兑换成本及外汇管制政策的限制，现金的流通与持有具有更多的不确定性。所以，国际企业必须根据经济业务的需要和企业战略的要求，在充分预测汇率变动与资金管理成本的基础上预测现金持有量。

2. 现金持有形式

现金持有形式有多种，如现钞、活期存款、存单及有价证券等。现金余额如何在这些持有形式之间分配对国际企业而言也是很重要的问题。国际企业情况复杂，各公司所持有的这些现金形式的数量和组合会因东道国的金融市场情况而各有不同。这就需要对东道国的金融市场情况有充分了解，只有这样才能做出正确的决策。

3. 现金持有时间

现金持有时间的长短不仅受国际企业全球经营战略的影响，还受国际金融市场的利率、汇率和各国税收制度的影响，因此，国际企业应根据现金预算及经济环境的不同做出正确的决策。

4. 现金持有币种

国际企业的分支机构遍及世界各地，必然涉及多种货币，而各种货币币值高低起伏，汇率波动很大，所以国际企业面临很大风险。但同时这也给国际企业提供了特有的机遇，如何抓住机遇、回避风险，是国际企业应着重考虑的问题。

（二）现金转移的管理

国内企业的现金转移仅涉及转移成本和利息损失，而国际企业的现金在转移过程中还面临着汇率风险，因此，国际企业必须考虑设计符合全球业务活动需要的现金转移网络，以便能从企业整体利益出发，统一调度现金，使风险减至最小。

综合来说，国际企业现金管理的策略可以概括为以下几个步骤。

（1）现金计划和预算，即对国外各子公司或分公司的现金需要量进行分析和预测，编制每一期间的现金预算表，对未来一定时期内的现金流入和现金流出进行规划。

（2）确定企业总体最优现金持有量，即确定正常经营所需的最低现金余额。

（3）制定力求现金流入和现金流出同步的方法。为此，企业进行现金盈亏平衡分析是非常有帮助的。

（4）进行短期投资组合管理，即将暂时闲置的现金资源做短期投资，管理的任务在于选择合适的货币市场投资工具。

三、现金管理的方法

国际企业现金管理的方法主要有现金集中管理、短期现金预算、双边及多边净额结算、多国性现金调度系统等。

（一）现金集中管理

1. 现金集中管理的含义及特征

在国际企业总部及其遍布全球的众多子公司或分公司中，应由谁来负责现金的管理工作才最有效率呢？目前国际企业的现金管理实践中，集中式的管理模式较为流行，即在主要货币中心或避税地国家设立全球性或区域性的现金管理中心，负责统一协调、组织各子公司或分公司的现金供给和需求。各子公司及分公司平时只需保留进行日常经营活动所需的最低现金余额，超过此最低需要的部分，都必须转移至现金管理中心的账户加以统一调度和运用。现金管理中心的唯一有权决定现金持有形式和币种的现金管理机构。

现金管理中心的主要特征有以下两个。

（1）集中存储。国际企业的各个分支机构只保持为满足其交易性需要的现金，而应付意外支出的现金需要量则由现金管理中心集中管理，形成预防性现金存储总库；当子公司或分公司的现金存量因发生意外支出而入不敷出时，由该中心立即拨付所需资金。

（2）跨国调度。由于生产经营季节或其他周期性因素的作用，各子公司或分公司日常的实际现金收支往往难以达到均衡，每日的实际现金存量总是围绕预先核定的交易需要量上下波动。例如，集中采购可能会引起现金存量的暂时多余。对于这种暂时性的现金余缺，可由该现金管理中心从全局出发，进行现金的跨国平衡调度。

为了使现金管理行之有效，各子公司或分公司需要对现金的需求进行预测。例如，编制短期现金预算，预测未来时点的现金流出量和流入量；根据所在国的支付习惯和金融状况预计现金溢余或短缺的时间与数量，同时各子公司或分公司还必须建立系统的收付款制度和现金转移的责任制度等，只有这样才能有效地配合现金的集中管理，使之更加可行。

2. 现金集中管理的优缺点

1）优点

现金集中管理模式可以在不影响企业正常经营活动的前提下，减少公司所需的最低现金结余水平，提高企业现金的使用效率，进而从企业整体的角度提高现金管理的效率。具体来说，现金集中管理的优点主要有以下几个方面。

（1）现金集中管理降低了企业平时保持现金总额，使国际企业能以较少量的现金维持正常的生产和经营，从而降低了现金持有总成本，提高了企业的盈利能力。

（2）现金集中管理可以提高国际企业内部现金管理的专业化水平，提高管理效率。该现金管理中心根据它从国际金融市场上获取的及时、完备的信息，对集中的现金择优投放、统筹管理，从而可以最大限度地提高现金收益率。

（3）由于现金管理中心统揽国际企业的经营全局，可以发现各分支机构难以发现的风险和机会。

（4）在现金集中管理模式下，一切决策都以全局利益为最高准则，这有利于全球经营战略的设计和实施，并可有效地抑制局部最优化倾向。

（5）现金集中管理可以降低或分散风险。当东道国政府实行征用或限制资金转移时，实施现金集中管理能最大限度减少企业的损失。

（6）现金集中管理能使国际企业在法律和行政约束范围内，最大限度地利用转移定价机制，增强企业的盈利能力。

（7）现金集中管理能使国际企业在全球范围内保持高度的弹性和应变能力。

（8）现金管理中心可以集中企业最优秀的财务管理人才，从公司全局出发进行专业化的管理，既能实现现金资源在国际企业整体范围内的最优配置，从而降低融资成本，又能进行短期投资的最优组合，充分发挥企业资产的增值能力。

（9）现金集中管理有利于国际企业进行外汇风险管理和税收管理。

（10）现金集中交易还可以从开户银行处得到利率和服务等方面的优惠以降低企业管理成本。

2）缺点

现金集中管理模式也有其不利之处，主要表现为以下几个方面。

（1）这种管理模式容易引发国际企业内部的矛盾。不管是集中存储，还是跨国调度，都将无可避免地削弱各子公司在现金管理及调度方面的自主权。因此，如果不在业绩评价制度方面采取相应的改进措施，那么就可能受到子公司经理人的抵制。

（2）这种管理模式可能使子公司或分公司的财务经理因此失去工作上的主动性和创造性，过分依赖现金管理中心。为克服这一缺陷，可由总部制定出由现金管理中心借贷利率，通过这一利率反映各子公司或分公司上交或借用现金的机会成本，借以评估它们在现金运用上的业绩。

（3）这种管理模式可能会恶化国际企业与某些银行的关系，因为不管是集中存储，还是跨国调度，都可能会增加某些银行的业务活动，而相应减少其他银行的营业机会。

（4）这种管理模式的顺利实施，还有赖于各东道国的外汇管理体制。例如，有些子公司或分公司设在货币不能自由兑换、现金不能自由汇出的发展中国家，这给现金的集中管理带来了操作上的困难。

这里需要说明的是：现金集中管理并不意味着现金管理中心事无巨细地操纵现金方面的一切事务，各子公司或分公司仍在一定程度上保留自主权。这需要根据它们的业务类型及现金管理政策，做出制度上的规定。

3. 现金集中管理的实施

国际企业现金集中管理一般要经历下列基本程序。

（1）设立现金管理中心，负责现金的管理和调度。该中心必须拥有优秀的财务专家和大量信息情报。通常该中心设立在国际金融中心所在地或者避税地，因为那里的政治与经济稳定、有健全的金融市场、资本流动不受限制、国际通信设施完备。

（2）核定各子公司或分公司的交易性和预防性现金需要量。这通常以其编制的现金预算或历史数据作为核定依据。

（3）集中存储。各子公司或分公司只保持满足交易性需要的现金，预防性需要的现金则汇往中央现金总库。

（4）跨国调度。现金管理中心通过各种通信手段迅速获知各子公司或分公司的实际现金余额，将其与各子公司或分公司事先核定的交易需要量进行比较，确定多余和不足。暂时多余的现金划归就近的管理中心，由该中心做出就地投资、调出投资或投至其他子公司的决策，不足的现金由现金管理中心补充。

（二）短期现金预算

现金预算是预测和报告现金流出与流入状况的制度。现金管理中心必须逐日掌握各分支机构的信息，所以国际企业一般要求各子公司编制短期现金预算，预算的期间可以是一周、半周甚至每天。

【例 7-1】 假定某跨国公司的现金管理中心要求其驻 A 国、B 国、C 国、D 国的子公司每天在营业终了时向现金管理中心报送日常现金报告，报告当日现金余额和近 5 日内的现金收付预算情况。所有的报告金额都按现金管理中心规定的统一汇率换算成美元。

四家子公司某日的报告详见表 7-1～表 7-4。

表 7-1　日常现金报告（一）

日期：2016 年 8 月 1 日

子公司：A 国

单位：万美元

日终现金余额：-150

五日预测报告

天数	收入	支出	净额
1	400	200	+200
2	125	225	-100
3	300	700	-400
4	275	275	0
5	250	100	+150
五天净额合计			-150

表 7-2　日常现金报告（二）

日期：2016 年 8 月 1 日

子公司：B 国

单位：万美元

日终现金余额：+350

五日预测报告

天数	收入	支出	净额
1	430	50	+380
2	360	760	-400
3	500	370	+130
4	750	230	+520
5	450	120	+330
五天净额合计			+960

表 7-3　日常现金报告（三）

日期：2016 年 8 月 1 日

子公司：C 国

单位：万美元

日终现金余额：-400

五日预测报告

天数	收入	支出	净额
1	240	340	-100
2	400	275	+125
3	480	205	+275
4	90	240	-150
5	300	245	+55
五天净额合计			+205

表7-4 日常现金报告（四）

日期：2016年8月1日

子公司：D国

单位：万美元

日终现金余额：+100			
五日预测报告			
天数	收入	支出	净额
1	100	50	+50
2	260	110	+150
3	150	350	−200
4	300	50	+250
5	200	300	−100
五天净额合计			+150

由以上日常现金报告可见，A国子公司8月1日现金为负的150万美元。这可能已在银行透支，也可能是向中心借款弥补这一缺口。其余三家子公司都有现金结余。

现金管理中心根据各子公司的五日现金预算，可汇总编制合并现金日报表与短期现金预算表，分别见表7-5和表7-6。

表7-5 合并现金日报表

日期：2016年8月1日　　　　　　　　　　　　　　　　　　单位：万美元

子公司	当日余额	最低要求储备金	现金余缺
A国	−150	100	−250
B国	+350	250	+100
C国	+400	150	+250
D国	+100	125	−25
合计			+75

表7-6 五日现金预算表　　　单位：万美元

子公司	2016年8月1日以后起					合计
	第1天	第2天	第3天	第4天	第5天	
A国	+200	−100	−400	0	+150	−150
B国	+380	−400	+130	+520	+330	+960
C国	−100	+125	+275	−150	+55	+205
D国	+50	+150	−200	+250	−100	+150
合计现金余缺	+530	−225	−195	+620	+435	+1165

从表7-6中可以看出，逐日合计一栏提供了各子公司每日的现金溢余或短缺状况的信息，这些数字被用来规划货币市场的运作，即资金投放和筹集的时机与期限，也被用

来决定如何与跨国银行更有效地合作。现金管理中心还应考虑如何调剂余缺。在上例中，由各子公司的现金日报可见，C 公司 8 月 1 日虽然有结余现金 400 万美元，但根据短期现金预算表可知，该公司次日（第 1 日）即有短缺 100 万美元，故该子公司只能调出现金 300 万美元。又如，该跨国公司的各子公司在 8 月 1 日有结余 75 万美元，而 8 月 1 日以后第 1 日（即 8 月 2 日）有现金溢余 530 万美元，第 2 日和第 3 日分别有现金短缺 225 万美元和 195 万美元，第 4 日和第 5 日则有现金溢余 620 万美元和 435 万美元。所以，8 月 1 日结余的 75 万美元可以作为短期投资（至少可以投资 5 天），以平衡跨国公司整体的现金收支状况，避免现金收支的较大波动。

表 7-6 中五日合计一栏提供了各家子公司五天内现金状况的信息。这些资料对于决定子公司日常盈余现金的流向问题很重要。日常盈余现金应该汇往现金管理中心还是继续贮藏在当地，必须考虑该公司未来几日内的现金状况。另外，这些资料对于决定借款或筹资地点也很有意义，如上例中，A 国子公司近五日内现金短缺，在各地市场利率比较接近的情况下，可以在 A 国增加借款。

值得注意的是，短期现金预算中各子公司的现金结余或短缺，并不代表该公司的效益如何。各子公司之间的营业周期有差别，各国的支付习惯也不尽相同，这些都是影响现金流量的因素。

（三）双边及多边净额结算

国际企业的母子公司之间、子公司之间购销商品和劳务的收付款业务很繁杂，从财务上讲，企业之间的这种跨国资金流动要产生相当大的成本，包括兑换外汇成本、资金转移成本及交易费用等。为了减少外汇风险和资金转移成本，国际企业可以对其内部的收付款进行双边或多边净额结算。双边净额结算和多边净额结算统称为净额支付系统。

1. 双边净额结算

双边净额结算是指两家公司相互交易时，用某种固定汇率把双方的交易额抵消结算。

【例 7-2】 某跨国公司的 A 国子公司与 B 国子公司之间的两笔业务的结算过程如表 7-7 和表 7-8 所示。

表 7-7　A 国子公司与 B 国子公司之间的收支情况　单位：万美元

现金收款子公司	现金支付子公司		收款合计
	A 国子公司	B 国子公司	
A 国子公司	—	600	600
B 国子公司	400	—	400
收款合计	400	600	1000

表 7-8　A 国子公司与 B 国子公司收付款净额　单位：万美元

子公司	收款	付款	收付款净额
A 国子公司	600	400	200
B 国子公司	400	600	−200

这两笔业务，B 国子公司支付给 A 国子公司 200 万美元即可。如果不进行净额结算，将有 1000 万美元的资金流动，抵消以后，实际资金转移只有 200 万美元，节省了 800 万美元的转移成本。

2. 多边净额结算

多边净额结算是指多家公司相互之间进行交易时的账款抵消结算。由于涉及多家公司，收支情况复杂，国际企业必须建立统一的控制系统，即设立中央结算中心，统一结算企业内部各成员企业的收付款。

【例 7-3】 某跨国公司的 A、B、C、D 四家子公司之间的业务的结算过程如表 7-9～表 7-11 所示。

表 7-9 跨国公司各子公司之间收支情况　　　　单位：万美元

现金收款子公司	现金支付子公司				收款合计
	A 公司	B 公司	C 公司	D 公司	
A 公司	—	700	500	200	1400
B 公司	800	—	300	400	1500
C 公司	400	600	—	600	1600
D 公司	1200	800	700	—	2700
收款合计	2400	2100	1500	1200	7200

表 7-10 各子公司之间收付款净额　　　　单位：万美元

子公司	收款	付款	收付款净额
A 公司	1400	2400	−1000
B 公司	1500	2100	−600
C 公司	1600	1500	100
D 公司	2700	1200	1500

表 7-11 各子公司之间收付款安排　　　　单位：万美元

收付款子公司	支付金额
A 公司支付给 D 公司	1000
B 公司支付给 D 公司	500
B 公司支付给 C 公司	100
支出合计	1600

由此可见，经过多边净额结算，将 7200 万美元的资金转移，降低到 1600 万美元，大大减少了资金转移成本。

一般来说，双边或多边净额结算的时间可选择 30 天、60 天或 90 天，应根据内部交易的具体情况而定。如果国际企业分支机构或子公司的数目很大，并且它们之间的交易关系错综复杂，就有必要采用数学规划模型对净额支付系统进行优化设计。而且，在建立净额支付系统之前，必须了解有关国家对净额结算是否有所限制。有些国家对净额结算没有任何限制，如美国、加拿大；有些国家不允许任何形式的净额结算，如巴西、日本；大多数国家要求事先申请，经批准后才能实行双边或多边净额结算，并要求国际企业报告净额结算的数额、币种及参与净额支付系统的成员。

在实践中，净额支付系统被国际企业普遍采用，该方法减少了实际资金转移的次数和金额，大大降低了资金转移成本。同时该方法也减少了外汇兑换的次数，降低了外汇兑换的交易成本。由于该方法一般是以固定汇率在确定的日期统一进行的，所以可以充分利用国际企业外汇风险管理和现金集中管理的优势，规避风险。该方法要求各子公司之间加强信息沟通与控制，从而能够促使各子公司加速会计账目和报表的正确编制及汇报，有利于国际企业经营业务进一步规范化、专业化。

（四）多国性现金调度系统

为了减少资金配置和资金转移的失误，充分发挥国际企业的全球战略优势，在多边净额结算的基础上还必须建立多国性现金调度系统。

多国性现金调度系统是现金管理中心根据事先核定的各子公司每日所需现金额和子公司的现金日报及短期现金预算，统一调度子公司的现金，调剂余缺，使国际企业的资金得到最充分、合理的运用。

现金管理中心进行多国性现金调度的程序是：①核定各子公司每日所需的最低现金余额；②每日终了时，汇总各子公司的现金日报与短期现金预算；③比较各子公司当日现金余额与核定的最低现金余额，确定多余或不足；④由现金管理中心发出资金转移指令，现金溢余的，或汇往管理中心，或直接汇往现金短缺的子公司，或积蓄在当地进行短期投资；而现金短缺的子公司将获得援助。

以例 7-1 的数字为例，从合并现金日报表（表 7-5）中可以看出，虽然 D 公司在 8 月 1 日营业终了时有 100 万美元的现金余额，但其最低要求储备额是 125 万美元，所以供正常经营活动的现金短缺 25 万美元。同样，A 公司短缺，而 B 公司和 C 公司则有溢余，从整体上看，该跨国公司当日现金溢余 75 万美元。

现金管理中心在做出现金调度决策之前，必须掌握足够的信息，并考虑如下因素。

（1）当日营业终了时各子公司的现金余缺状况，现金短缺的子公司能否继续通过向银行透支的方式弥补。

（2）参照短期现金预算，了解现金溢余的子公司在未来几日内的现金状况，决定其溢余汇往管理中心还是积蓄在当地。

（3）各国的币值状况。如果某种货币预期大幅度贬值，则该地子公司应将最低要求储备额降至最低水平，如果可在当地银行透支，那么这个储备额可以是一个负数；反之，如果预期升值，那么该地子公司的现金溢余可以暂不汇出。

（4）各国的利率状况。如果某地的利率水平很低，那么现金管理中心可以考虑该地子公司的现金短缺直接通过借款弥补。

例 7-1 中 A 公司和 D 公司现金短缺需要弥补，B 公司和 C 公司有现金溢余。在不考虑汇率和利率变动的情况下，可做如下调度。

（1）现金管理中心指示 C 公司将价值 250 万美元的货币直接提供给 A 公司。这是因为 C 公司在第二日仍有现金溢余，所以现金可以不必积蓄在当地。同时，为了避免两次外汇交易，直接将 C 元兑换成 B 元，而不必再通过现金管理中心。

（2）指示 A 公司将价值 75 万美元的 A 元在当地进行短期投资。这是因为虽然在 8 月 2 日 A 公司出现现金溢余，但预计到第二天现金短缺，考虑利率和外汇交易成本因素，将溢余现金积蓄在当地，而不是汇送现金管理中心，第二天再由现金管理中心返回 A 国。

（3）D 公司将从现金管理中心获得 50 万美元的汇款。

从以上的分析可以看出，多国性现金调度系统通过控制和调度各子公司的现金持有数量，可以将现金转换造成的失误尽量减小，使国际企业的资源得到最佳配置。

第三节　存货管理

存货是指企业在生产经营过程中为销售或者耗用而储备的各种物资，包括原材料、在产品、产成品和包装物等。存货所占用的资金占企业总资产的比重较大，存货管理效率的高低对企业的财务状况影响很大，因而加强存货的规划和控制是企业财务管理中的一个重要内容。而国际企业的存货管理要比一般的国内企业复杂得多，加强其存货管理显得尤为重要。

一、存货管理的目标及影响因素

与国内企业一样，国际企业存货管理的目标仍是存货规模的最优化。持有一定数量的存货必然要引起相应的支出，即存货成本。存货成本包括存货持有成本、存货订购成本和存货短缺成本。存货管理的目标就是以最低的成本提供企业正常经营所需的存货，即在充分发挥存货功能以保证企业生产经营需求的前提下，控制存货水平以降低存货成本，提高存货周转率。

国际企业的存货管理，与国内企业的存货管理在基本原理上是一致的，同样要遵循国内企业应用的"经济订货量""保险储备量"等基本原理。但是一般来讲，国际企业的存货管理要比国内企业复杂得多，对存货水平和实现预定的存货周转率目标等方面更加难以控制。这主要是因为：一是国际企业的大多数子公司在通货膨胀的环境下从事经营活动，故币值变动因素迫使其改变传统的存货管理策略。二是对于那些主要依靠进口存货的子公司来说，存货的供应要跨越国界，运输距离遥远，到货时间可能受多种不确定因素（如政治动乱、灾害天气及突发事件）的影响。此外，存货进口还要遵守有关国家的外汇管理制度和进出口条例。出于避险的考虑，国际企业在海外的子公司或分支机构的存货水平通常相对要高些，相应也要多付出存货持有成本。另外，如果东道国币值预计将发生贬值，则子公司应提前增加进口原材料的库存量。只要存货占用的资金机会成本及有关费用低于存货升值，这种举措就是有利的。值得注意的是，在一些发展中国家，外币远期交易受到限制，或者根本不存在，因此，海外分支机构或子公司手中闲置的当地货币很难通过当地的外汇市场转换成硬货币，或进行套期保值。

存货管理的目标在于存货规模的最优化，而存货规模取决于存货采购、生产耗用与产品销售状况。根据生产计划很容易获得生产耗用数据，因此，存货管理重点在于存货购置决策与销售决策。在财务上，销售决策的核心是定价决策。以下将从国际企业角度分析存货的管理。

二、存货购置决策

（一）存货超量储备决策

存货管理中的经济订货量模型是国际企业存货购置决策的理论基础，但是由于受通货膨胀、原材料短缺、汇率波动、各国管制及战争和冲突的影响，国际企业往往会经常保持远远高于最优水平的存货量。这种现象称为存货的超量储备。同时，国际企业对于各个子公司因储备存货而占用资金损失的利息通常不予计算，这也给存货的超量储备提供了激励。存货超量储备是国际企业面对复杂的国际理财环境所做出的适应性反映。

一般而言，存货超量储备决策应遵循以下原则。

（1）如果子公司主要依赖进口建立存货，在预期当地货币贬值的情况下，应提前购置存货并且尽可能多地购置。这是因为货币贬值后，进口成本会大大增加。

（2）如果子公司主要从当地购置存货，在预期货币贬值时，应尽量降低原材料、半成品等的存货水平。因为如果本地货币贬值实际发生，会大大减少以母公司本土货币表示的当地存货的价值。

（3）如果子公司既从国外进货，又在东道国进货，在预期当地货币贬值的情况下，应减少当地进货量，同时超前购置进口存货。如果不能精确地预见货币贬值的幅度和时间，那么子公司应设法保持同量的进口存货和当地存货，以避免外汇风险。

（4）如果从一个国家或地区进口的存货受进口商政府的限制，在这种情况下，超量储备可以使企业有更多的时间去寻找可供选择的其他货源。

（5）如果汇率波动减轻，存款利率有上升趋势，东道国外汇管制将放松，运输有保障，或拥有国内货源供应时，就不必进行存货的超量储备了。

（二）存货提前购置决策

在存货经济订货量模型中，要求存货发出订单后立即一次性到货入库，这是不符合实际情况的。现实中，企业从订货到收到货物需要若干天，所以为避免停工待料情况发生，企业必须计算出自订货至收到货所需天数，并以该天数为提前量，提前订货。对国际企业而言，许多发展中国家不存在期货外汇市场，外汇不准自由汇出，也不能兑换成硬货币，同时国际企业往往在通货膨胀的条件下经营，为了防止因货币贬值而带来的损失，国际企业应将多余的资金预先购置将来要用的货物，特别是进口货物。国际企业存货提前购置涉及的成本包括投资于存货的资金利息、保险费、储存费和存货损耗，以及由通货膨胀或货币贬值导致的较高成本和因运输等原因导致存货供应不及时造成的损失等。因此，存货提前购置决策应取决于以上成本。

应当指出，存货的提前购置有时会带来误购风险，如所采购的存货将来企业不需要；或将来需要时已经在技术上被淘汰；或购置量大大超过将来实际需求量；等等。这些所

造成的损失会非常大，因此，存货的提前购置必须加强存货采购预测、提前幅度限制及
存货类型限制等。

三、存货定价决策

定价决策是企业财务管理的重要方面。存货定价是根据市场需求与供给状况，针对
产品确定价格的行为。存货定价不仅直接决定企业的整体业绩，而且是实现国际企业全
球战略的重要手段。对于国际企业来说，合理的存货定价能够有效地规避汇率、利率与
税收风险，取得一定的财务收益。

【例 7-4】 A 国某跨国公司在 B 国的子公司从 A 国进口 100 台设备，成本是 7000 B
元，原定售价 10 000 B 元。进口时正值 B 元贬值，B 元对 A 元的汇率由 5∶1 变为 10∶
1。这时，B 国子公司有两种定价政策可供选择：一是维持存货原价；二是提高存货价格。
这两种决策会对利润产生不同的影响，详见表 7-12。

表 7-12 B 公司的定价决策

决策类型	保持原价		提高价格	
	B 元	A 元	B 元	A 元
售价（新汇率）	10 000	1 000	20 000	2 000
成本（原汇率）	7 000	1 400	7 000	1 400
利润	3 000	−400	13 000	600

由表 7-12 可以看出，如果保持原价，获得的利润以当地货币表示是 3000B 元，但
以 A 元表示则损失 400A 元。所以 B 国政府不实行物价冻结而且此种商品价格需求弹性
又不太大时，B 国子公司应选择提高价格的政策，按与原先 A 元售价相当的幅度增加以
当地货币表示的售价，即每台设备售价因 B 国货币贬值 100%而上升 100%，则以当地货
币表示的利润增至 13 000B 元，以 A 元表示也有 600A 元的利润。这样，因东道国货币
贬值造成的风险就得以避免。

这里还需考虑该种商品的价格需求弹性。如果需求弹性很小，价格的增加幅度足以
补偿当地货币贬值后以外币表示的进口商品价格的增加幅度，那么这种存货可以继续进
口；反之，若需求价格弹性很大，当地售价无法提高过多，那么就应停止进口。如果该
国销售价能够提高到补偿现行进口商品的 A 元价格，则应继续进口；如果不能补偿，则
应停止进口。尽管做出决定不进口商品，并不引起外汇转换损失，但由于放弃其特定的
外国市场，可能会导致闲置生产能力和最终营业损失。因此，如果可能国际企业应采用
这种方式制定价格，使得销售收入包含其出售存货的重置成本的增加额，加上预期利润
的货币价值的损失，再加上所增加的所得税。

如果政府未实行物价管制政策，那么子公司可以提高售价；如果预期当地政府会实
行物价冻结，那么在进口的同时就应制定较高的以当地货币表示的进口商品的价格，实
际销售时，如果货币尚未贬值，可以采用折扣的方式降低实际售价，当货币发生贬值时，
直接按制定的价格出售，不再有折扣。如果进口的存货为商品，还可以采用远期合同购

进存货，而后在当地价格冻结的情况下，可将远期合同在国外以同一种货币销售出去。

四、存货控制决策

与现金、应收账款管理相比，存货管理的显著不同之处在于其责任实际上是由财务、采购、生产、销售等多个部门共同承担的。不同部门在存货管理方面的立场有较大的差异：财务部门倾向于保持较小的库存以减轻资金压力，加速资金周转，降低储存成本；采购部门往往倾向于大批量订货以获得批量折扣，以降低采购成本，而且希望及早进货以避免承担停工待料责任；生产部门往往倾向于保持大量在产品及半成品存货，以保证生产线不至于停工待料；销售部门则希望保持充足的产成品存货，以避免因脱销而失去市场或客户。为顺利实现其存货管理目标，国际企业必须对各部门进行协调，制定有效的管理政策。

第四节　应收账款管理

应收账款是由企业赊销产品或劳务而形成的应收未收的款项，它在企业总资产中往往占有相当大的比重，应收账款管理是国际企业营运资金管理的重要组成部分。国际企业应收账款数额巨大，受各种因素的影响，其发生坏账的可能性也更大。因此，必须加强国际企业应收账款的管理。

一、应收账款管理的目标及影响因素

无论国内企业还是国际企业，将适量资金投放于应收账款，能增强企业竞争力，保持或扩大现有的市场占有率，但应收账款过多，势必会增加成本，如持有应收账款的机会成本、管理成本及坏账损失成本等，从而减少收益。应收账款管理的主要目标，就是要在采用赊销策略所增加的盈利和由此所付出的代价之间进行权衡，以便在充分发挥应收账款功能的基础上降低应收账款投资的成本。

国际企业应收账款的资金占用水平，即存量水平取决于赊销额的大小和平均收款期的长短两个因素，而这两个因素本身主要受以下因素的影响。

（1）企业的信用政策。信用政策包括信用期限、信用标准和现金折扣政策。信用期限是公司为顾客规定的最长付款期间；信用标准是指顾客获得企业的商业信用所应具备的条件；现金折扣是公司为吸引顾客提早付款而在商品价格上所做的扣减。如果企业的信用期限较长、信用标准宽松、现金折扣率较低，则在应收账款上占用的资金就越大，但销量会随之增加；反之，应收账款上的资金占用水平就越小，但销量也会减少。

（2）同行业竞争。国际企业为了能使自己在竞争激烈的国际市场上取胜，不得不以各种优惠条件来吸引世界各地的消费者，赊销即为达到这一目的的重要手段。竞争越激烈，赊销越广泛，企业在应收账款方面占用的资金就越大。

（3）企业的业绩评价标准。在会计上，赊销会使企业的应收账款和销售额同时增加。某些国际企业在对各子公司的销售经理进行行业评价时，是仅以销售额为标准的，而对

应收账款的资金占用量及其质量则置之不理。这种评价方法会使子公司的销售经理盲目扩大赊销，从而使应收账款的存量水平居高不下。

（4）经济环境因素。企业的国际信誉、经济风险、东道国的政治风险、币值与利率变动风险等均是国际企业必须考虑的关键问题。

（5）其他因素。经济周期、产品质量、需求的季节变化等因素，均会影响国际企业应收账款的存量水平。

国际企业的应收账款主要是由两种类型的交易产生的：一是因向企业外部无关联企业销售产品或提供劳务而产生的，反映了企业与客户之间的债权关系；二是因向企业集团内部关联企业销售产品或提供劳务而产生的，是国际企业内部财务往来的一种形式。下面分别阐述对这两种类型应收账款的管理。

二、对无关联企业应收账款的管理

国际企业与无关联企业之间进行交易产生的应收账款属于一般意义上的外部应收账款，它反映了企业的商业信用政策，管理的重点或目标是在保证企业产品市场竞争力的前提下尽可能降低应收账款的投资成本。对外部应收账款的管理主要从以下几个方面着手。

（一）合理的信用政策

国际企业执行赊销政策的目的是扩大销售、减少存货，或在激烈的竞争中保持和开拓市场。如前所述，国际企业为客户提供的信用政策越优惠，其产品或商品的销售额就越大。

值得注意的是，持有一定的应收账款必须有相应的成本支出，这些成本包括持有应收账款的机会成本、应收账款的管理成本（收集信息费用、收款费用及核算费用等）及坏账损失成本。此外，还有由于货币贬值而引起的应收账款实际价值的减少等。因此，在制定或修改信用政策时，必须对每一种政策所对应的成本和收益进行比较，确定其利弊。这种分析一般包括以下五个步骤。

（1）计算原有的信用政策所带来的信用成本。
（2）计算新的信用政策所带来的信用成本。
（3）计算新的信用政策所导致的增量成本。
（4）计算新的信用政策所带来的增量收益。
（5）如果增量收益大于增量成本，则新的信用政策可行，否则不可行。

（二）交易币种的选择

在跨国销售的情况下，可供选择的交易货币有三种，即出口商货币、进口商货币和第三国货币。为了避免外汇交易风险，出口商通常希望以硬货币来结算，而进口商则通常希望采用软货币来付款。如果双方掌握相同的信息，从而对有关货币之间的汇率变动趋向有着相同的预期，则双方可能会在币种的选择上讨价还价：出口商为取得硬货币，有可能在价格或付款条件方面做出让步，而买方则可能以支付较高价格或尽快付款的条件来争取以软货币付款。讨价还价的结果可能使双方共同承担风险，而各方承担风险的大小则取决于它们在谈判中的地位和实力。如果交易双方对备选货币的汇率变动趋向有着相反的预期，则通常不再需要讨价还价。在某些特殊情况下，即使交易双方对备选货币的汇率变动有着相同的预期，但谈判的结果也可能偏离正常情况。例如，如果出口商已经有以某种软货币计量的债务，而交易对方又不愿意以硬货币成交，则出口商也可能选用该种软货币作为交易货币，然后用到期收回的贷款直接偿还以同种货币计量的债务。这种做法对出口商来说没有明显的损失，当然，它是以放弃可能的汇率变动利得为代价的。此外，赊销水平受到汇率变动的影响。如果在某一国家，其币值不稳定，而公司的赊销标准较宽，在外的应收账款较多，则承受的外汇风险就较大。

（三）付款期限的确定

国际企业应收账款的付款期限的确定主要应考虑交易币种、购货方资信等级、东道国政局状况及企业自身资金状况等。付款期限是公司准许客户延期付款的时间。显然，在此期间汇率可能会变化，因而直接影响应收账款的实际价值。付款期限越长，这种不确定性就越大。所以，企业在确定付款期限时，必须要考虑汇率变动这一因素。如果购货方资信等级较高，那么，应收账款期限可以长一些；反之，应缩短期限。东道国政局稳定，能够保证应收账款的安全性，期限可以长一些；反之，应缩短期限。企业自身资金状况如果比较宽松，给对方的期限可以长一些，如果自身资金比较紧张，则必须缩短期限。

（四）应收账款的让售与贴现

国际企业的子公司遍及全球，国际销售业务很多，为了使应收账款能如期变现，一般可以办理应收账款的让售与贴现业务。

应收账款的让售是指企业将应收账款出售给银行或其他有关单位，立即收到现款。虽然企业在让售中要付出一定的代价，但一方面免去了坏账损失的风险，另一方面企业可以采用当地商业习惯上使用的付款期，有利于竞争的展开，销售时不必对客户提出更多的要求。

应收账款的贴现实质上是一种票据贴现，用应收账款作为抵押品，如果贴现人到期不兑现票据，银行以应收账款的回收额抵充。在国际企业急需资金时可以考虑这一途径。

在西方国家，有许多专门从事应收账款让售与贴现业务的机构，如银行中的"让售部"，还有独立的让售公司等。让售公司除让售业务外，还专门从事企业的信用调查和风险评估，效率很高，特别适合于代理公司遍及全球的国际企业评估客户信誉、催收账款等业务。

（五）利用信用保险降低风险

为了避免销售日和收款日之间的汇率风险，国际企业可以考虑购买货币信用保险，以此来抵补因信用销售可能产生的风险。如果可能，国际企业可以通过政府代理这种形式从事国际赊销活动。政府代理是一国为了扩大出口，对本国出口公司向进口商提供的出口支付信贷，由国家设立的代理机构担保，当进口商不能按时付款时，由代理机构按担保数额给予补偿。所以跨国公司如果能获得这种担保，应收账款的坏账风险和汇率风险就能减至较低的程度。

三、对关联企业应收账款的管理

国际企业对关联企业应收账款的管理也称为内部应收账款管理，是国际企业调控内部资金流动的手段之一，目的是追求企业整体财务资源的最优配置和组合。内部的应收账款管理与外部应收账款管理主要有两点不同：无需考虑客户的资信问题及付款时间不完全取决于商业习惯。内部应收账款的管理主要有两种技巧：提前或推迟结算和再开票中心的设置。

（一）提前或推迟结算

提前或推迟结算实质上是商业贷款期的改变，提前与推迟是在国际企业内部贸易结算中，改变以商业信用销售商品时的支付期限。它是国际企业内部资金转移最常见、灵活和有效的方法。提前即在信用到期之前支付；推迟即在信用到期之后支付。提前或推迟结算的指导性原则是使资金流动能充分地为公司的综合利益服务。该目标可以通过软货币国家到硬货币国家的加速支付实现，也可以通过硬货币国家到软货币国家的推迟支付实现。

如果国际企业子公司所在东道国政府政局不稳定，或面临货币贬值风险，则要求该子公司提前归还欠款；反之，则要求延迟付款。例如，我国的某外贸进出口公司在美国、英国和德国设有子公司，在预测将来英镑对美元下跌，而欧元对美元上升时，通过在英国的子公司加速对外支付，同时推迟向在英国的子公司进行支付，在德国的子公司推迟对外支付，同时加速向在德国的子公司进行支付，以减少公司整体的外汇损失。各子公司之间提前或推迟结算方法的运用见表7-13。

表7-13　各子公司之间提前或推迟结算

项目	子公司A（在英国）	子公司B（在美国）	子公司C（在德国）
英镑计价（对子公司A的收付）		推迟付汇 提前收汇	推迟付汇 提前收汇
美元计价（对子公司B的收付）	提前付汇 推迟收汇		推迟付汇 提前收汇
欧元计价（对子公司C的收付）	提前付汇 推迟收汇	提前付汇 推迟收汇	

（二）再开票中心的设置

再开票中心是一种由国际企业资金管理部门设立的贸易中介公司，是国际企业的一个资金经营子公司，它专门处理各子公司间内部商品交易的发票和结算。其主要职能是：

当国际企业成员从事贸易时，商品和劳务直接由子公司提供给买方，但有关收支业务都通过这个中介机构进行。

再开票中心处理的是文件而不是实际货物，这对国际企业内部交易是非常有用的。首先，国际企业的出口子公司向进口子公司开发票时，使用进口子公司所在国货币，这样，再开票中心承担了外汇风险，它可以选择最有利的套汇、保值等外汇或货币市场上的技术手段，对交易中的外汇风险进行有效管理。其次，再开票中心的设置便于各子公司的债权债务实行双边冲销和多边净额冲销，再开票中心能及时了解各子公司的现金余额，利用提前付款或推迟付款办法间接实现资金转移，融通资金。而且，再开票中心在集中处理资金的同时，还可以充分收集世界各地的商业和金融情报，汇总财务数据，为国际企业制订全球经营计划和财务计划创造有利条件。最后，再开票中心通常设在低税国或避税地，由于在当地不进行购销业务，可以取得非居民资格，不必在当地纳税，这使国际企业有可能获得更多的税后利润。

再开票中心也有一定的缺陷：相对受益来说，成本较高，必须另外设立一个子公司，而且每一个子公司都必须保持一套独立的账册。还会导致当地税务部门频繁核查，以确定其是否逃税，由此而发生许多专门费用，如税收的法律咨询及该中心的经营费用等。

第五节　短期投资管理

除了加强现金、存货与应收账款管理外，国际企业营运资金管理的另一个重要任务是剩余现金投资。国际企业对剩余资金的管理成功与否在很大程度上取决于是否精明地选择了合适的短期投资。

一、短期投资管理的目标

短期投资管理的目标是实现短期资金效益最大化。现金与短期投资之间具有很好的调剂关系。企业的短期投资既需要充分考虑企业对现金的需求，还要保证企业资金发挥更高的效益。同时，国际企业的短期投资对于合理规避汇率、利率与税收风险具有重要意义。

二、短期投资策略

国际企业需要确定其在全球的短期投资政策，投资工具的选择受政府规定、市场结构、税收状况等一系列因素制约，为此各国际企业在各国进行短期投资采取的原则也不相同。研究表明，国际企业在剩余现金投资方面有三种可能的选择。

（一）偿还短期债务

偿还短期债务即国际企业各子公司将剩余资金全部汇交母公司，母公司用这些资金偿还自己的短期债务。母公司和各子公司持有现金结存仅仅是为了交易，而不是投资和防范不确定性。其原理是，组合投资的收益低于母公司的资本成本，因而如果资金不能用于企业的经营，就应退归给股东。对于临时性现金需要可用商业票据和银行信贷限额融通。当子公司不能将多余的现金汇给母公司或者汇回的税负很重时，母公司也会将这些资金留在海外子公司。此外，公司发行长期债券和股票所筹集的资金有时会闲置，在这些情况下，海外子公司将会权衡利弊，做出更迅速而有利可图的选择。

（二）集中投资

集中投资是企业总部将全部现金进行集中管理，海外子公司只保留最低额度的现金。企业总部将剩余资金集中投资于总部所在国的国内证券。集中投资可以更有效地利用资金，且回报可能更高。在许多国家银行对较大金额存款通常支付较高利息。集中投资策略还可以降低国际企业整体筹资成本，从而提高营运资金管理的效益。

例如，子公司 A 有剩余现金 50 000 美元，子公司 B 需要借入为期一个月的现金 50 000 美元。如果现金管理未集中，子公司 A 可能用 50 000 美元购买年利率为 10%，为期一个月的银行存单。同时，子公司 B 可能从银行借入为期一个月的现金。银行必须对贷款收取高于存款的利率。运用集中管理剩余现金方法，子公司 B 可能借入 A 公司的剩余现金，从而降低跨国公司的整体筹资成本。

值得注意的是，无外汇管制时，如果国外证券收益高于国内风险程度和流动特征相当的证券时，则执行此政策的机会成本就相当高，而且汇率波动的可能性会妨碍这种方法的运用。另外，这种方法会由于一个子公司剩余现金的币种不同于另一个子公司所需要的币种而受到限制，可能导致过高的交易成本。例如，一个跨国公司的子公司正在用几种不同的货币进行交易活动，完全集中所有剩余现金，为了投资的目的就必须将其兑换成单一币种。这种情况下，集中投资的好处可能会被兑换成单一币种而发生的交易成本所抵消。

（三）灵活投资

这种管理原则适合于追求全球利润最大化的跨国公司，证券市场的选择以投资收益率高低为标准，而不论市场是在母国还是在海外子公司的东道国。由于跨国转移资金往往有许多障碍，交易成本较高，尤其是在外汇管制严格的情况下，这种投资策略的投资效果会大打折扣。

以上各种投资策略各有长短，因此国际企业往往将以上三种投资策略结合使用，采用灵活投资的办法。把每种货币的短期剩余现金集中在一起，就为每种货币形成一个蓄水池。子公司在特定币种上的剩余现金可能还会用于补充其他子公司对该币种的缺乏。按照这种办法，资金就可以从一个子公司转移到另一个子公司而不发生兑换货币的交易成本。如果能把全部子公司的储蓄都存放在一个银行的不同分支机构，那么就可以使资金在子公司之间方便地转移。

三、短期投资组合决策

国际短期投资主要投资于短期证券与不同的货币。

（一）最佳国际投资组合

最佳国际投资组合是投资的离差系数相对最小的国际投资组合。

$$离差系数＝收益率平方差／预期报酬率$$

国际企业短期投资组合一般遵循以下几点。

（1）组合中的证券应多样化，以便在既定风险下收益最大。国际企业的短期投资是在资金预算的基础上对暂时闲置资金的投资，因此要保持这些资金的流动性，即要控制短期投资的风险与可赎回性。为此，短期投资必须控制风险，仔细分析证券的流通性。政府证券、欧洲美元或其他欧洲票据都比较安全，成为短期投资的首选项目。

（2）证券组合要逐日检查，以确定哪些证券需要变现，哪些证券需要买进。这样做一方面是为了配合现金预算的执行，证券投资的到期日需符合公司的计划现金需要，或者要有高度流动性的市场；另一方面是充分利用理财环境的变动，取得较高的投资收益。

（3）在改变组合中，需要注意保证收益增量要超过额外成本，如办事员的开支、投资间的收益损失、外汇价差和买卖证券佣金等固定费用。

（二）投资币种组合

投资币种组合是国际企业短期投资的一项重要内容。由于国际企业不能肯定汇率将如何变化，它可能把剩余现金投资于以不同货币标价的投资项目。这种方法避免了由于某种货币贬值而发生较大损失的可能性。以不同货币标价的投资组合减低风险的程度取决于货币币值之间的相关关系。理想的情况是，在投资组合里的货币币值呈弱相关或负相关。这样便于分散不同币种的特有风险，获取一定的投资收益。

投资币种多元化是为了规避货币的兑换成本。因为短期投资决策不仅要考虑风险调整收益率，而且要考虑所涉及的交易成本。事实上，同时持有币种不同的现金的很大原因就是存在货币兑换成本。如果这些成本为零且政府规定许可，所有剩余现金应投资于扣除汇回成本后的实际风险调整收益最高的货币。当交易成本一定时，国际企业现金和准现金资产投资的合理币种结构应更多地取决于公司的实际或计划流出或流入的币种，而不是取决于实际收益差或政府干预。因此，在国际企业投资组合中，所持现金或准现金资产应为企业发生收支的币种。在一般情况下，多数现金宜安排为母国货币，剩余部分为其他一些货币，后者的额度取决于这些现金的实际流量。同时，考虑到币值的变化，国际企业多余现金或准现金资产应币种分散，一种货币与组合中其他货币正向相关程度越高，其持有量应越少，反之亦然。

第六节 流动负债管理

一、流动负债管理的一般策略

流动负债，又称短期融资，是企业流动资产的临时性资金来源。流动负债的高低直接影响企业营运资金存量的多寡，故流动负债的管理是国际企业营运资金管理的一个重要方面。从总体上看，流动负债管理策略可以分为稳健型和激进型两种。

（一）稳健型流动负债管理策略

这种策略要求尽量缩小企业资金来源中流动负债的数额，主张利用长期负债或权益资本为流动资产进行筹资。根据这种策略所做出的筹资安排，会使企业发生较高的资金成本。因为一般而言，长期负债的资金成本要高于短期负债，而权益资本的资金成本又高于长期负债，从而减少了企业利润。然而，最大限度地缩小资金来源中流动负债的数额，可减小企业到期不能偿付或重新取得短期借款的风险。因此，这种策略的主要特点是低风险、低报酬。

（二）激进型流动负债管理策略

该策略要求尽量利用流动负债为流动资产筹集资金。这一策略并非排除长期负债在企业资本结构中的存在，只是主张长期举债的目的应是固定资产筹资。该策略的筹资成本较低，但会使企业经常面临偿付到期债务的局面，因而具有较大的财务风险。因此，这种策略的主要特点是高风险、高报酬。

财务管理部门应根据企业的经营环境、经营思想及自身的特点选择合适的流动负债管理策略。由于跨国经营的环境和条件具有复杂多变性，国际企业的流动负债管理较一般国内企业要复杂得多，财务管理人员应根据国际金融市场的信息，在综合分析不同货币之间汇率变动和不同资金市场利率升降的基本趋势的基础上，寻找适当的短期资金来源渠道，选择合适币种，维持最优的流动负债水平，使企业的日常经营活动得以顺利而有效地开展。

二、流动负债管理的主要手段

流动负债管理的主要手段包括应付账敦、短期借款和商业票据。

（一）应付账款

应付账款是企业筹集短期资金的重要方式。国际企业所属各子公司的应付账款主要在两种不同类型的交易过程中产生：一是某成员企业与公司外部的其他经济组织或个人之间的买卖；二是内部各成员企业之间的买卖。前者称为外部应付款，后者为内部应付款。

1. 外部应付款的管理

国际企业在与公司集团以外的独立经济组织或个人赊购商品时，应注意选择有利的交易货币。为了避免可能出现的外汇交易风险，最好争取以软货币付款，但这可能有损供货商的利益。因此，买卖双方可能要在币种选择问题上讨价还价。

2. 内部应付款的管理

对于国际企业内部各成员单位之间的交易而形成的内部应付款，其管理与外部应付款不同。内部各成员企业的生产经营活动都是以实现国际企业全局利益最大化为目标的，所以内部应付款的管理，应重点考虑国际企业在全球范围内的财力配置和资金调动。在很多情况下，内部往来账款的结算时间可以因整个公司的利益而提前或推迟。提前或推迟付款是国际企业内部各成员单位融通短期资金的一种行之有效的手段。

（二）短期借款

国际企业的短期借款主要来源于两个方面：一是由公司内部成员单位相互提供的贷款；二是由商业银行或其他金融机构提供的贷款。前者为公司内部借贷款，后者为银行借款。

1. 公司内部借贷款

母、子公司间或子公司相互之间借贷款项，可以迅速地达到资金融通的目的。此外，通过公司内部借贷款，还可以充分利用各子公司东道国外汇制度及税收制度的差异，转移资金，达到逃避外汇管制或者减轻税负的目的。

2. 短期借款

由商业银行提供的贷款在企业的短期资金来源中占有举足轻重的地位。一般来说，这种贷款是无担保的信用贷款。在发放这种贷款时，银行常要求借款企业出具相应的票据（本票），作为到期还款的书面保证。大部分借款票据的期限都是 90 天。到期日，借款企业要清偿借款，要么请求银行对贷款给予"展期"（即借新还旧）。对贷款进行定期"滚动"或"展期"，可以使银行加强对贷款资金运用的控制。为了防止这种短期信贷被企业用作一种长期融资手段，银行通常要在贷款协议中附加一种"清偿条款"，这一条款要求企业在一年之中至少有 30 天的时间对银行完全无债务。

短期银行借款的具体形式主要包括定期贷款、信用额度、周转信用协议、透支、贴现等。

（三）商业票据

商业票据是公司为了筹措短期资金，以贴现方式出售给机构投资者或其他公司的一种短期无担保本票。这种票据无担保，仅以公司的信誉作保证，故发行者往往是规模巨大的、信誉卓著的大公司。有关资料表明，发行商业票据是最受跨国公司欢迎的短期融资方式之一。与短期银行借款相比，企业通过发行商业票据可以节省为数可观的利息成本。除利息之外，发行商业票据还会发生一些非利息成本，这些成本主要包括以下几种。

1. 备用信贷额的费用

因为商业票据的平均期限很短，所以如果发行者在票据到期日之前陷入财务困境，则很可能无法按时清偿票据。针对这一风险，发行公司可能事先与商业银行签订备用信贷额协议，在发行公司到期无法从其他来源取得资金清偿票据时，由银行对其提供相应的贷款。企业取得备用信贷额度的费用通常以"补偿余额"的方式支付，即发行者必须在银行账户中保留一定金额的无息资金。有时候，备用信贷额的费用是按信用额度的 0.375%～0.75%直接支付的。

2. 支付给商业银行的费用

商业票据的发行、偿付及借新还旧等工作往往由商业银行来代理，发行公司要为此支付一定的费用。

3. 信用评估费用

信用评估费用即发行公司支付给信用评估机构的报酬。每年的信用评估费在 5000～25 000 美元。

■ 本章小结

国际企业在制定营运资金管理策略时，母（总）公司和各子（分）公司之间应相互配合、统一协调，通过资金在全球的合理流动和有效配置，实现各种流动资产持有水平的最优化，使国际企业总体的营运资金管理策略具有风险适中且稳健的特征，从而保证国际企业营运资金管理最终目标的实现。本章介绍了在国际理财环境下，现金管理、存货管理、应收账款管理、短期投资管理及流动负债管理的方法和技巧。

国际企业现金管理的目标是以最少量的现金支持企业在全球范围内的生产经营活动，尽量避免通货膨胀和汇率变动所带来的损失，从整体上提高现金调度、使用和储存的经济效益。国际企业现金管理策略主要包括现金持有的管理和现金转移的管理两个方面：现金持有的管理要求确定最佳现金持有量、现金持有形式、现金持有时间、现金持有币种；现金转移的管理必须设计符合全球业务活动需要的现金转移网络，以便能从企业整体利益出发，统一调度现金，使风险减至最小。国际企业现金管理的方法主要有：现金集中管理、短期现金预算、双边及多边净额结算、多国性现金调度系统等。

国际存货管理同样要遵循国内企业应用的"经济订货量""保险储备量"等基本原理。存货管理的目标在于存货规模的最优化，因此，存货管理重点在于存货购置决策与销售决策。

存货购置决策主要包括存货超量储备决策和存货提前购置决策。存货销售决策的重点在于存货的定价决策。为使国际企业顺利实现其存货管理目标，国际企业必须对各部门进行协调，制定出有效的管理政策。

国际应收账款管理的主要目标就是要在采用赊销策略所增加的盈利和由此所付出的代价之间进行权衡，以便在充分发挥应收账款功能的基础上降低应收账款投资的成本。国际企业应收账款的资金占用水平，即存量水平取决于赊销额的大小和平均收款期的长短两个因素，而这两个因素本身主要受企业的信用政策、同行业竞争、企业的业绩评价标准、经济环境因素和其他因素的影响。国际企业的应收账款主要是由两种类型的交易产生的：一是对无关联企业应收账款的管理，主要有合理的信用政策、交易币种的选择、付款期限的确定、应收账款的让售与贴现及利用信用保险降低风险等；二是对关联企业应收账款的管理，主要包括提前或推迟结算和再开票中心的设置等。

除了加强现金、存货与应收账款管理外，国际企业营运资金管理的另一个重要任务是剩余现金投资。国际企业对剩余资金的管理成功与否在很大程度上取决于是否精明地选择了合适的短期投资。国际企业的短期投资对于合理规避汇率、利率与税收风险具有重要意义。国际企业短期投资策略主要有三种可能的选择：偿还短期债务、集中投资和灵活投资。短期投资组合决策主要包括最佳国际证券投资组合和投资币种组合。

国际企业流动负债管理的策略有稳健型流动负债管理策略和激进型流动负债管理策略两种。流动负债管理的主要手段包括应付账款、短期借款和商业票据。

➤复习思考题

一、概念题

现金集中管理   多边净额结算   多国性现金调度系统   存货超量储备

二、简答题

1. 说明国际企业营运资金管理的目标。
2. 阐述国际企业现金集中管理的策略和常用方法。
3. 分析国际企业现金集中管理的优缺点。
4. 阐述国际企业存货管理的购置决策和定价决策方法。
5. 阐述国际企业应收账款管理的方法。
6. 阐述国际企业如何运用提前和推迟支付手段来管理应收账款。
7. 说明国际企业短期投资管理的目标和策略。
8. 说明国际企业流动负债管理的主要手段。

国际企业资金调度

国际企业从全球战略出发，利用一系列资金流通渠道在企业内部调度资金。国际企业的内部资金调度既是其实现全球经营战略的重要手段，又是规避风险、获取回报的有效途径。这种国际企业资金调度的渠道主要包括股权投资与股利支付、内部贷款、特许权使用费、服务费和管理费的支付、内部商品交易及货款结算、转移定价，以及对冻结资金进行有效管理。本章将在介绍国际企业资金调度的动机、原则、限制因素、基本类型及基本政策的基础上，详细阐述各种资金转移方法和手段。

■ 第一节　国际企业资金调度概述

在国际企业内部，由于存在着投资关系、借贷关系、服务关系和买卖关系等，而形成了各种种类繁多、数额庞大的跨国资金转移。跨国资金转移方式及其管理，在很大程度上影响着资金的配置和使用效益。从财务管理的角度看，国际企业的显著特征就在于通过各种内部转移机制和方法，使资金和利润在公司内部的各部分之间转移。这种内部资金转移是在母公司的调控下，以独特的调度资金和配置资金的财务技术与组织体系为基础的，显示了国际企业独特的内部资金调度的财务优势。

一、国际企业资金调度的动机

母公司在世界各地通过法律关系建立了许多子公司（分公司或避税地公司），这些公司无论是哪一种形式，都和母公司之间存在着产权方面控股的法律关系，母公司需要向各地的子公司提供开业资本，子公司需要向母公司上缴利润。这些法律关系引起公司内部的资金转移，加强资金转移的管理是由国际理财环境和国际企业的特点决定的。

国际企业资金调度的动机主要有以下几个方面。

（一）在全球范围内有效配置资源，实现全球经营战略目标

国际企业的优势在于其全球经营战略与全球经营活动，然而在全球范围内有效配置

资源是其全球经营战略实现的前提。资源的有效配置不仅表现为把资源配置到最能发挥作用的地方，而且表现为资源配置风险最小。国际理财环境的复杂多变，要求国际企业必须动态地实现国际资金的有效配置。因此，全球经营战略在全球范围内动态地配置资金、满足国际企业全球经营活动的需要，是国际企业资金调度的出发点。同时，最大限度地保证国际资金的安全和收益，也是有效配置资源的基本要求。国际企业通过资金的动态转移，可以在满足基本全球经营战略需要的前提下，把资金存放在最有利的安置地点，并持有对企业最有利的币种，从而优化资源配置效益。

（二）规避管制风险

近年来，越来越多的国家，尤其是发展中国家，都加强了对外资的控制和管理，以限制外资做出不利于本国利益的行为，因此规避管制风险已成为跨国公司财务管理的重要内容之一。跨国公司规避管制风险的目的主要有三点：第一，保证各机构（子公司）间资金的自由转移，以达到资金向高收益子公司转移的目的；第二，保证母公司收回股利，跨国公司在国外建立子公司的目的是占领更广阔的市场、获取更高收益，但如果获得的收益不能汇回到国内总部，其投资便失去了意义；第三是保值，当一国利率将要下跌时，可以通过资金转移尽快兑换成硬通货币以达到保值的目的。各国实施规避管制的方式多种多样，跨国公司应根据不同的规避管制方式，采取相应的措施，以达到收回利润和发展子公司的目的。

（三）获取套利机会

国际企业面对国际税收差异和国际资金市场缺陷，利用其内部财务系统，在连属企业之间进行国际企业资金调度，除了有效满足各连属企业正常经营所需资金以外，可以达到以下套利目的。

（1）税收套利。将利润从高税负国家转移到低税负国家或是从应税成员企业转移到亏损成员企业，以减轻总体税负。

（2）金融市场套利。通过在成员企业之间转移资金，来绕过外汇管制，使过剩资金带来更高的风险调整收益，降低借入资金的风险调整成本，为资金不足的公司提供便宜的资金来源。

（3）管理制度套利。对那些利润受政府干预或工会压力影响的成员企业，国际企业会在这些子公司和其他子公司之间重新进行资金调度，使这些企业在当地有更大的讨价还价余地。例如，若某子公司利润水平高，当地工会要求提高工资，那么，该子公司将部分利润转移到其他子公司后，该子公司在与工会的谈判中因利润降低就有了更大的砝码。

二、国际企业资金调度的原则

国际企业的资金调度需要遵循以下原则。

（一）资金集中控制原则

国际企业通过资金的集中控制实现资金的联合使用，这样可以有效减少资金储存总规模、避免资金闲置、降低整体筹资成本、提高资金管理的效益、合理安排存款的币种、降低外汇风险，以及在加强资金的安全性与流动性方面也会显示其独特优势。因此，国际企业在内部资金转移过程中应当认真履行资金集中控制原则，实现资金调度的潜在效益。

（二）资金调度成本最小化原则

国际企业在全球范围内调度资金，由于种种限制，调度成本较大。调度成本的存在会使资金调度效益大打折扣，因此，追求资金调度成本的最小化，是实现资金调度效益的有力保证。

（三）有效配置资金，实现国际企业的全球经营战略原则

国际企业的全球经营战略的实现有赖于各成员企业的全球经营，各成员企业的全球经营需要资金的支持，因此，根据各成员企业的资金需求，有效配置资金是国际企业内部资金调度的基本出发点和基本原则。

（四）套利原则

由于种种套利机会的存在，国际企业内部资金调度除了满足全球经营战略的需要外，还应当选取有效克服资金转移障碍的方式，实现资金套利。实际上，追求资金套利已经成为国际企业资金调度的一个重要动机。

三、国际企业资金调度的限制因素

跨越国界的母公司和子公司，虽然它们之间基于股权关系而在经营与管理上存在着控制和被控制、领导和被领导的关系，但是在法律形式上，它们分别处于不同政府的管辖之下，是独立的实体，受不同政治和法律制度的制约。因而，跨越国界的资金转移必然存在着种种障碍。限制国际企业资金调度的因素主要有以下几方面。

（一）东道国的外汇管理制度

当东道国政府缺乏外汇，又不能向外借款或吸引新的外资，往往会通过外汇管制，规定本国通货不能自由兑换，因而完全封锁资金转移；规定所有资金外移均需由政府批准；限制股息汇出、债务偿还、权利金和劳务费等资金转移的数额与时机。

长期外汇收支不平衡、外汇储备很少的国家，可能不允许该国的外国子公司向其母公司上缴股利或对投资和利润汇出有数额及时间限制；有些国家规定外国子公司在前三年不能把利润汇回母公司或汇出利润不能超过原始投资的一定百分比（如 10% 和 20% 等）；有些国家采取大幅度调整汇率的方法，人为地使本国货币非正常贬值，使一定数额的本国（东道国）货币只能兑换较少的外汇，旨在剥夺外国投资者的收益，限制资本外流。例如，在 A 国的子公司汇给母公司利润 100 万 A 元，合理汇率 1 美元=5A 元，可兑换 20 万美元，A 国规定 1 美元=10A 元，只能兑换 10 万美元，被剥夺 10 万美元。最严重的是，有些国家规定该国货币为一种不可兑换货币，不能兑换为美元或其他货币，使

外国子公司的资金不能外移。

（二）东道国的税收制度

针对国际企业灵活多变的内部资金调度策略，各东道国政府的税法都做出了相应的限制性规定。例如，有些国家对跨国子公司的资金流出课以重税。因此，对国际企业来说，它所要考虑的不仅是某一国的税法，而是要根据各个国家的纳税规定来决定自己的资金调度机制和方法。

有些国家规定，在该国的外国子公司向其母公司除了支付股利和借款利息需征收预扣税以外，还对支付特许权使用费、服务费和管理费征收预扣税。还有些国家会提高税率，对股利、利息和各项费用的汇出课以重税。

跨国公司内部资金转移最容易受限制的项目是子公司向母公司支付股利、借款利息、各项费用，以及母公司从子公司抽回投资等。多数国家常采用公开的或隐蔽的方式限制这些资金的转移，而跨国公司则是千方百计地采用各种办法，躲避有关国家在资金转移方面的限制，这种限制和反限制乃是跨国企业财务管理的一个重要特点。

（三）政治因素

东道国政府缺少外汇，又不能向外借款或通过其他方式吸引外来投资时，往往公开或变相地阻止资金的转移。如果东道国政府实行外汇管制，使该国货币不可兑换，将资金转移完全封锁，这就是公开地阻止资金的国际流动；如果东道国政府采用其他政策，如对子公司价格政策和股息政策实行限制、对偿债率做出规定等，这样就是变相地阻止资金转移。若东道国政府发生社会动乱或政府变动，子公司的资金就可能被强制冻结或没收。

（四）成本因素

将资金由一种货币兑换成另一种货币，或者将资金由一国调往另一国，必然会发生相应的兑换成本或转移成本。如果资金转移规模庞大，这些成本的数额可能相当可观。因此，国际企业在做出资金调度策略时，应进行相应的"成本—效益"分析。

总之，各国政治、经济、法律和文化背景的巨大差异及其他复杂多变的因素，使国际企业内部资金的自由调度受到了一定的限制。但这些限制因素又同时提高了跨国财务系统的价值。面对这些不利因素，精明的财务人员会通过合理的决策，影响公司内部资金流动的流量和方向，达到成本最低、税负最小、风险最低、效益最大的目的。

四、国际企业资金调度的基本类型

国际企业资金调度是指资本从一个国家或地区，转移到另一个国家或地区。或者说是指由于商品使用权交易而引起的货币资金和生产要素在国际间的转移或流动。国际企业的内部资金调度主要有以下几种形式。

（一）股权投资形成的资金调度

（1）母公司（或子公司）对子公司进行股权投资。

（2）子公司向母公司（或子公司）支付股利。

（二）由公司内部借贷款而形成的资金调度

（1）母公司（或子公司）对子公司进行贷款投资。

（2）子公司向母公司（或子公司）支付利息。

（三）由公司内部的"无形"贸易而形成的资金调度

（1）母公司（或子公司）将其所拥有的知识产权和专有技术授予子公司使用，为此子公司向母公司（或子公司）支付特许使用费。

（2）母公司向子公司提供专业性服务，为此子公司向母公司支付专业服务费。

（3）母公司将其在跨国经营过程中所发生的一般管理费用按预定的方法在各子公司之间平均摊牌，各子公司分别向母公司支付相应的份额。

（四）由公司内部商品交易结算而形成的资金调度

各子公司或各责任中心之间，由于互相提供商品和劳务进行内部结算而形成的资金调度。

五、国际企业资金调度的基本政策

国际企业内部的资金调度，涉及地点和持有币种的选择问题，因此需要在母、子公司之间和各子公司之间统一调度资金，这就必然涉及国际企业资金调度的基本政策，这些基本政策可以概括为如下几个方面。

（一）一般性政策

1. 合理设置现金管理中心

国际企业的各分支机构必须将闲置的现金集中到现金管理中心，以便聚集和再分配。现金集中有利于提高资金的利用效率、回避风险。现金管理中心所在国必须具有以下特点：①政治稳定；②允许资金自由出入，货币坚挺，能迅速兑换成其他货币；③有发达的能提供风险较小的中长期投资机会的资本市场，有活跃的能提供任何期限和临时投资的货币市场，有包括远期外汇市场在内的有效的外汇市场；④在税收方面比较宽松，只按收入来源课征所得税，对现金资产不课征资本税；⑤鼓励国际企业的子公司在当地发展；⑥有便捷、高效的通信网络。

2. 合理安排股利汇付

股利汇付是国际企业资金转移的最常见的政策，但也最容易受到有关国家的限制。因此，国际企业可以尽量减少母公司对国外子公司的股权投资，而采取贷款的方式对子公司投资，因为贷款利息的支付比较容易获准。

3. 合理安排特许权使用费及其他费用的支付

特许权使用费及其他费用的支付也是资金调度的有效手段，但应注意这些费用的分摊应尽量合理，以利于增加国际企业整体财富。

4. 合理确定内部收益转移价格

内部转移价格指在跨国企业内部，母公司和子公司、子公司及子公司之间进行交易所采用的价格。转移价格发挥作用的基本前提是跨国企业内部交易具有内部商品调拨特征。内部转移定价对跨国公司的业务经营具有极为重要的作用。这是由于跨国公司内部的商品和劳务的交易总额在不断迅速增长。在目前形势下，跨国公司内部商品交易额占国际贸易进出口总额的比重正在不断上升。

（二）对高度通货膨胀国家的政策

（1）在高度通货膨胀的国家，子公司手中不应拥有任何闲置资金，如果闲置资金无法转移出去，那么应在当地进行再投资或购置实物资产，以抵消货币贬值带来的损失。

（2）如果子公司与当地银行建立了透支关系，那么子公司应最大限度地向银行透支。

（3）在存货购置方面，子公司应力争赊购或分期付款，通过商业信用获得短期资金。

（4）子公司应按季、按月、按周采用平均汇率，将当地结存的资金换算为母公司所在国货币。

（5）子公司在销售方面应尽量争取现销，有节制地而且仅是短期地允许贸易信贷。

（三）对于货币趋于升值的国家的政策

一般说来，货币升值不像贬值那样常见。但是如果一国货币日趋坚挺，其他国家对该国货币贬值，就和该国货币对其他货币升值一样，具有相同的影响。这时应采取的政策有以下几种。

（1）该国子公司手中持有的货币净额为正数时，才最为有利。

（2）长期、中期、短期的货币资产应大于同类型的货币负债。

（3）应根据年度、半年度或季度汇率将子公司财务报表换算成母公司所在国货币。

由于不同形式的国际企业资金调度所涉及的动机、原则和相关的限制因素不一样，其产生的经济效果也截然不同。为最大限度地提高公司的整体效益，必须对不同形式的国际企业资金调度施以不同的管理对策。以下各节将进行具体说明。

■ 第二节　股权投资与股利支付

股权投资，即对外直接投资，是跨国经营活动的起点。股权投资使股本由母公司（或子公司）流向子公司，而作为投资报酬的股利则由子公司流回母公司（或子公司）。子公司向母公司（或子公司）上缴资金有四种形式：一是子公司偿还母公司（或子公司）的贷款；二是子公司向母公司（或子公司）上缴资本；三是子公司向母公司（或子公司）支付贷款利息；四是子公司向母公司（或子公司）支付股利。下面我们重点介绍支付股利所遇到的问题。子公司建立后要创造利润，有了利润需要向母公司（或子公司）支付股息，从子公司汇回的股息收入是资金从子公司流动到母公司（或子公司）的一个主要部分。作为财务管理者，当子公司向母公司（或子公司）支付股息时应该考虑这样一些问题：子公司和母公司（或子公司）对资金需要的相对程度；子公司对所在国货币的汇率预测；股息对企业全球性税收支付的影响；各国当局对股息的长期和短期态度，以及对股息支付的法律限制。

一、股权投资

股权投资包括母公司对子公司的直接投资和子公司之间的相互投资。

（一）母公司对子公司的直接投资

国际企业股权投资而形成的海外分支机构主要有分公司和子公司两种形式。其中，分公司是总公司在海外的附属机构，在东道国不具备法人资格。而子公司则是与母公司相对独立的经济实体，在东道国具有独立的法人地位，它又可以分为独资子公司、控股合资子公司和非控股合资子公司三种具体形式。

母公司对海外子公司进行股权投资有利于加强对子公司的控制、降低资金供应成本、增强子公司的举债能力。但其缺点也是很明显的，主要表现为股本的返还和股利支付最容易受到东道国的管制与冻结。

（二）子公司之间的相互投资

子公司之间的相互投资，可能是子公司因极为紧密的业务联系而走向一体化的结果；也可能是由于其他原因而造成的，如某个子公司是由母公司和其他子公司共同投资创建的。虽然，子公司之间相互进行股权投资的做法较为普通，但一般认为，母公司应尽力对此加以限制。因为相互投资可能会带来许多弊端：一方面由于各子公司都是相对独立的经济实体，投资子公司就有可能利用它对被投资子公司的控股权，从事有利于其本身但有损国际企业整体利益的活动；另一方面被投资子公司的收益要经过多次征税和多次跨国转移才能最终到达母公司，这不但增加了国际企业总体的纳税负担，而且增加了资金的跨国转移风险。

二、股利支付

子公司获利后就应该支付股利，股利支付是资金从国外子公司转至母公司的最常见方式。在很多国际企业中，子公司汇往母公司的所有款项中，股利占了50%以上。一般来讲，并不是所有的净利润都要以红利的方式发给股东。在确定适当的股利水平时，国际企业应考虑许多因素，主要包括：子公司和母公司对资金的相对需求；当地货币的汇率走势；股利对公司全球税收战略的影响；当地政府当局对股利支付水平的短期与长期姿态及其设置的法律限制。

国际企业在确定子公司股利支付策略时，可以采用不同的方法。一个极端方法是母公司要求所有的子公司，不管设在哪里，都按同一标准计算并汇回股利。在正常情况下，股利是按当地子公司税后利润的某个百分比计算的，也有按当地子公司净资产或固定资产为基础计算的。公司也可以先让各子公司支付某一水平股利，然后每季度或每年度调整一次。另一个极端方法是，母公司采取完全灵活的策略，只有上文四个主要因素对母公司带来有利结果时，才要求子公司支付股利，而且各子公司支付的股利比率各不相同。绝大多数国际企业把这两种极端方法结合，权衡各种目标后，建立一个股利支付模式。

（一）子公司的状况

国际企业在对各海外子公司制定股利分配策略时，应充分考虑它们各自的具体情况，主要有以下几个方面。

（1）子公司的财务状况。如果子公司的资金转移比率较高，营运资本较充足，在其他条件允许的情况下，将闲置资金以股利形式汇回母公司统一支配，不失为一个良好的策略。但如果子公司的营运资金运转困难，并且急需扩大经营规模或追加投资，向当地银行借款又受到限制，则应该缩小股利分配比率，以平衡资本结构、改善财务状况。在不定期支付股息的分配方式下，如果子公司想扩大生产规模进行再投资时，它对资金将有额外要求：这些资金将从哪里筹集？此时企业的留存盈利是用于扩大再生产，还是分红？将会产生什么影响？这些问题都是财务管理者应该清楚的。如果此时子公司公布股息，会使资金在子公司需要时不恰当地流回母公司，一旦母公司的收入需要缴纳税收，然后进行股东的再分配，那么通过分红的渠道将资金从子公司抽走则没有任何意义。子公司可以在宣布股息后，通过重新向母公司借出股息来满足对资金的需要或延长股息公布时间，不过这些措施都无法逃脱股息公布的税收负担。

子公司也可以利用东道国的当地金融市场来筹集所需要的资金，不过有时会产生一种误解，许多东道国的政府都以为子公司在当地市场筹集资金的目的是想向母公司支付股息，这样筹集资金会受到限制。所以子公司需要资金进行扩大投资时，子公司的分红策略一定要慎重，要有利于子公司对资金的需要。但是必须指出的是，如果子公司分配政策不固定，灵活性太大，又只从本公司的利益考虑，可能会影响与当地政府的关系。

（2）子公司设立时间的长短。一般来说，子公司设立的时间越长，越接近其寿命期，其在东道国投资的机会就越少。在这种情况下，应该提高股利支付率，加快资金向母公司的转移。

（3）子公司管理者的意向。少交多留，扩大留存收益会增加子公司在跨国公司内部的相对地位，因此子公司的管理者可能以种种理由抵制上交股利。母公司在对子公司进行业绩评价时，应充分考虑子公司在留存收益上的占用成本。

（二）相对资金需求的影响

当地子公司的资金状况与需求，是制定股利分配策略时应考虑的一个主要因素。如果子公司为扩大资本而需要大量额外资金，这时宣布向母公司股利支付是不合时宜的。即使可以在当地为子公司筹措资金，许多国家的政府对跨国公司利用当地金融市场为支付股利而筹集资金会另有限制。母公司把应得的股利收入重新借给子公司或延长宣布股利与支付股利的日期，也可以部分地满足子公司的资金需要，但这样做并不能减轻支付股利的税负。再者，为了树立良好的市场形象，即使在当地子公司缺乏资金的情况下，某些公司也会宣布股利支付。

（三）汇率变动的影响

当地货币相对于母公司货币的汇率变动，也是确定股利分配策略时应注意的一个重要因素。如果预计当地货币要贬值，增加股利水平或安排一次额外股利支付就会有效地降低当地货币资产，并合法地把资金转换成母公司的货币。但是，股利不但要事先宣布，而且应该在货币贬值前支付出去。这会导致当地外汇管制部门关注支付股利的目的——宣布的股利是为了合法的经营目的，还是对当地货币进行投机呢？支付股息的目的是后者时，当地外汇管制部门很可能不允许子公司汇出股利。如果预计当地货币即将升值，应该推迟宣布股利的日期或即使股息早已宣布，也可以把资金再借贷给当地子公司。

（四）税收的影响

在许多国家，股利支付要被东道国政府课征很重的预扣税。国家之间的双边税收协定有时会降低甚至取消预扣税，在美国，已交纳预扣税的收入还会享有税收抵免。但是，股利支付通常是要有代价的。

子公司的股利分配策略明显影响整个国际企业的纳税负担，于是一些公司从降低税负的角度出发来制定子公司股利分配策略。

（五）解决股利策略引起的冲突

根据资金状况、外汇风险和税收负担而制定的股利分配策略，可能导致相互冲突的结果。如果以这些短期财务因素为依据，母公司很可能会采取多变的股利分配策略。在一定时期内要求某些子公司支付较高的股息，而对其他子公司则要求支付较低的股利，甚至不支付股利。这种变动很易引起一些国家外汇管制部门的注意，不利于在东道国树立良好的形象，而且会招致东道国有关当局设置障碍，以阻止股利的汇付。一些国家规定股利不能超过注册资本的某个百分比，超出部分应交纳很重的追加所得税。

如果子公司过去的股利支付一直很稳定，那么即使东道国政府签发新的有关股利支付立法，子公司也会为继续按同一水平向母公司支付股利找到借口。然而，当东道国遇到严重的外汇危机，这样的借口也不一定有效。因此，公司财务人员应从满足资金需求、管理外汇风险及降低税负的角度出发，积极灵活地制定股利分配策略。

此外，跨国子公司的股利分配策略可能与该子公司的股权密切相关。一般而言，分公司或全资子公司的股利分配策略可由母（总）公司全权操纵，而对合资子公司来说，其股利分配策略应充分考虑当地合营者的意愿。由于当地合营者一般不会从国际企业基于全球目标而采取的资金调度策略中得到好处，所以，它们很可能与跨国公司在股利分配问题上发生争执。例如，对于某些子公司，跨国公司因着眼于长期利润或全局利益而希望它们的股利分派率定得低一些，而当地合营者则着眼于短期利润或因惧怕风险而希望股利分派率定得高一些，并保持相对稳定。此时，股利分配陷入了两难状态：股利率太低，当地股东不满，从而会影响子公司在东道国的形象或市场价值；股利率定得太高，则会失去筹集资金的灵活性，而且在以后营业不景气的年度再降低股利将会非常困难。为了避免陷入这种两难状态，跨国公司最好能在子公司创立时就确定一个比较均衡、能够为东道国政府和当地合营者接受的股利分配策略，并始终一贯地执行，这样比随意改变股利分派率所碰到的困难要少得多。

第三节　内部贷款

国际企业向境外子公司提供的初始投资并不全部表现为股权投资，有时母公司也以贷款的方式向子公司提供很大一部分初始投资。特别是当境外子公司资本抽回和股利汇出受到子公司所在东道国的限制时，母公司向子公司提供贷款就成为母公司向子公司提供投资的主要形式。

一、内部贷款的原因

国际企业内部，母公司与子公司之间及子公司之间相互借贷款项，除了资金融通的目的以外，主要是有意识地利用各子公司东道国外汇制度、税收制度的差别，转移资金，达到逃避外汇管制或在税负上避重就轻的目的。

（1）子公司所在国对外国母公司抽回资本控制较严格，即使子公司有剩余资金，也很难抽回。如果是贷款，以偿还本金形式出现，子公司所在国的限制较少。

（2）贷款规定利率和还本付息期限。还本付息，现金流量是稳定的，为把资金转移回母公司提供了一个比较可靠的方法。

（3）子公司所需要的资金一部分以贷款形式提供。子公司需要时借贷，资金有剩余时偿还贷款，比较灵活，有利于节省资金。

（4）当子公司偿还资本是以本金和利息的形式归还，而偿还贷款，本金不是母公司的收入，所以不必纳税。以贷款方式提供资金可以减少用款公司在东道国的税负。因为大多数国家在计征税收时，都把利息支出作为费用列支，贷款方式能减少应纳税所得额，从而可少交一部分所得税，获得减轻税负的利益。

（5）如果国外子公司所在国对资金转移不加限制，母公司可以直接向子公司贷款，各子公司之间也可以相互提供贷款。如果用款公司所在国实行或将实行外汇管制，则国际企业体系内跨国直接贷款风险太大或成本太高，宜采取迂回贷款，如利用商业银行及其他金融机构作中介，以背对背贷款的形式向子公司提供资金。

（6）通过公司内部贷款，可以有效转移被管制资金，并且可以进行套利活动。对于外汇管制较严的地区的子公司，国际企业可以贷款的方式供应资金，并按高利率收取利息，以便在短期内收回贷款。通过公司内部贷款，国际企业可以利用不同地区间的利率差别，将低利率地区的资金转移到高利率地区使用，以进行套利活动。

二、内部贷款的方式

母子公司间和子公司之间的借贷款项，除了实现资金融通外，最主要的是利用各子公司东道国税收制度及外汇制度之间的差别来转移资金，达到在税负上避重就轻或逃避外汇管制的目的。近年来，由于子公司的股本、股利容易受到管制，内部贷款已经成为跨国公司主要的内部资金转移手段。跨国公司进行投资时，多是以内部贷款的形式进行的。国际企业母公司与子公司之间及各子公司之间借贷有多种形式。

（一）直接贷款

直接贷款是指在资金转移不受限制或很少受到限制的金融市场中，国际企业的一个机构可以直接贷款的形式向另一机构提供信贷资金。直接贷款的利率是确定的，标价货币可以是任何一方或第三国的货币。直接贷款的利率实际上表示资金的转移价格。

相对于股权投资而言，直接贷款的优点主要表现为：母公司能够很容易地将贷款投资转化为股权投资；简便易行，资金成本较低，便于管理；母公司以收取贷款本息的名义将子公司适当数额的闲散资金调回总公司，一般不会引起东道主国的公开反对；贷款有固定利率、付息期和偿还期，因而，母公司能够取得稳定的现金流入；在节税、避税方面，直接贷款比股权投资更加有利。

以直接贷款方式为子公司提供资金虽然有上述优点，但在实务中，使用该方式常会遭到以下两方面的阻力。

首先是东道国方面。有些东道国把境内跨国公司按照不同产业和经营规模进行区分，分别规定不同类型企业最低限度的注册资本额，若跨国公司对当地子公司的股权投资份额太小，东道国政府会认为其投资是一种投机取巧的行为，因此，可能会对贷款本金的返还和利息的支付加以严格限制；有些东道国会限制当地子公司的资产负债比、借款额等。例如，有的国家将当地子公司的借款额限定在其股本总额的一定比例之内。东道国当地银行出于对贷款安全性的考虑，也可以对子公司的债务产权比做出限制。

其次是母公司所在国方面。母公司从海外子公司收回的贷款本金不属于应税收益，无需在母公司所在国纳税，因而，若母公司对其国外子公司主要采取直接贷款而非股权投资的方式供应资金，母公司所在国政府可能会认为母公司在国内逃税，从而会采取相应的限制。

为避免来自东道国和母公司所在国两方面的阻力，当今的跨国公司已改进了传统的直接贷款形式，采取间接而灵活的贷款方式，其中应用最广泛并且最重要的是背对背贷款和平行贷款。

（二）背对背贷款

在一些国家由于实行外汇管制或担心将来实行外汇管制，跨国公司使用商业银行及其他金融机构做中介，以背对背贷款的形式向子公司提供资金。母公司或提供资金的子公司把资金存放在中介银行里，然后中介银行（或其在当地的分行）把同等金额的资金以当地货币或母公司货币贷给当地子公司。中介银行按协商好的利率对母公司的存款支付利息，贷款子公司则向银行支付利息。中介银行的利润来自这两个利息的差额及收取的服务费。对中介银行来讲，贷款几乎是没有风险的，因为母公司在中介银行的存款可用做抵押。跨国公司之所以采用这种贷款的方法，是因为直接向子公司提供贷款可能受到严格的限制（尤其是在实行外汇管制的国家里），以及受到差额税率，特别是预扣税的影响。有些发展中国家依靠中介银行从国外筹集资金，它允许子公司向国外银行偿还贷款，而不允许子公司向国外的母子公司偿还贷款。

例如，英国母公司 A 在美国有一子公司 B，美国的母公司 C 在英国有一子公司 D。两个母公司均要向其相应得子公司提供一笔资金。为了避开外汇市场和政府有关投资方面的限制，两国的母公司达成协议，双方进行交换，由美国母公司 C 向子公司 B 提供美元贷款，作为交换，英国母公司 A 向子公司 D 提供英镑贷款。到期满时，子公司 B 和子公司 D 分别偿还当地贷款本息。

跨国公司采用这种背对背贷款形式有两个原因：第一，跨国公司向子公司的直接贷款也许会遭到禁止、受到严格控制或课征不同的税率尤其是预扣税；第二，因为发展中国家基本上是依赖银行作为海外资金筹措来源，跨国公司认为，即使子公司向私人公司偿还贷款会受到限制，向境外银行偿还贷款东道国政府却是允许的。

（三）平行贷款

平行贷款是在 20 世纪 70 年代首先在英国出现的，它的诞生是基于逃避外汇管制的目的。它指的是不同国家的两个母公司分别在国内向对方公司在本国境内的子公司提供金额相当的本币贷款，并承诺在到期日，各自归还所借货币。平行贷款是两个不同的跨国公司之间互相采取以贷款换贷款的方式，以实现跨国公司内部贷款的目的。这种方式一般涉及分别处于两个不同国家或地区的四个企业。其贷款程序图如图 8-1 所示。

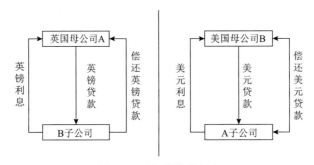

图 8-1　平行贷款的程序

从上面的流程图可知，有英国母公司 A 及美国母公司 B，A 公司在美国有子公司 A（设为 A′），B 公司在英国有子公司 B（设为 B′）。现在 B′子公司需要英镑资金，A′公司需要美元资金，就可以由两家母公司达成一致，由 B 公司向在美国的 A′子公司提供美元贷款，A 公司向在英国的 B′子公司提供英镑贷款。例如，一家美国公司向一家英国公司贷出 100 万美元，而此英国公司则向该美国公司贷出等值的英镑（以美元兑英镑当时的汇率计算），借此安排，两家公司不需兑换即可取得所需的货币。

平行贷款是两个独立的贷款协议，分别有法律效力，是分别由一母公司贷款给另一国母公司的子公司，这两笔贷款分别由其母公司提供保证，效果相同。平行贷款的期限一般为 5～10 年，大多采用固定利率方式计息，按期每半年或一年互付利息，到期各偿还借款金额。如果一方违约，另一方仍需依照合同执行，不得自行抵消，为了降低违约风险，另一种与平行贷款非常相似的背对背贷款就产生了。

平行贷款既能规避国内的资本管制，又能满足双方子公司的融资需求，因此在国外市场上深受欢迎。但是我国现行外汇管理政策禁止在国内从事平行贷款业务。此外平行贷款也存在着一定的信用风险问题，这是因为平行贷款包含了两个独立的贷款协议，这两份协议都是具有法律效力的，其权利义务不相联系，因此万一遇到一方出现违约的情况，另一方也不能解除履约义务。

另外，还有一种变通形式的平行贷款如图8-2所示。

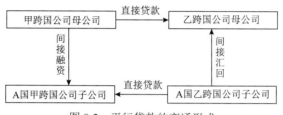

图8-2 平行贷款的变通形式

在这种形式下，需要对国外某子公司提供贷款的跨国公司在银行或其他第三方的帮助下寻找到另一家跨国公司，后者在同一国家的子公司有额外的现金。某子公司需要资金，其母公司通过银行或其他机构和另一母公司订立贷款合同；同时该母公司的子公司以盈余资金向国外某子公司贷款。下面分别列举两个案例进行解释说明。

案例一，假定某跨国公司甲在A国的子公司需要2000万A元。而跨国公司乙在A国的子公司有足够的多余A元现金，但由于A国政府的外汇管制措施，子公司不能把比A元汇回母公司。于是甲公司便借给乙公司同等数额的美元，利息率可以协商达成。同时，乙公司的子公司按当地的利率向甲公司的子公司贷款2000万A元。两笔贷款的期限相同，到期时，借方向各自的贷方偿还本金及利息。

这样，实质上甲公司已经向其子公司提供了贷款资金，但也免除了当地政府外汇管理部门对偿还贷款进行限制的风险。而乙公司也暂时从A国子公司那里收回了多余的现金，它可以在贷款期限内使用收到的美元。

案例二，A公司在墨西哥的子公司需要一笔相当于10万美元的资金，与此同时B公司在墨西哥的子公司具有相同数量的墨西哥比索盈余，因受到外汇管制无法汇出。那么A公司可以和B公司签订合同，A公司按商定的利率向B公司贷出10万美元，同时B公司在墨西哥的子公司以相同的期限按当地的利率向A公司在墨西哥的子公司贷出这笔墨西哥比索。当借款到期时，A公司在墨西哥的子公司偿付比索本金，B公司向A公司偿还10万美元。其结果是A公司向其子公司提供了需要的资金而没有承担风险，B公司的子公司也暂时把比索汇出国外，其母公司利用了美元，双方都没有承担风险。安排平行贷款的金融中介向双方收取手续费。这种平行贷款的方式是跨国公司利用无法汇到母公司或其他子公司的资金的一种方法，也是一种减少累积冻结资金的策略。

平行贷款通常应用于抽回被东道主封锁的资金，或是为了避免外汇风险，避开外汇管制，或者为了获得优惠的外币筹资利率。平行贷款的概念虽然简单，但困难是如何找到交易的另一方。对商业银行来讲，平行贷款是一种竞争形式，因而它们很少愿意撮合这类贷款安排。所以，平行贷款双方必须通过其他形式的金融机构，如投资银行，或直接寻找对方。帮助促成平行贷款的金融中介会向双方收取一定的佣金。

（四）前向贷款

各国政府冻结资金的重点对象是外国企业，而对银行特别是有国际威望的金融机构，一般不会严加限制。因此，当母公司预计向境外子公司贷款而本息汇回将受到限制时，可采用前向贷款。前向贷款是母公司向境外子公司提供资金时，不是由母公司直接贷给子公司，而是由母公司事先在某国际金融机构存入一笔资金，再由该国际金融机构向子公司提供相应数额的贷款。期满时，先由子公司向国际金融机构还本付息，再由国际金融机构向母公司归还存款的本金和利息。由于国际金融机构向子公司贷款之前，已有母公司的存款保证，所以，这种贷款称为前向贷款。

这种贷款方式，既能及时满足境外子公司对资金的需要，又保障了母公司的资金本息顺利收回，避免受到子公司所在国的限制。由于上述存款都不经过外汇市场，因而避免了外汇管制风险。

■ 第四节　内部贸易

国际企业的商品销售有两种形式：一种是销往企业以外的单位，称为外部贸易；另一种是销往企业内部各成员单位，称为内部贸易。虽然国际企业母公司与子公司之间存在着控制和被控制的关系，在法律形式上它们处于各自不同国家的管辖之下，各自为独立的实体，进行内部贸易时同样要计价结算。这些内部贸易主要包括特许权使用费、服务费和管理费的支付及内部商品交易和货款结算。在财务方面主要运用提前或推迟结算、账面冲销技术及转移价格计价结算等。

一、特许权使用费、服务费和管理费的支付

特许权使用费、服务费和管理费的支付也是国际企业资金调度的基本方式。

（一）特许权使用费

特许权使用费是指子公司为获取技术、专利或商标的使用权，而付给拥有技术、专利或商标的母公司或子公司的报酬。特许权使用费可以用每单位产品支付一定的金额或用全部毛销售收入的一定百分比计算。

专有技术、专利权、商标权或其他的无形资产，一方面可以作为直接投资时的资本投入；另一方面也可以作为无形商品转让。跨国公司的母公司（不一定总是母公司）允许子公司使用它的无形资产时，子公司需要申请使用技术或商品的执照。执照使用通常要求支付执照费（或称使用费），一般按每单位产品支付或按全部毛销售的百分比支付，以及由使用的子公司一次性支付。这样子公司向提供给它无形资产的母公司支付使用费时，就存在着资金转移的机会。

子公司汇出使用费不如汇出股息灵活、方便。一般东道国要求发执照的母公司和领

取执照的子公司必须签订正式协定，说明使用费的数额。东道国外汇管制部门会密切注视协定的变动，因为想储备外汇的东道国不愿用外汇储备来支付无形资产的使用费，它们往往通过限制使用费的数额或不允许子公司将这笔费用摊入成本来阻止子公司以使用费的形式将外汇资金汇出境外。子公司的使用费被看成是一种虚假的利润汇款，在对外汇进行管制的国家，子公司往往没有利用使用费的灵活权。

（二）服务费

服务费是指用于补偿由母公司或其他子公司供应给该子公司的专门服务的支出。它是对子公司产生特定利益的报酬，一般按服务的时间、类型和等级确定支付服务费用的标准。

（三）管理费

管理费是指跨国企业在进行国际经营业务时所发生的一般行政管理费用中应由该子公司摊付的部分。国际企业的全部管理费用，包括母公司的管理费用与必须由经营单位补偿其他子公司的管理费用（如现金管理中心、研究开发新产品、公共关系、法律和会计咨询等方面发生的费用）。这些费用的发生并不是局限于某个特定公司，所以一般采用按子公司销售额的大小进行摊销的方法。

母公司还可以因其他活动向子公司收取费用，如提供技术援助费、管理费等，技术援助费和管理费在结构、管制及财务影响上与使用费大同小异。

（四）特许权使用费、服务费、管理费的具体细则

按国际惯例，子公司向母公司支付使用费和其他费用时，要代替母公司向东道国政府缴预扣税。对于母公司来说，使用费是其国外收入来源，由于使用费的预扣税可以抵减税收，而且使用费的预扣税率通常低于母国和子公司东道国的公司税率，所以支付使用费是子公司向母公司汇出利润的一种有利方式。

与股息支付不同的是，特许权使用费、服务费、管理费和许可费的汇付灵活性不大。当地政府要求发放许可证的母公司和领有许可证的子公司就提成费数额签订一项正式协议，在许可证合同中对一些问题必须明文做出详细规定，一般应包括以下内容。

（1）收费标准的计算依据。例如，特许权费和使用费，一般按所有许可制品、用件或许可证规定的其他转让物净销售价格的一定比例征收。这里净销售价的含义是指没有商业折扣的发票价格，不包括包装费、增值税、营业税及运费减价。

（2）交费的币种和时间。规定交费的币种可以明确外汇风险；规定交费时间能够明确迟付款项的负担和责任。

（3）纳税的所在地与所需承担的责任。

（4）有关咨询和培训考察等方面费用的支付方式、标准等。

子公司向母公司支付使用费与其他费用时，这些费用与商品价格不同，通常没有什么参照标准，因而国际企业可以根据具体情况和需要，调整费用标准以作为国际资金流动的额外渠道。正是由于这个原因，许多东道国认为国际企业的子公司向其母公司或其

他子公司支付管理费和特许权使用费是为了掩盖实用利润、逃避税收以便转移资金，因而对这类费用的支付往往实施较严格的限制与监控措施。不过，东道国政府对子公司技术费用的支付比股利派发的看法要好一些。在存在限制的地方，股息的限制要严于技术费用限制。

任何变动都会受到当地有关部门的严格监督。缺乏外汇储备的国家不愿看到这些储备外汇用于支付无形资产。一般来讲，这些国家要对费用水平施加一定的数量限制。它们认为子公司支付的许可费是一种掩盖利润汇付的方式，因而大力限制这类形式的汇付。在这种情况下，国际企业使用这些费用的灵活性很小。而且这些费用往往会被领有许可证的子公司所在国课征预扣税，且代表母公司的国外收入。对子公司来讲，这些费用是所得税扣除项，而且预扣税一般低于母公司所在国和子公司所在东道国的公司所得税，所以对母公司来说，这些费用是汇付利润的一种有利方式。

正因为如此，国际企业一般把特许权使用费、服务费和管理费列入子公司的财务计划中。在实际中，如有需要，子公司向母公司以特许权使用费、服务费和管理费形式的资金流动可与由母公司向子公司贷款及其他财务活动引起的资金流动而相互抵消。

二、内部商品交易和货款结算

国际企业在全球范围内追求生产合理化的一个明显结果是公司内部交易规模日趋庞大。这种庞大的公司内部交易：一方面表现为原料、零部件及产成品在公司内部的转移；另一方面表现为数额庞大的内部应收应付款项的资金流动。如何采取灵活多变的策略对这部分资金流动进行卓有成效的管理是国际资金调度中的一项重要内容。母子公司相互之间的内部贸易同样要计价结算，并利用商业信用和资金融通等机制，但它同国际企业的外部贸易存在明显区别。贸易货款可以采用提前或推迟结算、转移价格计价结算、账面冲销技术等办法。

国际企业内部产生资金移动的一个重要原因是公司内部有商品或服务的交换。国际企业在世界各地的子公司越多，商品移动的方式及相应的资金筹措和资金移动方式就越复杂。

例如，假定总部设在美国的一家跨国公司在法国和德国各有一家子公司，在法国的子公司向在德国的子公司出售价值为 500 万美元的商品。如果贷款 60 天后偿付，那么法国子公司的账面上有 500 万美元的应收账款，实质上相当于法国子公司向德国子公司贷款 500 万美元。

如果德国子公司正需要 500 万美元的额外资金，法国子公司可以推迟应收账款的到账期限（如 120 天后）让德国子公司先行使用这笔资金。

另外，如果法国子公司急需资金，其可以改变货款支付期限，要求德国子公司立即支付现金。于是德国子公司会马上支付 500 万美元的应付账款。

这种以商业信用销售商品时改变支付期限的技巧被称为提前与推迟。提前就是在信用到期之前支付，推迟是指在信用到期之后支付。实际上，提前与推迟是国际企业内部资金调度常见、灵活和有效的方法之一。

在上述例子中，法国与德国子公司之间的商业信用期限由 60 天延长到 120 天即意味着德国子公司推迟两个月付款。也就是说，推迟交易相当于把资金从卖方子公司转移到买方子公司。

同样，如果德国子公司提前支付给法国子公司，即进行提前交易，提前交易相当于把资金从买方转移到卖方。

即使内部商品交易是现金结算，买方子公司也可以通过预付款的方式把资金转移到卖方。在许多国家，商业信用的期限可达 6 个月。从理论上讲，提前与推迟技巧为公司内部资金调度提供了巨大的灵活性。

政府对国际企业运用提前与推迟技巧会施加许多限制。从政府的角度看，提前与推迟的形式有四种。

（1）出口提前：国外买方提前支付给当地出口商。

（2）出口推迟：国外买方推迟支付给当地出口商。

（3）进口提前：国内买方向国外卖方提前支付进口货款。

（4）进口推迟：国内买方推迟向国外卖方支付进口货款。

提前与延迟结账是最受跨国公司欢迎的国际内部资金转移手段。提前结账就是在应收或应付账款到期之前结账；延迟结账则是将应收或应付账款推迟到到期日后结账。提前与延迟结账是对收付单位之间信用条件的改变，为跨国公司有效转移内部资金提供了很大的灵活性，可以使部分流动资金从外汇管制的国家转移出来。

采用提前或延期结账的办法调度资金有以下优点：①它不需要付款方正式承认其对销售商有负债，而且可以通过缩短或延长信用期限，来调高或调低其信用额度；②这种方式属于跨国公司内部账户结转，而不是跨国公司内部贷款的方式，故政府干预较少；③许多国家的税法（如美国）规定，6 个月以内的赊欠账户不必支付利息，而对公司内部的贷款则必须支付利息。

如果一国政府面临外汇储备短缺，它应该鼓励国内公司出口提前和进口推迟。出口提前可使当地出口商提前收到资金，从而使政府提前收汇。进口推迟会推迟使用外汇去支付进口。

政府外汇管理部门一般不愿意出口推迟和进口提前，对国外进口商延长信用期限（出口延迟）推迟了当地出口商收进出口外汇收入的日期。同样，进口提前支付会加速外汇的支出。

因此，如果当地子公司企图提前向其他国家的子公司支付货款或延长收取货款的信用期限，它可能会受到当地政府不同程度（取决于外汇储备状况）的限制。

关于收支冲销的技术我们在第七章已经分析，这里不再阐述。

■ 第五节　冻结资金的管理

当一国政府遇到外汇短缺又不能通过借债或吸引外国投资来获得资金时，它往往会限制外汇从该国流出，许多出现经济危机的发展中国家都这样做。从理论上讲，这一措施并不是专门针对外国公司的，它适用于任何人。但在实际中受危害最大的往往是外资企业。根据外汇短缺的程度，东道国政府也许要求所有流向国外的资金转移得到批准后才能进行，它保证了关系到国计民生的重要部门优先使用外汇的权利。在极端严峻的情况下政府也许会拒绝把当地货币兑换成其他货币，从而完全冻结了流向国外的资金转移渠道。在多数情况下，政府对股息、贷款偿还、特许权使用费、服务费和管理费的金额与汇出时间也会进行限制。

国际企业可以分三个阶段应对资金被冻结的风险。

（1）在投资之前，应分析资金冻结对预计的投资收益、当地子公司的财务结构及与子公司的最佳联系会产生什么影响。

（2）在投资期内，企业应尽力运用各种资金配置技巧把资金转移出境。

（3）对确实不能转移出境的资金进行再投资，以保持其真实价值不受通货膨胀率及当地货币贬值的影响。

一、投资前战略

公司管理者在进行资本预算分析时应该考虑资金被冻结问题。暂时的资金冻结通常会降低投资项目的期望净现值和内部收益率，该项投资是否可行取决于考虑到资金冻结问题后的期望收益率是否超过要求的收益率。

一旦母公司决定在当地投资，就应该事先想好如何汇回资金或利用资金投资项目产生利润。公司可以采取的措施有以下几个。

（1）与其他子公司建立贸易联系。

（2）对使用商标、许可证及其他服务收取一定费用。

（3）尽量在当地借债。

（4）利用特殊的融资安排，如货币掉换、背对背贷款与平行贷款等。

（5）与东道国政府达成专门的协议。

二、转移冻结资金的方法

国际企业从实行外汇管制或外汇汇出限制的国家转移出资金，可以利用内部转移价格、特许权使用费、服务费和管理费的支付、提前与推迟结算、背对背贷款和平行贷款等方法。此外，还有以下方法。

（1）对当地子公司和东道国都有利的一种方法是创造不相关的出口活动。东道国政府实行严格的外汇管制其主要原因是不能赚取足够的硬通货。因此，国际企业只要为东道国创造新的出口创汇机会就有助于缓和形势，并提供了资金转移的潜在渠道。国际企业可以在不增加额外投资的情况下，根据目前的生产能力创造新的出口机会。这样做有时可能要求再投资或增加资金，如果再投资的资金是属于被冻结资金的话，机会成本损失极小。

（2）另外，与创造新出口效果相同的是积极利用当地的服务。例如，在巴西的子公司可以在里约热内卢（巴西著名城市）举办全公司的业务会议，把公司职员带往巴西度假，鼓励他们乘坐巴西航空公司的飞机；请封锁资金国当地的咨询公司而不是母公司所在国的咨询公司提供必要的咨询服务来帮助跨国公司；将职员从公司总部调到子公司的办事处，在那里他们的薪水可以用被封锁的当地货币支付；在子公司所在国举行商务会议，开支都由当地子公司负责。这些活动对巴西政府是有利的，因为它们为巴西提供了出口导向型的工作机会。跨国公司也会从中受益，因为这些活动花费的是已被冻结的当地货币资金。

（3）国际企业应对被冻结资金的另一种方式是安排易货贸易或反向贸易。公司可以利用被冻结的资金购买也许并不需要的货物，然后把这些货物换成其他商品，以便在国际市场销售或用于母公司或其他子公司进行生产。

（4）投资受外国资本欢迎的企业。各国都希望通过吸收外国投资来促进本国经济发展，提高本国劳动力的技能。因此，在生产出口产品的行业，如汽车或电子工业，或者可以吸引游客的行业，如宾馆、旅店等，外国资本都是很受欢迎的。这类投资可以提供较好的就业机会，使本国居民得到培训，同时获得外汇收入。但跨国公司不能得到适当的回报，就无法吸引其在东道国进行投资。

值得指出的是，国际企业利用以上方法很可能会增加其面临的政治风险，甚至导致资金被全部封锁。

三、保持被冻结的资金的价值

不管国际企业如何避免，总有一部分资金会被冻结，不能兑换成外汇汇回。这些资金将被迫用于再投资，公司必须为这部分资金寻找短期或长期的投资机会以期获得最大收益率。

如果冻结是暂时的，最好的方案是投资当地的货币市场。然而，在许多国家，货币市场融通工具种类和数量不足，流通性也较差。有时政府国库券、银行存款及其他短期融通工具的收益率比当地通货膨胀率或当地货币的贬值率还低。因此，在冻结期间公司往往遭受损失。

另一种使用被冻结资金的方法是把它们存放在跨国银行在当地的分行，作为在世界其他地方申请贷款的担保，或作为这类贷款的最低存款额。如果短期或中期证券组合投资，如债券、银行存款或公司内部之间的贷款不能奏效，跨国公司将被迫进行直接再投资，即在当地建立新的生产设施或扩大现有生产规模。直接投资往往是东道国政府实行外汇管制所寻求的结果。

如果连建立生产设施的直接机会也没有，跨国公司可以用被封锁的资金购买土地、办公楼或当地产品，希望这些资产的升值率要比当地通货膨胀率大，以达到保值目的。

■ 本章小结

国际企业的内部资金调度既是其实现全球经营战略的重要手段，又是其规避风险、获取回报的有效途径。这种国际资金调度的渠道主要包括股权投资与股利支付，内部贷款，特许权使用费、服务费和管理费的支付，内部商品交易和货款结算，对冻结资金进行有效管理。

国际企业资金调度的动机是在全球范围内有效配置资源、规避管制风险、获取套利机会，从而实现全球经营战略目标。因此，根据各成员企业的资金需求，有效配置资金是国际企业内部资金调度的出发点和基本原则。各国政治、经济、法律、文化背景的巨大差异及其他复杂多变的因素，使国际企业内部资金的自由调度受到了一定的限制。

这就必然涉及国际企业资金调度的基本政策，包括合理设置现金管理中心、合理安排股利汇付、合理安排特许权使用费及其他费用的支付等一般性政策，以及对高度通货膨胀国家和货币趋于升值国家实施的政策等。

对外直接投资即股权投资是跨国经营活动的起点，股权投资包括母公司直接对子公司的投资和子公司之间的相互投资。而作为投资报酬的股利则由子公司流回母公司（或子公司）。

在确定适当的股利水平时，国际企业应考虑许多因素，主要包括：子公司和母公司对资金的相对需求；当地货币的汇率走势；股利对公司全球税收战略的影响；当地政府当局对股利支付水平的短期与长期姿态及其设置的法律限制。国际企业在确定子公司股利支付策略时可以采用不同的方法，在对各海外子公司制定股利分配策略时，应充分考虑它们各自的具体情况。

当境外子公司资本抽回和股利汇出受到子公司所在东道国的限制时，母公司向子公司提供贷款就成为母公司向子公司提供资金的主要形式。母公司与子公司之间及子公司相互之间借贷款项除了资金融通的目的以外，主要是有意识地利用各子公司东道国外汇制度、税收制度的差别转移资金，达到逃避外汇管制或在税负上避重就轻的目的。内部贷款的方式包括直接贷款、背对背贷款、平行贷款及前向贷款。

国际企业的内部贸易主要包括特许权使用费、服务费和管理费的支付及内部商品交易和货款结算。特许权使用费、服务费和管理费的支付也是国际企业资金转移的基本方式。国际企业的母公司为了维护其向各子公司收取特许权费、服务费和管理费的权利，一般要事先制定许可证合同。在许可证合同中对一些问题必须做出详细规定。内部商品交易和货款结算主要运用提前或推迟结算、账面冲销技术等方法。

当一国政府遇到外汇短缺又不能通过借债或吸引外国投资来获得资金时，它往往会限制外汇从该国流出，受危害最大的往往是外资企业。国际企业可以分投资之前、投资期内、对确实不能转移出的资金进行再投资三个阶段应对资金被冻结的风险。转移冻结资金的方法可以利用内部转移价格，特许权使用费、服务费和管理费的支付，提前与推迟结算，背对背贷款和平行贷款等。此外，还有对当地子公司和东道国都有利的一种方法是创造不相关的出口活动及创造新出口机会，与创造新出口效果相同的是积极利用当地的服务。

国际转移定价是国际企业集团独有的一种国际资金调度方式，是实现集团全球战略目标的重要工具，企业集团可以利用转移价格最大限度地减少税赋和风险，从而增加整个集团的利润总额，实现其全球战略目标。转移定价的作用发生在有形财产的销售、无形财产的转让、服务提供、金融交易等领域。国际企业集团转移定价的财务功能主要有资金优化配置、国际避税、调节集团利润、规避管制和分散风险等。同时国际转移定价的运用也受到了内部因素和外部因素很大的制约。因此，国际企业集团如何确定其国际转移定价是一个系统工程，国际企业集团只有按其总的财务战略抉择，才能利用国际转移定价谋取尽可能大的收益。

➤复习思考题

一、概念题

　　直接贷款　背对背贷款　平行贷款　特许权使用费　股利汇付　内部贷款　内部贸易　冻结资金

二、简答题

　　1. 简述国际企业资金调度的动机。

　　2. 简述国际企业资金调度的原则。

　　3. 简述国际企业应对资金冻结的管理措施。

　　4. 跨国公司在确定境外子公司分配策略时应考虑的因素有哪些？

　　5. 简述转移冻结资金的方法。

　　6. 简述国际企业内部资金流动的形式。

三、论述题

　　1. 阐述国际企业资金调度的基本政策。

　　2. 分析国际企业采用股权投资和股利汇付的资金调度方法应考虑的因素。

　　3. 说明国际企业进行内部贷款的原因及方式。

　　4. 说明国际企业内部贸易的种类。

　　5. 阐述限制国际企业资金调度的因素。

　　6. 跨国公司如何运用提前付款和推迟付款方法帮助需要资金的子公司？

　　7. 母公司向子公司提供贷款的原因有哪些？

　　8. 跨国公司内部的资金转移受到有关国家限制时可以采用哪些办法防范或避免？

四、计算题

　　A 国 M 公司考虑向其在 B 国的分公司贷款 50 万 A 元，同时，B 国 T 公司也准备向其在 A 国的分公司提供一笔相同金额的中期贷款。双方由一家投资银行有效搓合一笔背对背贷款。M 公司给 T 公司在 A 国的分公司提供 50 万 A 元的贷款，其期限为 4 年，利息率为 13%，本金和利息在第 4 年末一次性偿还，按年复利计算利息。T 公司给 M 公司在 B 国的分公司提供 7000 万 B 元的贷款，期限为 4 年，利息率为 10%，按年复利计算利息。本金和利息也在期末偿还。当前汇率为 1A 元=140B 元，预计未来 4 年中 1A 元每年要贬值 5B 元。

　　要求：

　　（1）如果预期正确的话，计算 M 公司在 B 国的分公司在第 4 年末需要向 T 公司支付的本金和利息。

　　（2）第 4 年末，计算 M 公司将从给 T 公司在 A 国的分公司贷款中得到的 A 元本金和利息的总值。

（3）该背对背贷款协议对哪一方有利？如果 B 元价值不变的话，情况又如何？

案 例 分 析

案例一 海尔集团外汇资金集中管理

海尔集团公司于 2004 年开始实行外汇资金集中管理，取得显著效果。

海尔集团以财务公司（资金结算中心）整合集团内部外汇资源，建立集团内部动态的汇率成本控制体系，建立集团统一的资金与外汇风险管理平台，实现了对外汇交易和融资风险的集团内部风险预警及外汇敞口风险损失的持续降低。截至目前，海尔集团该项目实现内部对冲交易 20 余亿美元，节约汇兑成本逾 5000 万元人民币，累计为集团外币资产规避汇率损失达数亿元人民币。

海尔集团通过资金整合，扩大了集团资金规模，累计增加集团外部收入近 6000 万元人民币。通过置换外部融资，为集团累计节约外部融资成本 7000 余万元人民币，累计实现各项收益 1.3 亿元人民币，增强了集团的国际竞争力。

海尔集团实行全面管理，提升了资金管理水平，实现了资源最优配置。目前，海尔集团财务公司通过积极与金融机构合作，为海外公司的应收账款风险管理、库存管理等提供了综合的金融解决方案。2017 年，集团境外营运资金需求约 2.1 亿美元，综合资金需求约 4 亿美元，如全部实施，2017 年可为集团节约外部融资成本约 800 万美元。

海尔集团内外兼顾，运用境外放款提高抵御危机能力。金融危机对海尔集团欧美地区的产业发展产生了较大影响，为缓冲金融危机对集团实业的冲击，集团财务公司以外汇局核定的 5 亿美元跨境放款额度为政策支持，为集团旗下负责欧洲市场开拓的 Haier Europe Trading S. R. L 提供了 5000 万美元的境外放款，为该公司 2009 年实现 30% 的业绩增长计划提供坚实保障。金融危机以来，跨国公司面临着巨大的资金压力，海尔集团公司为适应新的形势，在外汇资金集中管理方面采取了一些新的措施办法。

（1）海尔集团统一收付外汇。海尔集团过去实行"谁出口、谁收汇，谁进口、谁付汇"的收付汇模式，这不仅增加了外汇资金流动的中间环节，还影响了资金集中管理的总体效果。为最大限度地降低成本，海尔集团提出采用"先集中、后落地"的集中收付汇模式，即货物在各子公司与客户间直接流动，而资金则通过集团的财务中心统一结算。这有利于进一步压缩资金的在途时间，提高集团资金使用效率，以实现资金集中管理的效益最大化。

（2）海尔集团内部成员公司之间业务往来频繁，实现了外汇资金的轧差净额结算，可以避免不必要的货币转换，降低汇兑成本。

（3）根据需要，海尔集团允许将经常项下的外汇收入直接留存境外子公司用于投资或资金的周转，以减少企业资金的汇入汇出成本，还允许境外成员单位间直接调拨资金，以调剂资金余缺，避免从外部借款。

（4）银企合作以本外币对价交易实现内部结售汇。外汇指定银行在充分了解集团公司需求的基础上，对企业集团内部成员间进行的结售汇业务给予优惠价位，特别是成对的结汇、售汇都以中间价计算，银行以收取结售汇手续费而非赚取结售汇差价方式实现企业集团内部本外币低成本转换。此举有利于以后稳定企业集团大客户，规避结售汇风险，促进银企共赢。

案例二　通用电器公司现金池

目前，通用电器公司（以下简称 GE）下属有 13 大集团，20 多项主营业务，在全球有 30 多万员工，在 156 个国家展开经营。

GE 与中国的联系源远流长。早在 1906 年，GE 就开始发展与中国的贸易，是当时在中国最活跃、最具影响力的外国公司之一。1908 年，GE 在沈阳建立了第一家灯泡厂。1934 年，GE 买下了慎昌洋行，开始在中国提供进口电气设备的安装和维修服务。1979年，在改革开放之初，GE 就与中国重新建立了贸易关系，并开设了驻京办事处。1991年，GE 第一家合资企业航卫通用电气医疗系统有限公司在北京成立。

一百年来，GE 不断通过自身业务整合与转型来适应市场的变化。目前，GE 所有业务部门都已经在中国开展业务，拥有 22 000 多名员工，在全国 40 多个城市建有 7 个研发中心、60 多个实验室、30 多家制造基地和 34 家合资企业。2015 年，GE 在中国的订单量达到 81 亿美元。

多年来，GE 已向中国市场提供了 200 多台燃气轮机、180 多台蒸汽轮机、1300 多台风机和 150 多台压缩机组。此外，GE 已同超过 100 家中国工程总承包（Engineering Procurement Construction，EPC）企业位于 65 个国家的海外项目上开展合作。

2005 年 8 月，国家外汇管理局批复了 GE 通过招标确定招商银行实施在华的美元现金池（Cash Pooling）业务。GE 目前在全球各地共有 82 个现金池，此次招标是 GE 第一次在中国运用现金池对美元资金进行管理。所谓现金池管理是以一种账户余额集中的形式来实现资金的集中管理。这种形式主要用于利息需要对冲，但账户余额仍必须分开的情况。

GE 在中国的投资是从 1979 年开始的。截止 2016 年已经投资设立了 40 多个经营实体，员工人数 23 000 余人，有多个合资企业生产线，投资规模逾 15 亿美元。投资业务包括高新材料、消费及工业品、设备服务、商务融资、保险、能源、基础设施、交通运输、医疗、美国全国广播公司（National Broadcasting Company，NBC）环球业务和消费者金融等十多项产业或部门。GE 在中国的销售额从 2001 年的 10 亿美元增长到 2016 年的 80 亿美元。随着业务的扩张，各成员公司的现金的集中管理问题由于跨地区、跨行业的原因显现出来。在 GE 现金池投入使用之前，GE 的 40 家子公司在外汇资金的使用上都是单兵作战，有些公司在银行存款有些则向银行贷款从而影响资金的使用效率。只有其人民币业务在 2002 年实现了集中控制，人民币的集中管理也是通过现金池业务的形式由中国建设银行实施的。GE 在中国的销售收入中绝大部分是美元资产而 2004 年以前我国外汇资金管理规定：两个企业不管是否存在股权关系，都不能以外币进行转账。这对于在华的跨国公司来说，即使子公司账上有钱母公司也不能拿，如此一来，GE 在中国的美元业务的集中管理就不能得以实现。直到 2004 年 10 月国家外汇管理局下发《关于跨国公司外汇资金内部运营管理有关问题的通知》，提出"跨国公司成员之间的拆放外汇资金，可通过委托贷款方式进行"。在这种情况下，GE 公司与招商银行合作，规避政策壁垒实现了跨国公司集团总部对下属公司的资金控制。另外，GE 的 40 个子公司的国际业务都是各自分别与各家银行谈判，一旦 GE 总部将外汇资金上收之后，各子公司的开证、贴现等国际业务将会统一到招商银行。

GE 公司在中国设立一个母公司账户，每个子公司在母公司账户底下设立子账户，并虚拟了各子公司有一个统一的透支额，在每天的下午 4 点钟银行系统自动对子公司账户进行扫描，并将子公司账户清零。即当子公司有透支时从集团现金池里划拨归还记作向集团的借款并支付利息，如果有结余则全部划到集团账户上记作集团的贷款向集团收取利息。例如，A 公司在银行享有 100 万美元的透支额度，到了下午 4 点钟系统计算机开始自动扫描，发现账上透支 80 万美元，于是从集团公司的现金池里划 80 万美元用于归还账户清零。倘若此前 A 公司未向集团公司现金池存钱，则记作向集团借款 80 万美元。而子公司如果账户有 100 万美元的资金盈余则划到现金池，记为向集团公司贷款。所有资金集中到集团公司后，显示的总金额为 20 万美元。这样一来通过子公司之间的内部计价，对各子公司而言，免去了与银行打交道的麻烦。对企业而言，节省了子公司各自存贷款产生的利差负担。究其本质，招商银行的 GE 美元现金池项目就是对委托贷款的灵活应用。双方合作中，银行是放款人，集团公司和其子公司是委托借款人和借款人，然后通过电子银行来实现一揽子委托贷款协议，使原来需要逐笔单笔办理的业务变成集约化的业务和流程，从而实现了整个集团外汇资金的统一营运和集中管理，同时方便了集团的资金调度。

国际企业转移价格

随着资本的国际间流动，全球经济一体化和跨国公司的发展，买卖双方或进出口双方分别处于不同国家，各个国家实行不同的所得税和进口税制，有不同的外汇管理条例和汇率动荡幅度，通货膨胀率也有高有低，各个公司所处的竞争环境也各不相同，再加上政治风险等因素，使得转移价格的高低必然会影响到整个公司系统的合并利润额。

转移价格的典型特征是"两头（购销）在外"和"高进低出"。一般的操作路径为，跨国公司在华子公司以高价从海外关联公司购买原材料，经过产品加工制造后再以低价出售给海外关联公司。这样做的好处是跨国公司在华子公司出现亏损，而利润则被转移到海外低税率的关联公司。

目前，在华跨国公司已经普遍采用转移价格，普华永道北京税务服务合伙人黄富成先生表示，包括世界五百强在内的跨国公司很多都采用转移价格方式进行税务筹划。根据中央财经大学刘桓教授的研究，60%～70%的国内跨国公司都程度不同地存在转移价格行为。

国际转移定价是国际企业集团独有的一种国际资金调度方式，是集团实现全球战略目标的重要工具，企业集团可以利用转移价格最大限度地减少税赋和风险，从而增加整个集团的利润总额，实现其全球战略目标。

■ 第一节　国际企业转移价格概述

一、国际转移价格概述

国际转移价格是跨国公司在整个公司系统内——母公司与子公司之间或各子公司之间转移货物或劳务时所采用的定价方法。科学确定国际转移价格是跨国公司开展国际化经营的客观需要，也是跨国公司同国内单一企业在财务管理上的明显区别之一。

转移定价是指企业集团内部机构之间或关联企业之间相互提供产品、劳务或财产（包括有形财产和无形财产）而进行的内部交易作价，通过转移定价所确定的价格称为转移价格。转移定价既可以发生在一国之内，也可以发生在国与国之间，后一种情况是指国际企业内部分设在两个国家但隶属同一法人企业的两个机构或同属一个公司集团的两家关联企业进行交易时的内部作价，这种发生在国际企业内部交易方面的转移定价被称为国际转移定价。中外学者一般都解释为：国际转移定价是国际企业集团内部母公司与子公司、子公司与子公司之间相互约定的出口和采购商品、劳务及技术时使用的一种价格。

转移定价并非根据国际市场上的供求情况制定，而是根据国际企业集团的全球战略和整体利益人为制定的，它反映了国际企业集团内部贸易在价格上的全部特征，是一种"非正常交易价格"。转移定价最初是作为国际企业集团总部对其下属单位业绩考核评估的一种手段，但随着国际企业的进一步发展，其下属单位自主权也日益扩大，从而需要运用转移定价策略来保证其资源在企业内最佳配置，以实现企业整体利益的最大化，并促使各利润中心有效经营。由于生产和资本国际化的步伐加快，国际市场的竞争更加激烈，国际企业集团为了在激烈的竞争中取胜，只能运用转移定价作为其实现全球战略的一种重要策略。

二、关联企业的含义

关联企业的定义在国际税收协定的《OECD 协定范本》和《UN 协定范本》中均给予了明确定义："当缔约国一方企业直接或间接参与缔约国另一方企业的管理、控制和资本，或者同一人直接和间接参与缔约国一方企业和缔约国另一方企业的管理、控制和资本，在上述任何一种情况下，两个企业之间的商业或财务关系不同于独立企业之间的联系。"概括地说，关联企业有三种类型：一是由管理和由此而来的控制关系而产生的关联企业，主要的关系形式是一个企业由另一个企业领导，或因购销、知识产权等原因受另一个企业支配或影响；二是由资本和由此而来的控制关系产生的关联企业，最典型的例子是母公司和子公司及子公司之间的关系；三是企业所有者之间存在家庭婚姻和血缘关系。

我国对关联企业有如下规定："有下列关系之一的公司、企业、其他经济组织：一是在资金、经营、购销等方面，存在直接或者间接的拥有或者控制关系；二是直接或者间接地同为第三者所拥有或者控制；三是其他在利益上相关联的关系。"一般来说，外商投资企业的总分支机构之间、母公司与子公司之间、同一个母公司的几个子公司之间都是相互关联的。

而所谓的"独立企业"之间的业务往来是指没有关联关系的企业之间，按照公平成交价格和营业常规所进行的业务往来。但是，独立企业之间业务往来的商品价格也会随着市场的变化在一定范围内波动，这就给纳税人进行税务筹划提供了可能。

三、国际转移价格的意义

制定合理的国际转移价格，是跨国公司经营战略的重要组成部分。跨国公司通过国际转移价格，可以获取跨国范围内最大限度的利润和取得更为广阔的国际经营空间，其现实意义具体表现在以下三个方面。

（一）减轻税负，增加盈利

关税是一个与跨国转移价格密切相关的重要因素，它会提高进口商品的价格。由于关税多为从价计征的比例税率，在其他因素不变的情况下，如果母公司或子公司向位于高关税国的子公司销售商品，则可以采用出口商品转移低价，以减轻关税税负；相反，如果向低关税国的子公司销售商品，则可以采用出口商品转移高价，从而获得收益。

跨国公司运用国际转移价格，可以规避公司所得税、预提税，减轻关税的不利影响，增加外国税收抵免额。在其他因素不变的情况下，因各国税则税率的不同，跨国公司可能利用转移价格人为地调低企业整体税负，以增加其整体利润。

然而，在没有签订税收条约的情况下，跨国公司应同时缴纳所得税和关税，而人为地调整国际转移价格对关税的影响与所得税的影响结果往往相反。因此，跨国公司在运用转移价格时必须全面衡量这两种税，比较其得失。从避税的角度分析，国际转移价格不仅适用于跨国公司内部的商品购销和无形资产的转让，还适用于内部贷款、租赁融资及管理费用分摊等事项。

（二）强化内部管理，增强总体竞争力

通过国际转移价格，可以强化跨国公司内部管理，提高某一子公司的利润份额，增加公司的整体竞争力。对于在国外新设的子公司，跨国公司除在资金等方面给予扶持外，往往还通过低价向子公司供应所需产品的形式予以扶持，从而使子公司树立较高的信誉，增强其竞争力。同样，对于在竞争中处境不佳的子公司，跨国公司也可以通过转移价格的方式使该子公司的盈利水平和财务状况得到人为改善，增强其竞争力，削弱竞争对手的地位。反之，如果一家子公司在当地获取较高利润，易于引起所在国反感时，跨国公司又可利用转移高价，使之保持适度的利润水平。

一般来说，跨国公司运用转移价格策略调节子公司利润，主要有三个目的：一是使子公司账面上显示出适当的利润率，从而提高该公司的信誉，使其在当地市场上能获得更多的融资机会和商业机会；二是在跨国公司与东道国产生利益冲突和矛盾之前，通过降低子公司的盈利水平，避免东道国的反感；三是通过转移价格规避高额利润成为工资上升和其他福利开支增加的诱因，减轻来自劳工方面的压力。

（三）实现资金的流动与转移，规避或降低各种限制与风险

许多国家政府为了改善其国际收支状况避免外汇流失，实行外汇管制。对此，跨国公司也可以通过转移价格来规避各种限制。为了尽量减少企业遭受东道国政府剥夺其财产的风险，跨国公司常常将子公司进口产品转移价格调高，借以转移子公司的资金；或将子公司出口的产品转移价格调低，借以转移子公司的存货。

跨国公司可以采取转移高价向子公司提供产品或劳务，将该子公司的资金转移到母公司或其他子公司；可利用高额贷款，将子公司的资金以支付利息方式调出，以避免东道国的资金管制。世界性的通货膨胀使企业货币性资产的购买力下降，为了减少这种损失，跨国公司往往以转移高价的方式向子公司提供商品和劳务，或以转移低价的方式获取子公司的商品和劳务，提前或延缓这些资金的转移，以避免货币购买力的下降和外汇风险。

四、国际转移价格的种类

国际转移价格涉及跨国公司经营活动的各个方面，按照不同的经济活动内容，转移价格主要有以下几类。

（一）货物的转移定价

货物包括各种原材料、燃料、低值易耗品、零部件、半成品及产成品等。跨国公司通过货物的内部转移定价，可以直接影响各关联企业的经营成本，从而实现利润的国际转移。

（二）劳务的转移定价

劳务涉及的范围较广，如运输、加工、修理修配、设计、广告、咨询、业务中介等。这些劳务的提供都存在一个收费问题，收费的标准就是劳务的转移定价。当跨国公司或关联一方所在国所得税率较低时，若以较高的价格向所在国所得税较高的关联另一方提供这些劳务时，就可以通过两国之间税负的差异以减少跨国公司整体应纳所得税额。

（三）贷款利息的转移定价

贷款利息的转移定价主要是通过利率来体现的。在贷款金额一定的情况下，贷款方的利息收入和借款方的利息支出大小是由利率的高低决定的。跨国公司既可以将其本身及关联企业的闲置资金通过高于或低于市场的利率在关联企业内部相互提供，以实现关联企业间的利润调节，又可以将从金融机构或无关联企业取得的借款通过高于或低于取得贷款所规定的利率在关联企业之间转贷，以影响关联企业的成本和利润。

（四）无形资产的转移定价

对跨国公司来讲，无形资产的转移价格主要是指提供专利或专有技术的特许权使用费。与货物、劳务和贷款相比，特许权使用费用没有可比较的市场价格，定价具有随意性。因此跨国公司可以人为地提高或降低特许权使用费标准，以影响关联各方费用与收入的增减。在许多情况下，跨国公司还可以将特许权使用费的支付或收取隐藏在商品或劳务的价格中进行。

（五）租赁财产的转移定价

租赁财产主要是指房屋、机器、设备等固定资产。跨国公司利用租赁方式，可以在集团内将一个企业购入的固定资产转移给另一个企业，并可以跨国租赁为媒介把所得资产从高税国转到低税国。

五、国际转移价格的确定方法

尽管转移价格是国际企业实现其全球战略及财务目标的重要手段，但这并不意味着国际企业可随心所欲地确定或调整内部转移价格。因为就外部而言，转移价格必须为东道国所接受；就内部而言，转移价格应当为国际企业各下属企业所接受，同时也应当有利于企业内部业绩的核定与评估，以促进各下属企业的有效经营。转移价格涉及的对象分为有形资产和无形资产，对于有形资产的转移定价，现在国际上通行的方法有四种。

（一）以市价为基础的定价方法

该方法是国际企业内部转移产品时以该产品的外部市场价格作为企业内部转移价格基础的一种方法。而这种外部市场价格主要是指国际企业与不相关集团进行交易或不相关集团之间进行同种交易时所使用的成交价格。但是最后的内部销售价格要从市价中间取一个固定比率的折让，给购买单位留下获利的余地。

该方法的优点在于：人为因素小、公平性大，易于被东道国政府所接受；采用该方法定价时将各子公司视为独立经营的企业，因此能够较客观地评价各子公司的经营业绩，有利于资源的有效配置；由此确定的子公司收益较为真实，从而有利于经营业绩的考评。目前，许多国家都倾向于使用这种定价方法。现在，经济合作与发展组织（Organization for Economic Co-operation，OECD）也倾向于使用这种定价方法来处理有关的双边税务问题。该方法的局限性在于：实际工作中，由于真正能准确反映市场供需关系的市场价格是不存在的，这就使该方法失去了基础，因为交易是在国际企业内部进行，即使存在这样的市场，也很少是具有完全竞争性的，从而在现实中转变为以市价为基础的协商价格。此外，这种定价方法，也有可能导致对成本数据搜集工作的忽视。

（二）以成本为基础的定价方法

以成本为基础的定价方法，其转移价格是以企业销售方的实际成本、标准成本或预算成本为基础，加上一个固定比率的毛利来确定的。这种定价方法被用来降低以中间产品成本为目的的纵向一体化战略。以成本为基础的定价方法中的成本可以是边际成本、作业成本或完全成本。

该方法的优点在于：各公司的成本资料容易搜集，简便易行；有助于各公司重视成本管理和成本数据的搜集，并且可以避免在制定转移价格时的人为判断，有利于国际企业内部间的相互协作；有助于避免由主观判断所形成的内部摩擦和外部指责。该方法的局限性在于：成本具有很大的人为性；难以正确反映买方子公司的经营成果，不利于资源的最优配置和生产效率的提高；各国所确定的成本，其具体内容和范围不尽相同，其成本也缺乏可比性；不利于实现企业的分权化经营。

（三）交易自主的定价方法

在交易自主的定价方法下每个子公司都被看成是一个独立经营的企业，转移价格由它们自主确定。由于交易不是受托的而是自愿的，故转移价格决定着买方子公司对内部资源或外部资源的选择及内部资源是否愿意内销。各子公司同属国际企业，因此，在交易自主的前提下，买卖双方可以通过协商来确定双方都能接受的国际转移价格。这就是协商定价，它也是一种交易自主定价。

这种方法的优点在于：保证了各利润中心的独立性，激励利润中心的经营人员控制成本，提高经营绩效；有利于企业的分权化经营；有利于进行下属企业业绩考评和奖惩。但是有以下缺陷：协商会花费管理层的宝贵时间，可能造成部门之间的矛盾，使其对部门获利能力的评价受管理层协商技巧的影响；不利于实现企业全球战略目标和整体利益最大化。

（四）双重定价法

双重定价法是指国际企业内部转移产品时对买方子公司采取以完全成本为基础的定价方法，对卖方子公司则采取以市场价格为基础的定价方法。双重定价法不会产生在完全成本定价方法下，卖方子公司既作为成本中心，又作为利润中心的矛盾。因为双重定价法与以成本为基础的定价方法不同，买方子公司无需对进入最终产品的中间产品赚取的全部利润负责；也与以市场价格为基础的定价方法不同，销售利润中心不需对内部交易的中间产品的全部盈利负责。双重定价法不以任何方式改变各子公司的职权，却减少了它们的责任。

双重定价法的缺点也显而易见。首先，在计算整个集团的利润时，各子公司之间重复计算的利润都会被注销，该方法可能导致各子公司的利润之和超过整个集团的利润之和，有时甚至出现买方子公司和卖方子公司都有利润而整个集团却出现亏损的现象；其次，双重定价法以优厚的条件刺激卖方子公司进行大量的内部销售（尤其是在经济不景气，外部销售比较困难时），同时买方子公司也能以成本价格获得产品，因此，降低了买卖双方的子公司在外部市场进行交易的兴趣，从而降低了整个集团的获利能力。

跨国公司国际转移价格是一个较为复杂的理论与实际问题。方法的选用必须同公司的组织形式、公司规模、公司经营环境及战略目标结合起来，确定以某一种定价方法为主，并辅之以其他定价方法。能否科学合理地确定恰当的国际转移价格，是影响跨国公司收益高低的重要因素，国际转移定价策略自然就成为公司的秘密。大多数公司都强调运用一种灵活的转移定价政策。在实践中，灵活性意味着按照各国税法和海关相关规定，具体情况灵活处理。在确定国际转移价格时，以下五个方面的因素应当重点考虑：子公司所在东道国的内部环境（竞争和市场条件）；对现金流动的影响（鼓励出口政策、外汇管制、汇率浮动和对现金流动的管理等）；人为障碍（关税、外汇管制、价格控制和进口限额）；税收（国内和国外的各种税收）；经济结构（本国对出口的鼓励措施及国外的经济条件）。

■ 第二节   转移定价的作用领域和实施的条件

一、转移定价的作用领域

国际企业的转移定价发生在有形资产的销售、无形资产的转让、服务提供、金融交易等领域。

有形资产是指一切物质性的有用的东西，通常也称为货物。从商业角度，主要包含三大类，即原材料、半成品和产成品（包括其设备和生产线）。关联企业之间货物销售的转移定价，主要就是指货物销售、原材料提供、半成品和产成品转移时不按正常公开公平的市场价格支付或收取货款。

无形资产是不具有物质实体却能使拥有者在生产经营中长期受益的非流动性资产，包括知识产权、行为权力和公共关系三大类。在关联企业之间的无形资产转让一般会发生四种情况：其一是收取正常报酬的转让；其二是免费赠与；其三是授予许可证并收取特许权使用费；其四是授予许可证但免于收取特许权使用费。显然第二种和第四种情况都属于非市场最佳行为，是一种转移定价行为。但这两种情况由于比较明显，税务当局也容易核查调整，往往不太普遍。比较普遍的现象是第三种。关联企业之间收取特许权使用费，如果低于或高于市场公开公平价格，则是比较典型的转移定价行为。

服务提供也是关联企业间进行转移定价的重要领域。国际关联企业间的服务提供主要有四个方面的内容：其一是日常服务的提供，如提供会计、法律服务，一般要根据服务的成本再加上合理比例的利润来决定报酬的收取或支付，否则就出现转移定价问题。其二是与无形资产转让相关的技术协助。其三本质上也是属于技术协助，但与无形资产无关，如提供生产和质量控制方面的技术协助。在后两种情况下，如果企业不按照市场公开公平的作价标准来收取或支付报酬，就会产生转移定价的问题。其四是管理性的服务，最典型的例子是公司总部派遣雇员到外国分支机构，管理新的设备和训练当地员工，在该雇员报酬支付标准和在何地入账的问题上，公司会做出有利于其整体利益的安排，不一定按市场规律办理，这就产生了转移定价问题。

金融也是国际企业常进行转移定价的领域。金融领域的转移定价主要表现在以下三个方面：第一方面是在贷款的利息率确定上，关联企业之间提供贷款的利息率如果与同样条件下市场利息率有差距，不论是过高还是过低，都会被视为转移定价；第二方面是资本弱化，在企业资本结构中减少自有资本的数量而增加贷款的数量，从而获得增加利息扣除的结果，资本弱化也被视为转移定价的一种形式；第三方面表现在短期资本需要的融资上。关联企业之间的短期资本融资一般存在三种形式：第一种形式是货款的延期支付，如果延期支付的时间超过商务惯例上的合理期限，则视为商业信用，相当于销售方向进货方提供贷款，应按市场利息率支付利息，否则就存在转移定价；第二种形式与第一种正好相反，就是由供货方向其有关联的分销商提供短期资本，供进货周转之需，是否存在转移定价问题，要看是否按市场正常利息率收取利息；第三种形式是由总公司或母公司担保，由第三人提供贷款，是否有转移定价的行为，要看下一级公司是否正常地向上一级公司支付涉及的担保费用。

二、实施转移定价的条件

从国际企业的主观战略意图上讲，它的税负策略，就是通过各种途径尽力减轻整个集团的总体税负。而客观存在的各国税负的差异恰恰是国际企业形成转移定价的土壤。各国政治制度的不同，决定了各国税负政策、税收制度、税种、税收征收管理水平的差异。再加上多个独立的价格市场存在，当国际企业所面对的不是单一的价格市场，而是几个或数十个相互具有独立性且价格需求弹性不同的价格市场，国际企业可以利用相互分割的价格市场，利用需求弹性的差异，借助不同国家实施差别定价，以增加国际企业的整体利润。

（一）实施转移定价面临的诸多压力

1. 成本的压力

国际企业实行转移定价时，要么在内部成立一个机构专门负责转移价格的制定、实施与审计，要么在避税地另设一个金融公司。这些机构的设置与运营都需要一定的费用支出，只有当利用转移价格规避税负所带来的利润大于专门负责转移价格机构的费用支出、应付各国税务部门的烦琐检查及迎合当地税务法律的合理支出，设立专门机构才有意义。对于国际企业的转移价格的审核，发达国家有一整套的规则来审核国际企业。而对于刚刚迈出国门的发展中国家的国际企业，这些烦琐的规则，绝对是这些国际企业的进入壁垒之一。实际上，由于惯性的影响，不论国际企业有没有实施转移价格，都会遭受东道国税务部门的稽查。

2. 来自不同地区股东的压力

股东们看重的是公司的业绩，即公司的利润。若东道国法律许可，会出现子公司在东道国上市。此时，母公司股东与子公司的股东利益可能会发生冲突。子公司的股东会要求子公司董事会向母公司施加压力，以使母公司在实施转移价格时有利于子公司，提高子公司的利润，至少不能使子公司利益受损。如果每个子公司都向母公司施加压力，母公司在制定转移价格时可能背离了原来的目的，而是依据子公司力量的强大与否来实施转移价格。

3. 来自区域经理的压力

同样，处于各国的子公司经理的收入与当地企业的经营利润有关，经营利润大，经理们收入也就高，同时也越受当地员工的爱戴。各区域经理总是倾向与总部讨价还价，要求总部制定有利于自己公司的转移价格。而且，由于各区域经理们自我膨胀心理的驱使，他们总是不遗余力地扩大企业规模以提高自己的身价，这样他们也会要求总部制定转移价格时，要充分考虑他们所在子公司的成长。

4. 来自当地知识员工的压力

如果一个子公司所获利润多，母公司会利用转移价格减少公司利润，以应付员工要求涨薪的压力。如果转移价格运用的不恰当，很容易激起当地员工不满的情绪。现代企业的竞争不仅表现在产品和服务上，更多地表现在人力资本的拥有上，但人力资源作为一个特定的生产要素，在很长一段时间里被人忽视。在知识经济社会里，人力资源将与其他的生产要素一样，在生产函数中发挥着重要的作用。在人才争夺的世界里，由于知识员工的稀缺性及劳动力市场的自由流动，稀缺的知识员工很容易由于情绪的不满而出走，加入到别的竞争公司，这会给原来的公司带来巨大损失，因为知识员工带走的通常是该公司保持竞争优势的核心技术。即便有保护专利和商业秘密的法律法规约束，知识员工的出走仍会严重削弱公司的研发能力，进而影响到公司的市场竞争地位和垄断优势。

（二）国际转移定价实施的外部条件

国际企业的转移定价涉及更多国家或地区时，情况会更加复杂。国际企业在实际运用转移价格中，还会受到一些其他因素的限制。具体来说，主要有以下几方面：由于各利润中心都有各自独立的利益，而内部转移价格是一种非公平交易价格，由此会滋生出各种不满情绪，从而对公司业绩产生短期或长期的消极影响；国外子公司采取合资经营时，母公司往往就有通过转移定价转入利润的动机，这种动机一旦转为行动，则会损害国外合资子公司的利益，即使母公司一方的投资企业对此不加反对，东道国一方的投资者也会加以限制，因为合资子公司已跨越了跨国公司的内部经营范围；由于转移价格策略的实施，往往会引起有关国家间的利益冲突，因此有的国家政府为了防止跨国公司避税，采用局外价格的原则来检查、监督转移定价。不仅如此，东道国政府也可能采取"比较定价"的原则监督转移定价。

国际企业的内部交易关系并不是行政命令关系，它同样是一个市场，一个具有共同目标的内部市场，价格仍然是资源配置的主要机制。转移定价的优势正在于它能够通过集团的自主行为，保证资源在内部的最佳配置，实现企业集团整体利益的最大化。这一作用与集团要求的税务筹划目标相符，也就意味着不必在设计税务筹划战略时刻意考虑与其他经营管理战略的协调。转移定价在国际企业管理中的功能不仅限于税务筹划，它还有许多重要意义，如人为改善子公司的盈利水平和财务状况，增强其竞争能力或保持适度利润水平，避免东道国的反感和工会的压力；转移资金，避免货币购买力的损失和外汇风险等。功能越多，意味着在确定转让价格时应考虑的因素越多，如表9-1所示。

表 9-1　跨国企业集团实施转移定价的外部环境条件

促使母公司以转移高价向子公司提供产品、子公司以转移低价向母公司提供产品的东道国因素	促使母公司以转移低价向子公司提供产品、子公司以转移高价向母公司提供产品的东道国因素
1. 存在当地合伙人	1. 从价关税率较高
2. 子公司劳工要求分享更多公司利润	2. 税率平均水平比母国低
3. 存在国有化或没收的政治风险	3. 东道国市场竞争激烈
4. 存在外汇管制和利润汇出障碍	4. 当地融资的难易取决于子公司的信用等级
5. 政治动荡	5. 子公司的进出口额决定出口补贴和退税幅度
6. 存在货币贬值风险	6. 东道国通货膨胀率低于母国
7. 政府以成本为基础对最终产品价格实行管制	7. 东道国存在进口配额
8. 子公司的高利润可能吸引竞争者的进入	8. 东道国存在针对最终产品的反倾销法

资料来源：何自力. 2015. 跨国公司经营与管理. 天津：南开大学出版社

可见，在制定转移定价战略时，国际企业应关注战略实施的各种有利因素和限制条件，协调各种职能的平衡，不能仅注重税收问题而顾此失彼，还要承担一定的机会成本。同时，尽管各国税务当局对转让价格特别关注且保留调整的权利，但毕竟它是国际企业集团内部战略管理的权利，而且往往没有外部市场作为可比对象，税务当局调整时也不得不考虑国际企业给予的说明与解释，所以，国际企业转移定价有较大的运作空间。当然，这一空间的大小还有赖于税收征纳双方对这一问题的进一步协调和认同，因为，全球财税当局一个常见的观点就是税收最优化永远是转移定价政策背后的驱动器。

第三节 转移定价的财务功能

国际企业转移定价的财务功能主要有以下几方面。

一、资金优化配置

由于国际企业的规模不断扩大并实施多元化经营战略,产生了与所拥有的有限资本资源之间的矛盾。集团的最高决策者必须从最经济的角度思考资金在全球的优化配置,以期提高集团的资金应对能力。转移定价是国际企业实现内部各成员公司间统筹调度资金的途径之一。

国际企业对外进行直接投资,总希望能够自行控制资金的调拨与配置。然而,东道国(特别是发展中国家)往往对当地子公司的资金向国外转移施加某些限制,如对利润汇回的限制和外汇管制等。在东道国的非常时期,资金还有被冻结的可能。母公司如果想把资金从一个国家中转移出去,就可以用较高的价格向该国子公司出售货物或劳务等,从而绕过这些限制。反之,如果母公司想向某国转移资金,它就可以用较低的价格向该国子公司出售货物或劳务等。同样,资金配置的这种方式还可以通过调节子公司出售给母公司的产品的价格及子公司之间的交易价格来实现。

【例9-1】 罗斯曼公司是一家总部位于美国的跨国公司,美国的母公司负责生产,然后把产成品转移给海外的销售子公司。已知母公司与销售子公司所在国的所得税税率均为40%,产品的单位变动成本为3000美元,销售子公司对外销售单价为6000美元。有两种转移定价策略可供选择:一种是低价出售策略,转移价格为每单位4000美元;另一种是高价出售策略,转移价格为每单位4800美元。表9-2列示了两种转移价格策略下的不同结果(假设只出售1单位产品)。

表9-2 两种不同的转移价格策略对资金流动的影响 单位:美元

项目	母公司	销售子公司	合并结果
低价出售策略			
销售收入	4000	6000	6000
减:销售成本	3000	4000	3000
毛利	1000	2000	3000
减:营业费用	400	400	800
应税收益	600	1600	2200
减:所得税(40%)	240	640	880
净利润	360	960	1320
高价出售策略			
销售收入	4800	6000	6000

续表

项目	母公司	销售子公司	合并结果
减：销售成本	3000	4800	3000
毛利	1800	1200	3000
减：营业费用	400	400	800
应税收益	1400	800	2200
减：所得税（40%）	560	320	880
净利润	840	480	1320

　　从表 9-2 可以看到，在两种转移定价策略下，全公司的毛利率均为 3000 美元，应税收益均为 2200 美元，净利润均为 1320 美元。但是，在低价出售策略下，销售子公司向母公司支付 4000 美元；在高价出售策略下，销售子公司向母公司多支付 800 美元。由此可见，如果国际企业想把资金留在销售子公司所在国，就应采取低价出售策略；如果国际企业集团想把资金留在母公司，就应采取高价出售策略。

　　价格变化了，资金流动量和流动方向也会发生变化。转移定价的标价政策不同，资金转移的方向也随之改变，从而为国际企业内部资金的统筹调度提供了一种有效的手段。特别是东道国对子公司资本抽回实施种种限制时，国际企业可通过转移定价，提前抽回国外直接投资及利润或减少直接投资额，利用高息贷款方式向子公司提供资金，收取高额的利息，以此在短期内将资本调回本国。母公司所收取的高利息，实质上是分享了海外子公司的利润，这样便可规避东道国对资金调出的限制。因为一般来说，各国的外汇管制都不限制贷款和利息的汇出。生产科研及管理产生的费用需集中开支时，国际企业也可以采用国际转移定价的办法调拨公司内部各子公司的资本进行摊派。因为集团生产科研技术和管理集中于母公司，母公司的总支出数额大，母公司要求各子公司分担一定数额的费用，但东道国对此有不接受的倾向，故集团采取国际转移定价便于有效地把各子公司的费用调拨出来。国际转移定价还可以帮助集团通过抬高标价，把资金由低利国家转向高利国家，或者当某国外币市场出现投资良机时，将资金调往最有利可图的市场，实现转移资金，以求厚利的目的。

二、国际避税

　　国际企业运用转让价格的一个最重要目标是使其全球税负最低。降低税负是国际企业在制定转移价格时考虑的一个主要问题。国际企业希望利用转移价格尽可能地减少或逃避有关国家课征的税收。减轻各种税负，主要包括降低或规避所得税、减轻或消除关税负担、获取税收补贴或退税及减低或规避预提税四种。

（一）降低或规避所得税

　　转移价格的所得税效应主要取决于各国的税率差别，国际企业的子公司遍布在世界各地，各子公司要向东道国上缴所得税。各国和各地区的税法和税率不同，同样的利润总额在不同的所得税条件下所缴纳的税额不等。在其他因素不变的情况下，国际企业可以选择税率较低的国家和地区上缴所得税，此时上缴的所得税最少，从而降低了国际企业的全球所得税负。集团可以制定较低的国际转让价格（如降低售价和收费标准等），将高税率国家子公司的产品销售到低税率国家子公司，把一部分应该在高税率国家实现并缴纳的利润，转移到低税率国家。这样，就使得高税率国家子公司的利润较低，而低税率国家子公司的利润较高，从而降低了国际企业全球所得税负；反之，制定较高的国际转让价格，将低税率国家子公司的产品销售到高税率国家子公司，将利润转移到低税率国家子公司中。为降低所得税税负，国际企业还可在避税地设立象征性的分支机构，有计划地利用转移价格，将在各子公司的利润调入避税地，以逃避东道国的税收。

【例 9-2】　承例 9-1，假设美国的所得税税率为 25%，销售子公司所在国的所得税税率为 40%，其他条件不变。表 9-3 列示了两种转移价格下的不同结果。

表 9-3　两种不同的转移价格策略对所得税的影响　单位：美元

项目	母公司	销售子公司	合并结果
低价出售策略			
销售收入	4000	6000	6000
减：销售成本	3000	4000	3000
毛利	1000	2000	3000
减：营业费用	400	400	800
应税收益	600	1600	2200
减：所得税（25%，40%）	150	640	790
净利润	450	960	1410
高价出售策略			
销售收入	4800	6000	6000
减：销售成本	3000	4800	3000
毛利	1800	1200	3000
减：营业费用	400	400	800
应税收益	1400	800	2200
减：所得税（25%，40%）	350	320	670
净利润	1050	480	1530

从表 9-3 可以看出，在低价出售策略下，母公司和销售子公司分别应缴纳所得税 150 美元和 640 美元，合计为 790 美元；在高价出售策略下，母公司和销售子公司分别应缴纳所得税 350 美元和 320 美元，合计为 670 美元。如果有关政府对转移价格没有限制，接受国的税率高于母公司所在国税率时，罗斯曼公司应该采用高价出售策略。高价出售下的合并净利润比低价出售下的合并净利润高 120 美元。这是因为高价出售策略把 800 美元的应税收益从接受国转移到了输出国，后者的税率要比前者低 15 个

百分点。

　　但是，在实际过程中国际企业的内部贸易并非总是可以在存在显著税率差异国家的关联公司间进行，如果国际企业的内部贸易发生在两个税率相近（特别是高税率）的国家的关联公司之间，通常是通过一个避税地或低税国迂回进行，同样可使国际转移定价大显身手。设立"信箱公司"就是一种典型的方式。这种公司是指那些仅在所在国完成必要的注册登记手续、拥有法律所要求的组织形式的"皮包"公司。这种公司没有实质性经营活动，仅租用一间办公室或一张办公桌，甚至仅挂一面招牌，设有一个信箱。"信箱公司"一般都设在国际避税地。国际企业在将商品直运销售给另一国关联企业时，将账务处理为以低价出售商品给"信箱公司"，再由"信箱公司"以高价出售给另一国关联企业，这样就将利润转移至"信箱公司"，从而达到减少纳税的目的。在某种程度上，"信箱公司"成为国际企业海外利润的"储存器"，国际企业把利润存放在这里，以待日后进一步运筹。这样，既可以减轻东道国课征的税负又可以绕过母国对国际企业征收的差额税。

（二）减轻或消除关税负担

　　关税是流转税种的特殊形式，关税征收会提高商品销售价格。但因为关税多数采用从价计征的比例税率，即以进口价值额为基础，这就使国际转移定价在避税功能上得以大显身手。

　　由于从价关税的征收依据是进口货物的价格，所以国际企业在确定国际转移价格时要充分考虑到各国关税税率及关税政策之间的差异，力争减少国际企业整体支付的关税。具体做法有两种：一种是国际企业内部企业之间以调低的价格交易，减少缴纳关税的基数。这种传统意义上的规避关税方法在国际企业总体关税规避中所占比重很小。国际企业利用国际转移定价规避关税，主要是第二种做法，即利用区域性关税同盟或有关协定的某些优惠规定规避关税。例如，欧洲自由贸易区规定，商品如是在自由贸易区外生产的，由一成员国运往另一成员国时，必须缴纳关税。但如果该商品的价值50%以上是在自由贸易区内成员国中增值的，则在该自由贸易区内运销可免于缴纳关税。因此，如果中国一家国际企业要把一批半成品运往其设在瑞典的子公司，制成成品后欲在贸易区内销售，则可采用调低国际转让价格，人为压低半成品的销价，使其在瑞典制成成品后的价值50%以上是在瑞典增值的，这样该商品在运销到自由贸易区其他成员国时就可免交关税了。

　　【例9-3】　承例9-2，假设销售子公司所在国对进口商品征收5%的关税，其他条件不变。表9-4列示了两种转移价格下的不同结果。

表9-4　两种不同的转移价格策略对所得税、关税的影响　单位：美元

项目	母公司	销售子公司	合并结果
低价出售策略			
销售收入	4000	6000	6000
减：销售成本	3000	4000	3000
关税（5%）	—	200	200

续表

项目	母公司	销售子公司	合并结果
毛利	1000	1800	2800
减：营业费用	400	400	800
应税收益	600	1400	2000
减：所得税（25%，40%）	150	560	710
净利润	450	840	1290
高价出售策略			
销售收入	4800	6000	6000
减：销售成本	3000	4800	3000
关税（5%）	—	240	240
毛利	1800	960	2760
减：营业费用	400	400	800
应税收益	1400	560	1960
减：所得税（25%，40%）	350	224	574
净利润	1050	336	1386

  按照惯例，进口货物的公司必须缴纳进口关税。一般项目的进口税是从价征收的。转让价格越高，进口税负越大，反之，进口税负则越小。为降低关税，通常跨国公司向设在高税国家的子公司出口商品或劳务时，可以制定较低的转移价格，反之，则应制定较高的转移价格。但是，对于国际企业来说，不可能总是单一面对所得税或关税问题，而是要综合考虑进口方的关税和进出口双方所得税；同时，并不是所有国家都是具有较高的关税和较低的所得税税率，或者具有较低的关税和较高的所得税税率。事实上，关税因素的引入对所得税效应起一定的抵消作用。制定较低的转移价格，可以少缴关税，但又使得子公司进口商品成本较低，导致较高的所得税计税基础。如果制定较高的转移价格，虽可减少所得税的缴纳，但要多缴关税。可以看出，使用国际转移定价规避所得税和关税的财务效果正好相反，少缴纳进口关税就得多缴纳所得税。所以，国际企业在决策时要权衡两者的利弊得失，以免顾此失彼。

  在大部分国家中，关税与所得税制度是保持一致的，关税税额越大，所得税税率越低；反之则相反。因此，在制定转移定价战略时，要考虑到出口国和进口国内所得税和间接税预期支出的相互关系。选择相应策略的标准是唯一的，实现国际企业直接税和间接税总体税收负担的最小化。在选择正确的转移定价战略时，应该考虑到，要实现直接税和间接税的最小化可采用不同的方法：第一种情况，需要提高内部企业价格；第二种情况，需要降低内部企业价格。在这里，不同的战略目标互相掩盖。应该指出的是，在很多情况下，在计算子公司的应税所得时，关税可作为成本扣除，也就是说，即使在提高转让价格和相应的高关税情况下，关税的缴纳实际上将降低企业集团所得税的有效税率。

（三）获取税收补贴或退税

通过国际转移定价也可多得退税，减轻集团的纳税总额，许多国家为鼓励出口，增强本国产品在国际市场上的竞争能力，减少别国的经济优势，一般都减轻本国产品的国内税收负担，也是为了避免双重课税，往往对出口产品进行补贴和退税。补贴一般要受到制约，但出口退税是常规做法。避税额以出口货物的价值为基础，抬高出口商品的价值可以获得较多的退税。

（四）减低或规避预提税

按照国际惯例，世界各国对国际企业在本国境内取得的诸如股息、利息、租金、无形资产特许权使用费等征收预提税。一般对毛所得征税不作任何扣除，预提税率在10%～30%。国际企业可以把这些所得利用国际转移定价加以转化来规避预提税。子公司可以采取低价提供产品的办法将利润转移到母公司，代替利息、租金、股息或特许权使用费的支付或调整子公司分摊的总的管理成本费用支付，从而达到规避预提税征收的目的。当然，这种方式的国际转移定价有可能使国际企业的营业税等其他税负有所增加，国际企业应权衡损失合理运用。

三、调节国际企业利润

国际企业通过调高或调低转让价格，可以调节各子公司的利润水平。通过调低利润水平可以达到以下目的。

（1）子公司在当地获得较高利润，可能成为工资上升和其他福利开支增加的诱因，同时也易引起东道国政府的注意和反感，有可能导致强制国有化的不利后果。国际企业通过转移价格来提高子公司的生产成本，可以降低利润率，减轻子公司的压力。

（2）子公司利润水平过高，会导致更多的竞争对手进入同一市场，增加子公司的竞争压力。当地竞争对手越多，子公司就越容易与东道国政府产生利益冲突与矛盾。所以国际企业通过转移价格来转移子公司的利润，掩盖其真实盈利状况。

（3）在国际企业与当地企业的合资企业中，利润是根据各自的出资比例进行分配的，因而从国际企业的角度看，并非利润越多越好。国际企业会设法运用转移定价，尽量在分配前将利润转移到母公司或其他子公司，压低合资企业的利润，减少当地合资者的收益。因此，在合资企业中，转移价格往往是个非常敏感的问题，容易引发矛盾和对立情绪。

国际企业运用转移定价调高子公司利润，其主要目的：一是使子公司账面上体现出适当的利润率，从而支持该子公司的信誉，使其在东道国树立良好的形象，以便在当地市场上获得更多的贷款机会；二是对于在国外新设立的子公司，国际企业除在资金等方面给予资助外，往往还通过降低向子公司供应所需产品的价格对子公司予以扶持，从而使其树立较高的信誉，增强其竞争能力；三是对于在竞争中处境不利的子公司，国际企业也可以通过转移定价，使该子公司的盈利水平和财务状况得到人为改善，削弱国外竞争对手的相对地位。

国际企业通过调整转移定价可以取得如下的财务效果。

（1）控制子公司的财务状况，创造子公司生存条件。国际企业为了扶持在国外创建的子公司，使其在东道国站稳脚跟，可以利用较低的转移价格向子公司提供各种资源、劳务和技术，变相注入资金，增强其竞争能力。高作价从其子公司购买产品或低作价向子公司销售产品，必然使子公司的收入升高、成本下降，为其采取低价渗透式的营销策略提供较大的空间，有助于子公司参与国际竞争。当然，这种类似补贴性质的价格，可以随子公司在国外具有一定竞争能力后而逐步提高，乃至恢复到正常的转移定价。

但同时应当看到，出于这些目的性的转移定价策略，可能会引起子公司所在国政府采取反托拉斯行为，或者引起当地竞争对手的强烈不满和报复。而且，类似补贴性质的转移定价的制定策略会使子公司的管理人员缺少主动积极的工作精神，造成原来只是临时性的补贴由此成为永久性的支援，使子公司管理人员错误地认为这是必不可少的管理上的支持，与其初衷背道而驰。

（2）在国际企业开办的独资企业里，如果子公司账面的利润过高，就会引起东道国的监审，东道国政府可能要求重新谈判跨国公司进入的条件分享其利，或者强迫盈利过多的国际企业出售股权给当地投资者分享盈利。国际企业为避免重新谈判，通过国际转移定价的调转，把盈利悄悄转移到国外，只宣布较低的公司利润。由于惧怕某一国外子公司利润过高而导致更多的竞争对手进入同一市场，国际企业也会通过转移定价来降低利润的方法，掩盖其获利的真实情况。

（3）国际企业出于降低风险及利用一些国家鼓励发展合资企业优惠政策的考虑，与当地企业合资经营，但相对独资企业而言，国际企业在合资企业中运用转移定价的动力更大，这是因为设立合资企业，就意味着国际企业在当地的子公司所获得的所有利润都要在合作伙伴之间进行分配，为了独自享受更多的利润，国际企业可以利用转移定价，尽量在分配前将大部分利润转移到母公司或其他子公司，减少合资企业的总收入，甚至造成虚亏。而且合资企业的经营效益很好时，产生的高额利润也可能诱使在东道国产生新的竞争对手，为了避免这种情况的发生，转移定价可以帮助国际企业将当地子公司的部分利润转移出去，以掩盖当地子公司的真实利润，达到独占东道国高利润市场的目的。

（4）减轻薪酬压力。海外子公司的过高利润会引起东道国员工的不满，会要求公司增加工资和福利待遇。在民族倾向较重的情况下，还会影响职工的工作效率，甚至会有分享企业盈利的要求。例如，墨西哥规定，合资企业应从盈余中拨出10%用以改善职工生活。运用转移定价降低该子公司的账面利润可避免这些纠纷。

（5）便于就地融资。为扶持国外子公司的建立和发展，对新建的子公司，母公司除了向其融通资金外，还可利用转移定价以低价售予子公司商品及劳务，以高价从子公司买进商品，使该子公司显示出光明的前途和较高的利润率，这有助于树立子公司的良好形象，提高子公司资信水平，推高股票价格，使子公司易于在当地市场发行股票、债券或获取信贷。

（6）有益于对转产或停产子公司的处置。国际企业在国外的投资方向一般取决于该行业或产业的利润率。子公司生产经营的利润水平不高而且又缺乏发展潜力时，可以采取转移定价方法抽调资金，一方面加速失去发展潜力的子公司转产或破产；另一方面重新选择利润较高且发展潜力较大的行业和地区进行投资。例如，当子公司的产品处于衰退期时，可以采取各种形式的"高进低出"的转移价格来加速子公司的停产转移。

四、规避管制和分散风险

大多数国家对外国企业在本国的经营活动及外资的跨国流动都进行了严格的管理和控制，以限制不利于本国的行为。国际企业运用转移定价方法可以在一定程度上绕开这些限制。

（一）避开价格管制

目前，很多东道国政府为了维护本国市场价格的稳定及消费者的权益，维护民族工业的发展，加强对外国企业在本地区经济活动的管理，采用严格的价格管制政策，主要有"反倾销法"和限制商品的最高售价两种方法，以阻止外国企业产品在价格方面对国内市场的冲击。但国际企业仍可以利用转移定价方法以间接方式摆脱东道国的管制。国际企业可以采取较低的转移定价方法，将原料、设备等供给子公司，降低子公司的账面生产成本，使子公司仍能低价在东道国市场销售，同时又不被列入"倾销"名单加以处罚；相反，子公司销售的产品接近或到达商品最高限价时，国际企业可用较高的供应价格供给子公司原料等，收取较高的管理费和劳务费，增加子公司账面上的成本核算，迫使东道国管理当局做出一定程度的让步。有些国家不是根据产品在市场上所占的份额，而是根据产品的销售价格水平来判断是否存在垄断行为。国际企业可以采用转移定价方法来降低中间产品的价格，从而降低售价，避免垄断的嫌疑。

（二）避开外汇风险和外汇管制

因各种原因而频繁变动的国际汇率无疑增加了跨国经营的外汇风险。关于外汇汇率变动风险的避免，国际企业有不少手段和措施。其中，转移定价的使用比较普遍。在预计子公司所在东道国货币将要发生贬值、汇率将要下跌时，可以调高向其出口的转移价格，迅速撤回资金，还可以利用内部公司之间款项支付时间上的灵活性，由存在汇率风险的子公司提前支付各种应付款项（如资金使用利息、特许权使用费、贷款），同时其他公司拖延支付对该公司的应付款项，等待时机选择合适的汇率付款，从而减少汇率变动导致的损失或获取汇率的差价利益。当然，款项支付时间选择是否得当，需要建立在对汇率波动正确预测的基础上。

各国政府出于对本国利益的考虑，为了改善其国际收支状况，避免外汇流失，往往还实行外汇管制。很多国家对外国公司在该国取得利润的汇出份额做出了严格限制，或者对利润汇出征收较高的预提所得税。对此，国际企业也可以通过转移定价来避开各种限制。国际企业在国外投资所获得的收益，要通过其子公司以股利分配的方式支付给母公司。但东道国政府为了保持其外汇收支平衡，往往对外国公司收益的汇出在时间上和数量上实行种种限制，并课以收益汇出的预提税，这在一些长期外贸逆差、外汇短缺、国际收支不平衡的发展中国家尤为突出。在这种情况下，国际企业往往通过转移定价的调整有效回避东道国的外汇管制。如果东道国政府外汇管制过严或子公司保留利润过高时，母公司就会调高转移价格，以提高产品成本或其他费用支出，降低子公司的利润，将该子公司的资金转移到母公司或其他子公司，以便间接地回收利润。国际企业还可以利用高额贷款，将子公司的资金以支付利息方式转出，避免东道国的资金管制。

（三）降低通货膨胀风险

由于世界上不少国家不时受到严重的通货膨胀困扰，国际企业遍布世界各地的子公司也就不可避免地受到影响。而不同的国家一般会有不同的通货膨胀率，过高的通货膨胀率可以导致货币购买力大大下降，子公司的货币性资产因此不断受到蚕食。为减少损失，就必须让国际企业设在高通货膨胀率国家的子公司货币性资产保持最低限度，这时，就可以通过转移定价，将提供给子公司的商品与劳务费价格提高，或者将这些子公司所输出的商品与劳务价格降低，从而提前或延缓这笔资金的转移，避免货币购买力下降。

（四）减轻或避免政治风险

在政治局势不稳定的国家，跨国企业的正当权益往往得不到保障，面临财产被剥夺、企业被国有化的风险，导致国际企业及其下属公司的合法权益受到危害，甚至财产被没收，行动受到限制。转移定价可以使国际企业在某种程度上规避这些风险，减少政治风险可能带来的损失。母公司可以通过转移定价方法尽快从子公司中抽回成本和利润，在风险来临之前让子公司名存实亡，全部财产或大部分财产转移到安全的子公司或母公司存放。母公司压低子公司出口产品的价格，用极低的价格进行结算，大量调出产品或给子公司定出更高的进口产品价格，索取高昂的服务费，将资本调出该国，使子公司陷入财政危机，表现为赤字状态，从而耗空子公司历史积蓄，达到从该东道国转移或调回资金的目的。

■ 第四节　转移定价的制约因素

转移定价在实现国际企业的全球战略上确实起到了重要的作用。然而，它的运用也受到了很大的限制，许多国家都制定了相应的控制或限制转移定价的法规。国际企业不可能随心所欲地使用转移定价实现其财务功能，而不受任何限制。转移定价的使用，要受到诸多因素的制约，具体来说有内部制约因素和外部制约因素两类。

一、内部制约因素

虽然国际企业可以利用国际转移定价方法实现多种财务功能，但在企业内部实际运用国际转移定价方法也有许多限制。

（一）经营战略

国际企业的经营战略，决定着集团是否采用内部转移定价。经营战略与转移价格间的关系主要取决于以下两个方面：一是在各子公司的相互依存关系上，是否存在纵向一体化战略。如果不存在纵向一体化战略，则各子公司可以自由选择购销对象。这样，只有当各子公司自愿相互交易，才会发生相互间的转移定价问题。如果是其内部交易，则根据国际企业管理当局的安排和指令进行。在这种情况下，国际企业为确保全球战略的实现，就会面临确定最优的内部转移定价的问题。二是在国际企业的内部和外部交易上，各子公司是否被视为一个独立的企业。也就是说，一个子公司只有在对企业集团外部销售时才被视为一个独立的企业，而在集团内部销售时作为一个制造单位或中转机构。

（二）集权与分权战略

国际企业采用集权战略还是分权战略对转移价格的制定也会产生很大的影响。集权程度高的集团公司将制定内部转移价格的权力控制在公司总部，其他下属机构无权自定，往往采用成本加成为基础的定价方法；分权程度较高的集团公司往往将转移价格的制定权下放给其下属机构或部门，通常采用市场价格法或协商定价法。有些集团公司对部分产品价格的制定实现集权，部分产品价格的制定实现分权，分别采用不同的内部转移价格制定方法。集权还是分权，是影响内部转移价格制定的一个重要因素。

（三）业绩评价

国际企业业绩评价体制的实施过程，对转移定价系统有着明显的影响。转移定价制定得合适与否决定着各利润中心业绩的好坏。无论采用哪一种转移定价方法，都应该能对集团下属的各子公司或分支机构及其主管人员在其控制范围内的经营业绩进行充分、科学的测量，同时能激励各下属公司取得更好的成绩。因此，国际企业的业绩评价体制成为转移定价系统的重要影响因素和决定因素。

主要表现为转移定价影响对关联公司业绩的正确评价，引起关联公司之间的矛盾。因为各关联公司都以自身盈利作为考虑问题的出发点，所以在价格制定上往往各方意见并不一致。例如，母公司希望对产品及劳务按高价计量，海外子公司则希望是低价计量。又如，在海外子公司合资经营情况下，母公司随意将子公司的利润抽走，其他股东恐怕难以接受。

在分权经营的国际企业集团内部，各子公司都有着各自的切身经济利益，因此，必须对其经营业绩做出单独和客观的评价。然而，根据整个集团的利益，通过国际转移定价调整子公司的利润，使各子公司的利润大小不能真实反映其经营成果，增加了公司内部子公司的矛盾。不公平的评价必然会导致两方面的结果：一是业绩得到高估的子公司管理层会产生依赖思想，不思进取，长久下去势必丧失竞争意识；二是业绩被低估的子公司管理层受到打击，士气低落，影响其经营积极性。因此，国际企业在国际转移定价的过程中，就应考虑到对各子公司业绩的评价不一会造成过大的扭曲，这在一定程度上制约了国际转移定价的制定与财务功能的实现。

（四）政策复杂性和财务效果的不确定性

国际企业在制定国际转让定价战略时，必须考虑定价政策的错综复杂性及其财务效果的不确定性。我们应从价格的流量、方式和支付时间的角度来决定及评价其国际转移定价战略。在不断变化的经济环境中，一个国际企业可能拥有许多子公司和生产线，这种组织结构要求管理和控制过程简化。而在筹划和评价国际转移定价战略与记账过程中，需要大量的专业人员。因此，设计、组织和运用复杂国际转移定价制度的绝对成本，可能相当可观。较高的成本可能使运用国际转移定价带来的收益大打折扣，甚至得不偿失。

（五）组织形式的影响

国际企业内部，子公司和分公司是两种不同的组织形式。分公司完全受母公司控制，无多少定价自主权。但子公司不一样，因为母公司只是通过控制股权来控制各子公司，不少子公司仍有一定的定价自主权，它们往往选择以市价为基础来定价；有些子公司与此相反，选择以成本为基础来定价。由于分权经营的国际企业的各个子公司是不同的"利润中心"，不同子公司间的依赖程度也相对较弱，所以，在制定国际转移定价和谋求特定财务功能时，各子公司自主意识较浓，导致分权经营的国际企业通常以市价为定价基础来确定有形资产的国际转移定价。与此相反，高度集权型国际企业的各个子公司之间相互依赖性较大，以成本为定价基础来确定有形资产的国际转移定价更易于各个子公司间相互渗透。

（六）集团目标和管理者偏好

国际企业有各种各样的目标，有的是为了控制和占领市场，有的是为了避免和减轻税负，有的是为了防范外汇风险等，这些因素都制约着转移定价。同时由于包括转移定价和财务目标在内的转移定价体系是由国际企业的管理人员参与制定的，这些人员可能来自不同的国家，所受的教育和传统文化影响不同，他们在制定转移定价时，对各种影响因素的考虑侧重点及其程度也不同。例如，美国偏爱以成本为基础的定价方法；加拿大、意大利的跨国公司管理部门则更喜欢以市价为基础的定价方法；德国、比利时、瑞士和荷兰对这两种方法并无特殊的倾向性。以其他国家为基地的国际企业国际转移定价体系一般不如以美国为基地的跨国企业集团那样复杂。在对待国际转移定价的问题上，美国与其他发达国家相比采取了较为严厉的控制，日本跨国公司在制定国际转移定价时比美国跨国公司更强调环境的影响，如外币的价值、合营企业合伙人的兴趣及国外的通货膨胀等。

（七）信息系统管理水平

在信息技术飞速发展的今天，如果集团的管理信息系统良好，可以及时地获取下属各公司或部门的相关信息，从而为制定内部转移价格、及时修订不合理的价格创造很好的条件。相反，如果公司的管理信息系统落后，收集信息所需时间很长，往往无法对内部转移价格进行有效的调整，其采用的内部转移价格就可能不合理，起不到应有的作用。

二、外部制约因素

（一）政府管制

国际企业制定国际转移定价体系的外部制约因素主要来自各国政府的管制。国际企业的转移定价对集团的整体利益最大化起着重要作用，但是这样做却给有关国家带来了损失。例如，国际企业使用转移定价的主要目的之一是减轻税负，如果本国税率高于其他国家，国际企业通过转移定价把利润转移到国外，这样就会使本国政府蒙受税收损失；同样，在相反的情况下，会使子公司所在国政府蒙受税收损失。另外，国际企业在国外进行经营，还会影响到一国的外汇、东道国公司的竞争能力等。所以，许多国家对转移定价都有一些管制措施。大体上说，各国政府对转移定价的管制和监督措施主要有以下几个方面。

1. 采用局外价格检查监督国际转移定价

美国《国内税收法》第 48 节，对美国纳税人和他们的子公司之间的收入进行再分配，以达到防止逃避征收所得税的目的。按照其规定，财政部国内税收署有权监督检查每个单位是否都能得到合理的利润，规定母公司和子公司及连属公司之间的交易必须表明所使用的价格是公平合理的市价或是独立竞争的价格。如果公司无法证实这一点，则应采用按成本加合理利润的价格进行计算。国内税收署根据这种局外价格进行监督，如果按局外价格计算，发现由于价格而发生不合理利润，则应进行调整。调整的方法是通过调整毛利收入来调整税基，并且按调整后的所得额纳税。如果通过局外价格检查，发现母公司利用转移定价将利润转让到低税国子公司时，就按局外价格计算增加母公司的应纳税所得额以此提高其应纳所得税。其他国家和国际机构，也仿效这种方法，把其作为管制转移定价的一种有效方法。

2. 用"比较定价"原则监督

所谓"比较定价"原则，就是将同一行业中某项产品一系列的交易价格和利润率进行比较，如果发现某一跨国企业的子公司进口价过高或出口价过低，不能达到该行业的平均利润率时，税务当局就可以要求按"正常价格"进行补税。对于"正常价格"的确定，东道国一般以正常交易价格或卖给无关联的顾客同样的商品价格为准。

3. 要求部分公开经营活动

为了避免损失，政府有关当局要求国际企业必须公布在一个国家纳税情况，以便审查监督其转移定价的情况。由于转移定价涉及国内外供应、生产、销售各方面十分复杂的因素，对国际企业的转移定价很难达到全面管制。尤其对发展中国家而言，更是困难，所以发展中国家要求提供国际企业有关制定转移定价方面的信息。有些国家已逐步建立起工商业经济情报体系，便于收集掌握行情。例如，巴西工业部门对世界多家大企业的产品成本、销售活动、产品技术的发展程度多方收集、比较研究，提高与跨国企业谈判的能力，这些对国际企业任意使用转移定价实现特定财务功能都有一定的抑制作用。

东道国政府反避税法规及有关各国转移定价税制的制约，无疑给国际企业实施转移定价带来一定的困难。这就需要国际企业认真研究这些国家和地区的转移定价税制，从中发现不足、寻求空间。其实，不少国家和地区的国际转移定价税制中，国际收入与费用分配标准从理论上看是合理的，但真正执行起来不具有可操作性。再者，虽然各国都普遍实施国际转移定价税制，但各国为了吸引外资、增加就业、发展本国经济，国际转移定价税制的规定和具体实施往往松紧不一。

（二）转移价格审计

跨国性会计公司的审计，也使国际企业在运用转移定价实现财务功能时受到约束。因为跨国性会计公司一般拥有获取全球范围调查资料的手段，容易对转移定价的合理程度做出专业性判断。而国际企业的账目也一般由这些跨国性会计公司进行审计。为了维护公司信誉，取得各国政府的信任，这些会计公司往往对国际企业进行认真审计，如实反映。这无疑会成为国际企业制定转移定价的又一障碍。

（三）市场竞争

从实施转移定价的战略目标来看，转移定价是增强一些海外子公司竞争能力的一种手段，但同时它可能带来削弱竞争力的副作用也是不容忽视的。出于竞争的需要，国际企业希望压低价格向竞争地位较弱的子公司提供产品或劳务。但这种价格补贴，一方面将海外企业的利润吸走，降低了该企业竞争能力；另一方面，对转移利润的原竞争力较弱的子公司而言，在当时是加强了其竞争能力，如不慎很容易引起东道国政府采取反托拉斯、反倾销的行动，也可能招致当地竞争对手的报复行动，这样，长久看来，该子公司的竞争力可能得不到加强，反而更加削弱。

（四）通货膨胀

当通货膨胀蚕食着一家公司的货币性资产购买力，国际企业往往会采取调高提供给子公司商品和劳务的转移价格，调低该子公司销售给其他国家关联企业的商品价格，尽可能把该子公司的现金转移出去，这是国际企业常用的一种财务策略。东道国的国际收支差额问题常常促使该国政府在通货膨胀时，对外国人拥有的公司利润汇出施加许多限制，这时，通过把转移价格定高，尽可能把资金转移到母公司或关联的子公司中去，可以避免货币兑换上的限制及货币贬值所产生的损失。高的转移价格也被用来尽量降低公司可能遭受东道国政府剥夺行动的风险。但是，这种做法所引起的资产或资金的转移，可能会受到有关国家的限制。因此，对这种转移价格可能产生的后果，国际企业应充分考虑。

综上所述，影响国际转移定价的因素很多，且这些因素相互交织、相互影响，并处于不断变化之中。各因素的重要性并没有固定的排列，其影响程度也各不相同。国际企业如何确定其国际转移定价是国际企业财务战略的重要组成部分，涉及面非常广，税负、外汇风险及资金调度等方面的问题必须要在国际企业进行转移定价时加以考虑，因此，国际企业如何确定其国际转移定价是一个系统工程。国际企业只有按其总的财务战略抉择，才能利用国际转移定价谋取尽可能大的收益。

本章小结

国际转移定价是国际企业独有的一种国际资金调度方式，是实现集团全球战略目标的重要工具，国际企业可以利用转移价格最大限度地减少税负和风险，从而增加整个集团的利润总额，实现全球战略目标。转移定价的作用领域发生在有形资产的销售、无形资产的转让、服务提供、金融交易等领域。国际企业集团转移定价的财务功能主要有资金优化配置、国际避税、调节利润、规避管制和分散风险五个方面。同时，国际转移定价的运用也受到了内部因素和外部因素的制约。因此，国际企业如何确定其国际转移定价是一个系统工程，国际企业只有按其总的财务战略抉择，才能利用国际转移定价获取尽可能大的收益。

➤复习思考题

一、概念题

国际转移定价　关联企业　以市场为基础的定价方法　以成本为基础的定价方法　交易自主的定价　双重定价

二、简答题

1. 说明国际转移定价的作用领域有哪几方面？
2. 分析国际转移定价实施的外部条件？
3. 国际转移定价的财务功能有哪些？
4. 国际企业运用转移定价的目的和动机是什么？

三、论述题

1. 各国政府针对国际关联企业通过转移价格获得利润都采取了哪些定价法规措施？
2. 试述跨国公司内部贸易与传统的国际贸易有何异同？
3. 以商品交易为例，试分析国际关联企业在东道国所得税税率与关税不同的情况下运用国际转移价格的经济效益？
4. 试分析国际企业的组织结构是如何影响其国际转移定价的？
5. 你认为在中外合资企业中，我国政府应该如何防止跨国公司利用转移定价使中方蒙受经济损失？

案 例 分 析

涉嫌掏空合资公司　中信投资被外企告上法庭

中信天津外包服务有限公司（以下简称中信外包），这个以银行间票据存储、递送等金融物流为主营业务的公司依托中信集团的资源正在迅速扩张，在国内布局。据中信集团的内部人士透露，中信集团有考虑将这项业务包装上市，成就其金融物流梦想。

不过，中信集团正在卷入官司漩涡中。新加坡一家外资公司万国私人有限公司（以下简称万国私人）指控中信天津投资控股有限公司（以下简称中信投资）窃取其金融物流的商业机密，在双方已有合资公司的情况下，私自成立同业竞争公司，不仅转移了合资公司的合同、客户、利润，连职员和管理软件等也被整体窃取，在造成巨额亏损之后，以亏损之名关闭合资公司，自己则撇开合资伙伴在全国铺开该项金融物流的业务。中信外包就是中信投资后期成立的公司之一。

继在天津连打了这个官司之后，万国私人又准备在北京将中信外包告上法庭。"我们万万没有想到像中信集团这么大的财团也会有如此行为。"万国私人董事廖美庆指责中信集团挖坑坑骗合资伙伴，并称和中信集团不愉快的合作打击其开发中国国际市场的信心。

引发连环官司的中信天津外包总经理沈琛 2 月 28 日接受记者电话采访时拒绝承认万国私人及廖美庆的所有指控，但未予详细驳斥。

合资偷艺?

这家运转得很好的公司，突然从 2009 年开始，营收和利润陡然暴跌。

万国私人是新加坡德安集团旗下公司。德安集团成立于 1978 年，总部位于新加坡，是亚太地区金融界、电子行业、交通制造业的专业物流及信息解决方案提供商。

2001 年 9 月，万国私人在中国天津成立独资公司——德安物流（天津）有限公司（以下简称德安物流），从事物流系统设计和仓储服务，即金融外包业务，主要为银行、保险、证券公司提供金融外包服务。

当时这种新兴业务在国内鲜有公司运营，因此增长快速，在 2004 年度营业收入达到 1913.81 万元，并在北京、南京、上海、广州、深圳及天津等地设立了分支机构。

中信天津工业发展公司（以下简称中信工业）看好德安物流的金融外包经营业务发展前景、专有技术和管理经验。为了将该金融外包高端物流业务引入中信集团，2004 年 5 月，中信工业与北京安宁盈科软件系统技术有限公司一同参股德安物流，三方组建合资公司中信德安物流。其中中信工业控股 51%，万国私人持股 44%，北京安宁盈科软件系统技术有限公司持股 5%。

成立合资公司之后，中信工业派了李桦当合资公司董事长，万国私人则派了沈琛出任总经理，财务总监也由中信工业委派的人出任。

2005 年 11 月，中信集团以中信德安物流的金融外包高端物流为名义，在滨海开发区黄海路 249 号又投资建设了中信物流科技园，占地 5 万平方米。

与中信集团这样的中资巨头合作，德安物流的业绩也迅速发展起来，几乎垄断了天津市所有银行支票、房屋贷款合同的递送等。中信德安物流的年检财报显示，2003~2008 年，中信德安物流每年营业收入从 1012 万元飞速发展至 2.19 亿元，其利润额也由 389 万元增至 727 万元。更值得注意的是，这家公司的利润率一直保持在 20% 以上，最高达 54%。

不过，这家运转得很好的公司，突然从 2009 年开始，营收和利润陡然暴跌。中信德安物流财报显示 2009 年度营业收入 412.87 万元，亏损 121.65 万元，利润锐减 116.72%。2010 年更惨，2010 年营业收入仅 111 万元，亏损 174.9 万元。

这究竟是怎么回事?"我们是在没能取得财务报表和财务信息时，才开始意识到事情不对劲。对方完全封锁了信息，拒绝开董事会，采取了完全不合作的态度。"在诉诸公堂后的调查中，廖美庆才发现中信集团的合资只是偷艺的幌子。

作为第一批在华从事金融外包的公司，德安物流在为金融机构做票据存储、质押和递送过程中，不仅有其专有的一套计算机操作系统和管理软件，还有保密箱制作技术等专业技术。正是因为这些专业技术，中信集团才与万国私人成立合资公司。

同业竞争?

万国私人的代理律师张杰认为中信集团违背了双方最初的约定,做出了损害双方利益的行为。

万国私人的代理律师张杰指控中信投资利用其关系伙同合资公司原董事长李桦和后来"叛变"的总经理沈琛,将合资公司的绝大部分商业客户及金融外包主营业务(不限于经营合同)转移至中信投资,不仅将合资公司的相关业务管理软件及程序全部侵占,还将合资公司的绝大多数管理人员、技术骨干及财务、人事等经营管理人员乃至工人全部转移到中信外包,致使原来的合资公司彻底瘫痪。

对于万国私人的这番指控,沈琛不予认同,但未向记者解释其中详细原因。

张杰所指的中信投资和中信外包,是中信集团后来另起炉灶新设立的两家公司。

2007 年 12 月,中信集团在新加坡公司不知情的情况下,投资 3500 万成立一家新公司,即中信投资,这家公司的经营范围包括"投资兴办中外合资、合作企业;对物流相关行业进行投资及管理服务;仓储服务;快递服务;物流系统设计、文档系统的开发与管理;为金融机构提供技术及劳动外包服务",万国私人的代理律师张杰指出该公司的业务与合资公司重叠,完全构成同业竞争。

有意思的是,中信投资的注册地址,与合资公司中信德安物流一模一样,都在天津开发区洞庭路 122 号。这个地址后面还出现了一次,是另一家中信外包的注册地点。

中信外包是中信投资于 2008 年 12 月 11 日成立的子公司,注册资本金 1000 万元,其法定代表为于英杰。经营范围与中信投资及中信德安物流类似,都是做金融机构的技术咨询及外包服务。

张杰向记者特别指出,从 2008 年设立到 2012 年以来,中信投资、中信外包与合资公司公然在同一注册地址、同一办公场所、使用同一套人马、从事相同经营业务,但是,客户和收益均归属中信外包,才致使了合资公司由盈利转巨亏。

中信外包工商年检财报数据显示,2009 年营收 2218 万元,利润 1220 万元,利润率高达 55%,2010 年营收增长至 3176 万元,利润高达 1243 万元,利润率为 39%。作为一家刚刚成立的新公司,收入和利润可谓相当惊人。

更令廖美庆和张杰等诧异的是,中信投资意识到金融物流是一个极具前途的业务,于 2010 年 10 月 27 日,独资在北京成立中信外包,注册资本金 1.8 亿元,号称全国最大的金融外包企业,准备将其从天津合资公司学来的金融外包主营业务及商业盈利模式在全国推广开来。目前已在宁波、郑州等地设立分公司,并仍在大肆招人准备开设更多的分公司和办事处,"这是他们大肆开展竞业禁止业务"张杰称。

张杰表示,早在合资公司成立之初,为了避免同业竞争,合资各方在《合资合同》第十七章专门约定了"利益冲突":合营任何一方不得以直接或间接的形式,从事损害合营公司利益的业务、职业、行为等。

张杰认为中信集团显然违背了双方最初的约定,做出了损害双方利益的行为。而后,为掩盖其非法强占合资公司目的,2011 年 2 月,中信集团以"合资公司经营管理发生严重困难"为由,向法院提出解散中信德安物流的诉讼。廖美庆愤然应诉,并控告中信旗下公司侵犯商业机密。

双方的法庭对峙持续了两年多，最近天津市第二中级人民法院判了万国私人败诉。对此，廖美庆很是不服气，表示会将诉讼进行下去，"我们如今还在坚持的原因是原则问题。同时我们也想借此传达一条信息，没有任何公司是可以凌驾法律之上的。在中国经营的企业，是应该遵守国际企业操守，并保持透明度和对企业的行为负责的"。

廖美庆向记者失望地表示，中信集团一直自诩比其他人更专业，这也是当初挑选它作为合作伙伴的原因，不过事实证明，中信集团"为了利益可以不择手段"。

资料来源：王星. 2015-03-01. 中信投资涉嫌掏空合资公司，被外企告上法庭. 21世纪经济报道

第十章

国际企业税收管理

纳税是企业一项重要的财务支出，直接关系到企业的盈利大小。国际税收的纳税人与国内税收的纳税人不同之处在于，无论其国籍如何，一般情况下其收入来源于两个或两个以上国家，并在这些国家负有双重纳税义务。由此可见，国际税收所涉及的征税对象，主要是国际纳税人的所得。由于各国所得税立法原则不同、税制不同，各国政府对国际纳税人的所得进行征税的税种所涉及的具体征税对象也就不同。所以，对于跨国公司的财务管理人员来说，掌握各个子公司所在国家的基本税务法规，并结合海外投资决策、外汇风险管理、公司间款项往来等方面的业务，把其运用于经营决策之中是必须认真考虑的问题。本章从国际税收概述、国际双重征税及免除、国际避税与反避税等三个方面对跨国公司国际税收管理的主要内容加以阐述。

第一节 国际税收概述

纳税是企业的一项重要财务支出，必须加强管理。对国际企业来说，在纳税时面临的问题会更多。因为一方面，跨国公司是在多个不同的国家经营业务，而各国的税则税率差异很大；另一方面，跨国公司的纳税涉及不同国家的税制和税收的关系。这就使得国际纳税的管理要比国内企业纳税的管理更为复杂。

一、国际税收相关概念

（一）国际税收

国际税收是跨国纳税人出现以后产生的，它是指两个或两个以上的国家政府，在对跨国纳税人行使各自的征税权利而形成的征纳关系中，所产生的国家之间的税收分配关系，其实质是国家之间的利益分配，是各国政府对跨国公司所得的再分配。

在国际税收中，由于跨国纳税人（即来源于或存在于两个或两个以上国家的收入和财产的跨国自然人与法人）要同时对两个或两个以上的国家承担纳税义务，并分别向来源国和居住国缴纳税款，即要同时承受两个或两个以上国家对跨国纳税人所规定的税收负担。这就使各国政府对跨国纳税人课征所形成的税收负担不仅涉及征纳双方的经济利益，而且涉及有关国家的财权利益，从而形成了国际税收分配关系。但在有些情况下，收入来源于一个国家的自然人和法人也可能成为国际税收所涉及的纳税人。例如，美国税法规定，凡美国公民，不论居住在哪个国家，都必须就其收入向美国政府纳税。这样，居住在美国本土以外的美国公民，除了向居住国缴纳税收外，还需向美国政府纳税，从而成为国际税收的纳税人。

（二）国际税负

国际税负是国际税收负担的简称，是指在一定时期内纳税人按照税法规定所应承担缴纳的税收。它通常用纳税人或课征对象的实际缴纳税款与课税对象的比例，即税收负担率来表示。一般来讲，税收负担率越高，税负则越重，即课征方的利益越大，缴纳方的利益越小；反之，税收负担率越低，税负越轻，即课征方的利益相对较小，缴纳方的利益相对较大。跨国公司在经营过程中则需要处理好它同多国政府之间的税务关系，在争取税收优惠和减免、使用各种避税手段等方面进行研究。

国际税负的轻重是相对而言的。其相对性主要通过两种方法从两个方面表现出来。

第一，是在一国范围内进行的比较。这种比较是将一国政府涉外税收中所确定的跨国外国纳税人的税收负担率与本国纳税人的税收负担率进行比较。如果外国纳税人的税收负担率高于本国纳税人的税收负担率，可以说国际税负是重的，反之则轻；如果外国纳税人与本国纳税人税收负担率基本持平，则可认为税负是平等的。

第二，是在国与国之间进行的比较。这是将不同国家对跨国外国纳税人的跨国所得和一般财产价值的课征所形成的税收负担进行比较，以税收负担率高低确定孰重孰轻。

二、国际税收原则

国际税负不仅涉及各国税收利益的分配关系，而且会在不同程度上影响各国之间正常的经济交往关系。因此，一国政府在涉外税收中确定跨国纳税人税负水平时，既要以其自身在国际上的政治、经济地位和国家对外经济政策为依据，又要考虑本国纳税人的税负水平及其他国家涉外税收的税负水平。这种一国政府在税收征管方面所制定和遵循的对跨国纳税人的课税原则，即国际税负原则。

目前世界各国结合本国实际情况所选择和实行的国际税负原则主要有三种，即平等原则、最大负担原则和优惠原则。

（一）平等原则

平等原则又称公平原则或同等负担原则，是指征税国对跨国外国纳税人和本国纳税人在税收上平等对待，二者承担相同的税负。

国际税负的平等原则，是以自由竞争的市场经济理论为依据，要求一国政府对跨国外国纳税人和本国纳税人的所得按照相同的课税范围与税率进行征税，其所得额的计算、费用的扣除标准、抵免的范围等保持大致相同，即要求政府采取中性税收制度。

一国政府在国际税收上采取平等原则，使跨国外国纳税人和本国纳税人所承担的税负趋于一致，为资本和商品的自由流动创造了条件。这不仅有利于国家相互间的投资和贸易往来，一般也不会引发国与国之间税收分配关系中的矛盾。

但是，由于公平原则下的税负平等一般只是内外一致的平等，而实际上各个国家的税负水平不可能完全一致。由于各国经济发展程度不同，资金实力雄厚和技术先进的工业发达国家的经济实体到发展中国家投资，其经济实力会明显优于发展中国家的经济实体，在表面平等原则下的竞争便建立在实际不平等的经济基础之上。这种情况下国际税负的平等原则很难讲是公平的，表象与实质往往是不一致的。只有在世界各国税负水平一致、经济发展水平相当的情况下，平等原则下的税负才能达到真正的公平。否则，只会有利于工业发达和税负水平较高的国家，而不利于发展中国家或税负水平较轻的国家。

由于国际税负的平等原则既有其积极效应的一面，又有一定的局限性，各国政府应当根据各自国家经济发展情况和各国对外经济政策灵活加以运用。目前，在世界各国的国际税收实践中，平等原则被相当多的国家承认并采用，尤其为发达国家所推崇。基本上由发达国家组成的 OECD，除新西兰和比利时两国的外资企业所得税率分别比国内企业高 5%和 6%外，其他成员国对外资企业与本国企业采用同样的所得税法，适用相同的税率，承担相同的税负。

除经济发达国家外，诸如墨西哥、泰国、巴基斯坦等一些拉美、东南亚的发展中国家，对从事工业生产的跨国外国纳税人也选择平等原则。这主要是基于这些国家既要利用外资发展经济以引进先进技术和管理方法，又要急需发展民族工业的双重考虑，而平等原则是两者兼顾的理想选择。

（二）最大负担原则

国际税负的最大负担原则又称从重原则，是指一国政府通过税法的设计，规定跨国外国纳税人承担高于本国纳税人的税负，但是其负担限度要控制在保证跨国外国纳税人能够获得基本盈利的基础上，以避免跨国外国纳税人因税负过高而中止在该国的投资经营活动。

最大负担原则在具体运用中又分两种类型：一种是全面最大负担原则；另一种是特定最大负担原则。

全面最大负担原则是指一国政府对跨国外国纳税人单独制定一套从重课税的税法，以使跨国外国纳税人的税收负担全面高于本国纳税人。这一原则虽然有限制外国资本发展、保护本国民间投资和保护本国资源等方面的积极作用，但与本国税收协定中税收无差别待遇精神相悖，具有明显的不平等性质，在国际上被看成一种税收歧视，在一定程度上影响国家相互间的关系，并可能招致他国采取报复性措施，从而限制国家对外经济交往的发展。因此，很少有国家在涉外税收中采用这一原则。

特定最大负担原则是指一国政府制定一套同时适用跨国外国纳税人和本国纳税人的税法，在对跨国外国纳税人和本国纳税人同等征税的基础上，对某些特定的项目或特定地区的跨国外国纳税人按较高的税率征税。这一原则克服了全面最大负担原则的缺点，既可以不影响国家间正常的经济交往关系，又可以在某些方面和某些地区遏制外国资本扩张，保护本国投资者。所以，目前世界上对涉外税收采取最大负担原则的国家和地区一般都采用这一原则。

从总体上看，国际税负的最大负担原则，加重了跨国外国纳税人的税负，使其跨国经营盈利水平大大低于投资国的本国纳税人，具有限制外国资本扩张、保护民族经济发展、增加财政收入等积极效应，并对发展中国家保护本国资源，维护国家利益，防止外国资本对本国经济、政治的控制和影响等起到重要作用。但是，这一原则使跨国外国纳税人的税收负担加重，在不平等的基础上与该国本国纳税人进行竞争，特别是全面最大负担原则，致使国际投资者盈利甚微，甚至出现无利可图或亏损的情况，这样，跨国外国纳税人就会转移投资，将资本转向能够获取较高利润和超额利润的国家与地区。这样，既不利于吸引外资，发展本国经济，又会减少国家财政收入，并在国际社会公认的国际税收无差别待遇条款面前遭到其他国家的非议、抵制和报复，从而影响国家之间正常的政治、经济关系。因此，这一原则在适用范围上有很大的局限性。

国际税负最大负担原则，由于其局限性较大，在具体选择运用时应采取审慎的态度。其中，既要考虑运用这一原则所要达到的主要目标和目的，又要考虑跨国外国纳税人居住国的一般税负水平和跨国外国纳税人的承受力，并以不影响到国家与国家之间的经济交往关系为前提。

如前所述，在国际税收实践中，全面最大负担原则具有明显的消极效应，因此极少有国家采用。实行最大负担原则的国家，则大都采用特定最大负担原则。这一原则的运用，往往是基于以下两个方面的目的：首先是保护民族经济发展，限制外国资本在本国的过度扩张；其次是与一些国家保护其某种特定的资源有关。

（三）优惠原则

国际税负优惠原则是指赋予跨国外国纳税人以承担低于本国纳税人税负的特殊优惠权利。这种优惠待遇主要是通过一国政府对跨国外国纳税人制定的低税率、税收减免、提高起征点、再投资退税及资本加速折旧等具体措施加以体现。

优惠原则根据一国政府对跨国外国纳税人规定的优惠措施的范围和程度，分为全面优惠原则和特定优惠原则。

全面优惠原则是指一国政府对跨国外国纳税人与本国纳税人分别制定两套完全不同的税法，使跨国外国纳税人的税负水平全面低于本国纳税人。例如，我国现行税制中仍然对跨国外国纳税人实行全面优惠原则——本国纳税人实行《中华人民共和国企业所得税法》，而对前者实行《中华人民共和国外商投资企业和外国企业所得税法》。

特定优惠原则是指一国政府对跨国外国纳税人和本国纳税人在采用同一套税法的基础上，对跨国外国纳税人的某些特定项目或在某些特定的行业和特定的地区给予税收优惠，以减轻跨国外国纳税人的税收负担。

国际税负优惠原则是一个国家在特定的历史条件下和经济发展过程中所采用的国际税负原则。采用这一原则，对吸引外国资本，解决国民经济高速发展对资金、技术和管理的需求，促进国家科学技术进步，加快国民经济发展速度，缩小与工业发达国家之间差距有着积极的效应。但国家也会放弃一部分税收入，直接影响该国的财政收入水平。

特别是采用全面优惠原则，会使国家放弃较多的税收，并会伴随着人为的外国资本与本国资本之间的不平等竞争，使发展民族经济与利用外资达不到有效结合。

采用特定优惠原则，将给予跨国外国纳税人的优惠权利仅限定于某些特定项目、特定的行业或某些特定地区,而在总体上跨国外国纳税人与本国纳税人实行的是同一税法，因此在引进外国资本时，基本上是使其与本国资本的竞争处于平等的条件下。这样既可使外资的利用与民族经济的发展实现有机结合，借助于外国资本，使制约国民经济发展的某些特定的行业得到较快发展，促进整个国民经济按比例地协调发展，又可使经济落后的地区得到较快发展，实现国民经济在各地区间的均衡发展。目前，世界各国在采用优惠原则时，大都采用这一原则。

随着国际经济的发展，国际税负优惠原则在世界各国得到了广泛运用，不仅发展中国家为了谋求本国经济得以较快发展采用这一原则，不少发达国家也采用这一原则。但是，由于这一原则的运用是以牺牲一部分国家财政收入为前提，以求长远的和更大的经济利益，采用时必须以所得大于牺牲为前提，并以不损害国家整体利益和长远利益为根本。

优惠原则的具体选择和运用应立足于国际经济发展状况与本国的经济发展现状，充分考虑税收优惠的税务成本，在进行分析比较的基础上确定税收优惠的重点，使之更具有针对性。

1. 全面优惠原则的选择运用

全面优惠原则因其有着较大的负效应而很少被选择运用。只有在特定的历史条件和经济状况下（如战后为恢复国民经济），国家为了加速国民经济发展，实现一定的政治和经济目标，迫切需要大规模引进外国资本和先进技术，客观上又具备一定的基本投资环境时才能采用。

2. 特定优惠原则的选择运用

特定优惠原则的选择运用与全面优惠原则不同，由于其具有较明显的积极效应，且具有税制简化、税负合理、针对性较强等优点，各国政府在考虑国际税负优惠原则时大多选择这一原则。但是，在特定优惠原则的具体选择和运用时，应结合其针对性较强的特点，慎重确定符合国情的特定优惠项目和特定优惠地区，并相应设计具体的优惠规定。

（1）对跨国外国纳税人的利息所得实施特定优惠。这种方法主要适用于外汇资金短缺的国家。旨在从国际金融市场上通过发行有价证券筹措外汇资金或取得国外贷款，平衡国际收支。这种优惠，有无条件限制，以及是否给予优惠、优惠程度等，具体要视贷款利率的高低、贷款额度的大小和贷款期限的长短来确定。

（2）对跨国外国纳税人的特许权使用费及技术服务与劳务所得实施特定优惠。这种方法特别适用于发展中国家和其他一些缺少先进技术的国家,旨在引进急需的先进技术，促进本国科学技术进步，提高生产力水平。

（3）对外国投资企业和外国企业所得实施特定优惠。主要适用于急需吸引外国资本到本国直接投资的国家，旨在加快本国的经济开发与建设，加速国民经济发展，增强国家经济实力。但是，这一特定优惠原则在具体运用中，大多数国家限定在特定范围和特定的时期内。

（4）对国家急需发展的行业和部门的跨国外国纳税人的投资所得实施特定优惠。这一方法主要适用于资源亟待开发、产业结构急需调整而本国经济实力又难以所及的国家，旨在改善本国经济发展环境，解决制约国民经济发展的薄弱环节，促进国家的经济发展。

（5）对本国的特定区域或经济落后地区的跨国外国纳税人实施特定优惠。这一方法主要是用于发展外向型经济或本国经济区域发展失衡的国家，旨在通过自由贸易区、出口加工区等经济特区的建立，扩大本国转口贸易和出口贸易，增加本国经济在国际经济循环中的比重，增强本国国际经济地位，并带动整个国民经济的发展；或得以使本国经济落后地区有一个较大的发展，促进国民经济实现均衡发展。

三、国际税收种类

世界各国所规定的税种十分繁多，最常见的有如下几种。

（一）所得税

所得税是以企业的收益或所得为对象而课征的税，如公司所得税、个人所得税等。公司所得税和个人所得税是许多国家重要的财政收入来源。由于大多数发展中国家按人均计算的国民收入较低，一般不对个人征收所得税，在发展中国家，公司所得税是财政收入的主要来源。

各国所得税税率的高低差别很大，一般而言，发达国家的税率偏高，如德国税率为 38.9%；发展中国家为鼓励外国投资者的投资，税率较低，如阿根廷为 20%；某些国家或地区为吸引国际企业来本国或本地区建立子公司，规定的所得税税率非常低，甚至不征所得税，如中国香港所得税税率为 16.5%，巴拿马不征所得税；一些发展中国家，为吸引投资而给予外国投资者一定的免税期，在免税期内，对外国投资企业免征所得税。

（二）增值税

增值税是以商品生产和流通环节的新增价值或商品附加值为征税对象的一种流转税。它克服了传统流转税对已纳税销售额重复征税（即税上加税）的弊端，使同一产品不受生产流通环节多少的影响，始终保持同等税收含量，不致出现应税产品因生产环节的变化，税负时轻时重的问题，同时又保持了流转税征收范围广和收入及时、稳定的特点。增值税是国际公认的一种透明度比较高的中性税收，它不仅有利于增加财政收入，而且有利于鼓励企业按照经济效益原则选择最佳的生产经营组织形式，也有利于按国际惯例对出口产品实行彻底退税，增强本国产品在国际市场上的竞争能力。正因为增值税有以上优点，目前欧洲、拉丁美洲等许多国家都实行了增值税，各国增值税税率也不完全一样。我国也于 1993 年 2 月发布了《中华人民共和国增值税条例》。

（三）其他税种

除所得税和增值税外，国际企业还会遇到其他的一些税种，主要有以下几种。

1. 关税

关税是一个国家的中央政府对过境的应税货物所征收的税，主要是对进口货物征收，只是在极少数情况下才对出口货物征收。征收关税：一是为了筹措财政收入；二是为了保护本国工业。出于前者目的所征收的关税，税率一般比较适中，出于后者目的所征收的关税，税率一般较高。提高关税虽然并没有损害外国商品的完整性和质量特征，但较高的税率，必然导致外国商品的较高价格，因而不利于外国商品的竞争，从而可以保护本国民族工业的发展。

2. 预扣税

预扣税又叫预提税，是由东道国政府对本国居民或经济法人向外国投资者和债权人支付的股息与利息所征的税。这些税通常是在对方收到这笔收入以前就已经扣除了。也就是说，这种税实际上是由支付股利或利息一方所预先扣除的。例如，如果一公司向外国投资者支付100万美元的股利，预扣税税率为20%，则该公司只向外国投资者支付80万美元，另外20万美元是由该公司代表该国政府以预扣税的形式预先扣除。

3. 资本利得税

资本利得税又称资本收益税，是对企业出售资本性资产所得利益而课征的税。资本性资产是指那些不是准备随时变卖的资产，如持有期间比较长的股票、债券。一般而言，资本利得税的税率要低于公司所得税的税率。

四、国际税收制度

（一）国际税收管辖权及其协调

税收管辖权是指一国在税收领域的主权，是一个国家政府在行使主权课税方面所拥有的管理权力，它是国际税收关系中一个基本问题，由此产生一系列其他的国际税收问题。一国政府有权自行决定对哪些国家征税，以及征多少税。国际税收所出现的种种问题和矛盾都与税收管辖权有关。一个国家的税收管辖权可以按属地和属人两种不同原则确定。按属地原则确立的税收管辖权，称作地域管辖权或收入来源，其主要内容是，只对跨国纳税人源于本国国界内的收入予以征收。对于源于本国国界之外的收入，不论所在国家是否征税，都不属本国税收管辖的范围。按属人原则确立的税收管辖权称作居民管辖权或居住管辖权，其主要内容是，不论跨国纳税人的收入源于何国，只要是本国居民，就要对其全部收入予以征税。

根据税收管辖权的内容，现行的做法是针对不同的税种冠以不同的原则。凡按商品或劳务销售收入征税的税种，由于它们所特有的地域性质，决定各国政府只能以属地原则课税，一般不构成国际税收所涉及的征税对象。对所得征税的各税种来说，由于征税对象是国际纳税人所得，这种所得既可以来自国内，也可以来自国外，决定了各国政府既可按属地原则，也可按属人原则，对国际纳税人源于世界各地的全部所得进行课税。也正是由于各国征税施行不同的原则，产生了双重课税的问题。

对于跨国公司而言，全世界都统一税收管辖权是最好的。但是，一方面一个国家的政治权利不可能超越国界；另一方面世界各国的经济发展水平差距很大，发达国家一般实行居民管辖权，而发展中国家倾向实行地域管辖权。不同的税收管辖权体现了不同国家的利益，发达国家资本输出比较多，它们的国际纳税人源自世界各地的所得也多。这样，扩大本国的居民管辖权实施范围对它们不利。相反，发展中国家的外资企业占很大比重，扩大本国地区管辖权对它们有利。这种不同国家不同倾向性的做法往往引起双重课税问题。为了在公平原则上加以协调，需采用一定的方法来避免这种冲突。

各国政府可能选择不同的税收管辖权给跨国公司的国际化经营带来了不便。在不同的税收管辖权形式下采用的税收政策是有差异的，一般地，跨国公司不能将其海外课税主体——公司总部，设在实行居民管辖权的国家中，否则将增加该公司的税负。为了减轻由于国际税收管辖权的差异给国际经济活动带来的不便，可以实施税收协调，缩小两种管辖权之间的差别，进而促进国际税收利益分配的合理化。在这种形势下，跨国公司将享受国际合作的税收利益。

（二）税制的类别

目前，国际上各国所采用的税务管理制度各异，不同的税制同样会产生税负上差异。世界上常见的税制有以下几种。

1. 传统税制

传统税制以会计实体理论及现代公司法为基础，在纳税上实行公司与股东完全分开的原则。在这个原则下，公司所得税按公司的利润收入征收，如果纳税后留存利润，则不再交纳任何其他税，如果纳税后利润作为股利形式分给股东，则将向收取股利的股东征收个人所得税。很明显，在这种税制下，留存利润是一次征税，而分配利润则是两次征税，其目的在于鼓励公司留存收益。采用传统税制的国家主要是一些发达国家，如美国、荷兰、意大利、西班牙、瑞典等。

2. 税务扣减制

传统税制对公司和股东在经济上有着不同的对待方式，从而造成了利润的留存与分配不公平，为此，长期以来一直引起会计学界的非议。经理论与实践的试验，许多国家放弃了传统税制，转向实行一种视公司与股东为一体的税务制度——税务扣减或折算税制。按照这一税制，股东个人所增收入的纳税义务是以公司基本税务的一部分体现的，也是按公司应纳税收入的现行税率计纳公司所得税的一部分。这样，在计算股东收入时，则给予一定数额的税务扣减，以抵消根据股东个人所得按基本税率计算的应纳税义务。采用这种税制的国家有英国、法国、意大利、比利时等，这些国家是在实行了传统税制以后于20世纪六七十年代开始试行的。

3. 分离税率制

这种税制将利润收入分为已分配利润和留存两部分，然后以两种不同的税率计征。未分配收入按高税率计征，而已分配收入按低税率计征。这种税制与传统税制鼓励留存的做法相反，它鼓励公司支付股利。采用这种税制的国家有德国、日本和挪威等，它们在确定两个税率时，差别很大。

上述三种主要税制可根据各国的具体要求选择，一个国家采用或放弃某一税制是以促进和抑制向国内或国外投资及资本的流动策略为基础的。与此同时，不同税制的选择形成了税负上的差异。

五、国际税收管理的目标

国际税收管理是国际财务管理中一个十分复杂和极其重要的问题。国际企业在从事跨国经营时，把资本投向不同的国家，就会涉及多个国家的税法。就国际企业的利益而言，税法是最直接影响其利益的法律。为了合理地做出财务决策，国际企业的财务人员应具备一些必要的国际税收方面的知识，科学地进行国际税收管理。总的来说，国际企业税收管理的目标是合理降低企业总税负。这一目标当然要通过一系列的方法才能实现，税收管理的具体目标可以概括为以下内容。

（1）根据有关国家的税法、税收协定来避免国际企业出现双重征税的情况。

（2）利用有关国家为吸引外资而采取的优惠政策，实现最多的纳税减免。

（3）利用各种"避税港"来减少企业所得税。

（4）利用内部转移价格把利润转移至低税国家和地区，以便使总纳税额最少。

（5）利用其他方法来减少所得税的支付。

第二节　国际双重征税及免除

一、国际双重征税及其产生的原因

国际双重征税是指两个国家对同一纳税人的同一所得额，同时按本国税法课征所得税。国际双重征税现象，不利于公平竞争，应采用特定方法予以免除。国际双重征税的产生是同税收管辖权紧密联系的，只有在两个国家对同一纳税人都能行使税收管辖权的情况下，才会产生国际双重征税问题。这主要有以下三种情况。

1. 两国对同一纳税人的同一征税对象都按收入来源税收管辖权进行征税

例如，甲国 A 公司贷款给乙国 B 公司，乙国 B 公司又将此款贷给丙国 C 公司。C 公司把利息汇给 B 公司时，丙国要按收入来源税收管辖权征税，B 公司将利息汇给 A 公司时，乙国又要按收入来源税收管辖权进行征税。这样，对同一笔利息收入进行了双重征税。

2. 两国对同一纳税人的同一征税对象都按居民税收管辖权进行征税

同一纳税人在两国都具备居民身份证时则会发生重复征税问题。

3. 一国按居民税收管辖权，另一国按收入来源税收管辖权对同一纳税人的所得重复征税

这是国际税收关系中经常发生的现象，一般所说的双重征税，主要是指这种情况。

二、国际双重征税的危害

国际双重征税的存在，对国际经济的发展、跨国经营的推行，都会产生不利的影响。

（一）国际双重征税违背税负公平原则

从国际企业来看，同一笔所得只能承担一次纳税义务。而国际双重征税的存在，有的纳税人交纳一次税，有的则要交纳多次税，造成地位同等的纳税人在税收及相关的范围内处于不同的竞争状态。这不利于国际企业在平等竞争的环境中发展。

（二）国际双重征税加重了纳税人的负担

企业的同一笔所得，两国同时对其征税，税后所得必然减少，如果两国均为高税率，则所剩所得更少。这会严重限制国际企业的生产经营活动，阻碍国际经济和技术合作的发展。

免除国际双重征税，可以减轻国际投资者的税负、消除国际投资者对国际纳税的畏惧心理，从而有利于国际资本的流动和加强各国经济的合作，促进世界经济的发展。

三、国际双重征税免除的方法

国际双重征税的种种危害，已经为各国所共识。各国政府都期望消除彼此间税收管辖权的冲突，并在许多国际条约中列入了消除国际双重征税的原则和规定，也建立了许多避免国际双重纳税的方法。为了消除国际双重征税，联合国关于避免国际双重征税的协定范本和 OECD 关于避免国际双重征税的协定范本都提出了以下方法。

（一）免税法

免税法（method of tax exemption）是对本国居民来源于国外的所得和放在国外的财产并已在国外纳了税的那部分跨国收益、所得或财产价值予以免税，本国政府只对企业在本国的收益征税，是避免国际双重征税的一种方法。实行免税制的国家主要是欧洲大陆和拉丁美洲的一些国家，如法国、海地、多米尼加、巴拿马、委内瑞拉等。免税法有全额免税和累进免税两种。

全额免税是征税国在确定纳税人总所得的适用税率时，完全不计入免税的国外所得。

【例 10-1】 A 国的某总公司于某纳税年度在本国获得收益 900 万 A 元，它在 B 国设一分公司，同年获得收益 1200 万 B 元，按汇率 1A 元＝4B 元，折合为 300 万 A 元。A 国和 B 国所得税都实行比例税率，A 国税率为 35%，B 国税率为 30%。分公司在 B 国已缴纳所得税 360 万 B 元（即 1200×30%），折合为 90 万 A 元。分公司在 B 国获得的收益在 A 国免税。总公司只需向 A 国政府缴纳所得税 315 万 A 元（即 900×35%）。

累进免税是征税国对境外所得虽给予免税，但在确定纳税人总所得的适用税率时，却要将免税所得并入计算。实行累进免税法，征税国往往都会取得较多的税款，故目前许多国家都采用累进免税法。

总公司所在国政府实行累进税率的情况下，应纳所得税的计算有以下两种方法：①总公司的应纳税的收益不包括国外分公司的收益；②总公司的应纳税的收益要包括国外分公司的收益。在计算时，先将总公司和分公司的收益合并，求出全部收益，再按规定的税率计税，然后按总公司的收益占全部收益的比例，求出总公司应纳所得税额。

【例 10-2】 D 国的某总公司在本国经营获得收益 290 万 D 元，它设在 E 国的分公司同年获得收益折合为 68 万 D 元，E 国所得税税率为 30%，D 国所得税实行累进税法，每年所得收益不超过 300 万 D 元，税率为 30%；300 万～350 万 D 元，税率为 40%；350 万 D 元以上，税率为 50%。根据以上数据，计算分公司向 E 国政府缴纳所得税额为

$$68 \times 30\% = 20.4（万 D 元）$$

总公司应向 D 国政府缴纳所得税额为

按第一种方法计算：

$$290 \times 30\% = 87（万 D 元）$$

按第二种方法计算：

$$[300 \times 30\% +（350-300）\times 40\% +（358-350）\times 50\%] \times \frac{290}{290+68} = 92.35（万 D 元）$$

（二）抵免法

抵免法（method of tax credit）是指居住国允许本国居民纳税人在本国税法规定的限度内，用已在来源国缴纳的税款，抵免应就其世界范围内所得向居住国缴纳税款的一部分，是避免双重征税的一种方法。我国目前采用这种方法。抵免法有全额抵免和限额抵免两种。全额抵免是不管纳税人在收入来源国纳税多少，全部都给予抵免。限额抵免是抵免额不得超过纳税人在外国按居住所得税率所应缴纳的税款。当收入来源国的所得税税率低于或等于居住国的所得税税率，全额抵免和限额抵免并无区别；当收入来源国的所得税税率高于居住国所得税税率，超过居住国税率所应纳税款的部分则不能抵免。限额抵免法对跨国纳税人是不利的，但对征税国有利，因此世界上大多数国家都采用限额抵免法。我国也实行这种方法。

限额抵免又分为直接抵免法和间接抵免法，还有税收饶让抵免。

1. 直接抵免法

直接抵免法（method of direct credit）适用于同一经济实体的跨国总公司和分公司之间纳税的抵免。总公司和它设在国外的分公司由于资金所有权是同一的，经营决策和利润分配也都是同一的，它们是属同一经济实体，因此，分公司在国外已缴给当地政府的税款，可以直接用来抵免总公司汇总应向本国政府纳税的数额。仍按例 10-1，B 国分公司和 A 国总公司应纳所得税，分别计算如下。

首先，分公司向 B 国政府缴纳所得税额为

$$300 \times 30\% = 90（万 A 元）\tag{10-1}$$

在计算总公司应向 A 国政府缴纳的所得税额时，首先，应计算抵免限额。本例抵免限额为

$$300 \times 35\% = 105（万 A 元）\tag{10-2}$$

其次，确定允许抵免的数额，当式（10-1）＜式（10-2），以式（10-1）作为允许抵免数；当式（10-1）＞式（10-2），以式（10-2）作为允许抵免数。本例允许抵免数为 90 万 A 元。

最后，计算总公司应向 A 国政府缴纳的所得税额为

$$（900+300）×35\%-90=330（万 A 元）$$

与免税法相比，总公司多缴纳所得税 15（即 330-315）万 A 元。这是由于 A 国税率高于 B 国税率造成的，即 300×（35%-30%）=15（万 A 元）。

如果两国税率相等，假设均为 30%，则在免税法和抵免法下，总公司在 A 国的纳税额将相等。

免税法：900×30%=270（万 A 元）。

抵免法：（900+300）×30%-90=270（万 A 元）。

如果 A 国税率低于 B 国税率，假设 A 国税率为 35%，B 国税率为 40%，在免税法和抵免法下，总公司在 A 国的纳税额也相等。

免税法：900×35%=315（万 A 元）。

抵免法：

$$分公司在 B 国纳税：300×40\%=120（万 A 元） \tag{10-3}$$

$$抵免限额：300×35\%=105（万 A 元） \tag{10-4}$$

由于式（10-3）＞式（10-4），以式（10-4）作为允许抵免数。

总公司向 A 国缴纳税：

$$（900+300）×35\%-105=315（万 A 元）$$

通过比较可以看出，免税法比较简便，而且抵免法只有在外国税率低于本国税率时，才有实际意义。

2. 间接抵免法

间接抵免法（method of indirect credit）适用于非同一经济实体的跨国母公司和子公司之间纳税的抵免。由于母公司对子公司一般是参股或控股关系，子公司的股权和经营业务活动虽受母公司的控制，但子公司拥有自己的一整套公司组织，形式上是完全独立的企业单位。子公司和母公司不属于同一经济实体，因此，子公司在国外经营所获得的利润不能完全归母公司所有。子公司每年所获得的利润，首先要向子公司所在国政府缴纳所得税；其次进行税后利润分配，其中一部分作为股息上交给母公司，母公司将收到的股息并入母公司的收益中；最后再向母公司所在国政府缴纳所得税。由此可见，本国（母公司所在国）政府不能允许母公司将其子公司向外国（子公司所在国）政府缴纳的所得税全部用来抵免母公司应缴本国政府的所得税额。纳税抵免额不能按子公司所获得的全部利润直接计算，只能通过母公司收到的股息间接地推算出来。

【例 10-3】 A 国某母公司某年获得利润为 150 000A 元，还收到在 B 国的子公司税后利润交来的股息为 40 000B 元，按汇率 1A 元=4B 元，折合为 10 000A 元。A 国所得

税税率为 35%。又设在 B 国的子公司同年获得利润为 200 000B 元，折合为 50 000A 元，B 国所得税税率为 30%，已向 B 国政府缴纳所得税 60 000B 元，折合为 15 000A 元。母公司应向 A 国政府缴地所得税额的计算过程如下。

第一，计算应由母公司承担的子公司已缴所得税税额：

$$15\,000 \times \frac{10\,000}{50\,000 - 15\,000} = 4285.71 （A 元） \tag{10-5}$$

第二，计算应并入母公司的子公司利润：

$$10\,000 \div （1 - 30\%） = 14\,285.71 （A 元） \tag{10-6}$$

第三，计算抵免限额：

$$14\,285.71 \times 35\% = 5000 （A 元） \tag{10-7}$$

第四，确定允许抵免的数额，当式（10-7）＞式（10-5），则允许抵免额为式（10-5）；当式（10-7）＜式（10-5），则允许抵免额为式（10-7）。本例允许抵免额为 4285.71A 元。

第五，计算母公司应向 A 国政府缴纳的所得税额：

$$（150\,000 + 14\,285.71） \times 35\% - 4285.71 = 53\,214.29 （A 元）$$

按照国际惯例，子公司所在的国家在子公司支付股息给母公司时，要向母公司征收股息收益预提所得税。母公司所在国政府对该母公司的全部收益（包括股息收益在内）征税时，就要用直接抵免法对这部分已交的预提所得税给予抵免。假设例 10-3 中的 B 国政府的预提所得税税率为 20%，A 国母公司在 B 国的子公司获得股息收益为 10 000A 元，缴纳预提所得税数额为

$$10\,000 \times 20\% = 2000 （A 元） \tag{10-8}$$

在 A 国，预提所得税的抵免限额为

$$10\,000 \times 35\% = 3500 （A 元） \tag{10-9}$$

当式（10-8）＜式（10-9），则以式（10-8）作为允许抵免数；如式（10-9）＜式（10-8），则以式（10-9）作为允许抵免数。本例允许抵免额为 2000A 元，母公司应向 A 国政府缴纳的所得税为

$$（150\,000 + 14\,285.71） \times 35\% - （4285.71 + 2000） = 51\,241.29 （A 元）$$

3. 税收饶让抵免

许多发展中国家为吸引外资，往往对外商投资企业予以优惠的低税或全部免税。如果外商投资企业，因在地主国获得低税，本国政府仅准外商投资企业用实缴的低税税额，抵消本国盈利事业所得税；而如果在地主国获得全部免税，则不得抵消任何营利事业所得税。此一方式，使在国外投资的国际企业，未能享受地主国所赋予低税、全部免税的优惠待遇，有失地主国优惠税法的原旨。非但如此，用低税或免税方式吸引外资者，多

是发展中国家，为吸引外资，不惜放弃部分税收，但若国际企业的本国（多是高度发达国家）政府，不准抵消本国盈利事业所得税，则等于将发展中国家所牺牲的税收攫为己有，许多西欧国家（包括英国、德国等）有鉴于此，本国企业在外国的分公司或子公司在地主国享受低税或全部免税的优惠待遇，在课征本国盈利事业所得税时，仍视同未得优惠待遇，按地主国正常的盈利事业所得税率，计算应缴税额，用以抵免本国的盈利事业所得税。因此，所谓税收饶让抵免（tax sparing credit）就是本国政府对企业在国外的分公司或子公司经营所得收益，得到当地政府减免的那部分税收，视同已经缴纳，给予饶让抵免。

（三）税收协定法

税收协定法是通过有关国家签订双边税收协定，以避免国际纳税人被重复征税的一种方法。所谓双边税收协定是指两个国家为了协调双方处理跨国纳税人征税事务和其他有关方面的税收关系，经过谈判而签订的一种书面协议。运用税收协定避免国际双重征税，主要有两种方法：一是将征税权完全划归一方，从而完全排除了另一方对该纳税对象的征税权，使国际双重征税得以免除；二是通过税收协定，缔约国双方可以确定各自税收管辖权的范围，明确哪些所得应由来源国一方优先行使来源地税收管辖权、哪些所得应限制其税收管辖权的行使等，如此，也能避免国际双重征税。

第三节　国际避税与反避税

在税收领域，避税具有普遍性意义，特别是当税收的征纳关系跨越了国界时，这类活动的意义就显得更为突出。因此，研究国际避税的起因及方法，具有重要的意义。

一、国际避税的含义

国际避税（international tax avoidance）是指跨国纳税义务人为维护和实现其最大经济利益与业务，利用国与国之间的税收方面的差异，躲避其应履行国际税收义务的经济现象和经济活动。

国际避税与国际逃税之间并没有绝对的界限，两者都属于跨国纳税人减轻税负的行为，其动机和结果是一样的。但一般说来，国际避税通常是指跨国纳税人利用各国税法规定的差异，以种种合法手段将纳税义务减至最低限度的行为。国际逃税（亦指国际偷税漏税）通常是指跨国纳税人利用国际税收管理合作的困难和漏洞，以种种非法手段逃避或减轻纳税义务的行为。因此，在西方经济学界看来，两者的重要区别在于，后者属于违法行为，前者则不属于违法行为。

二、国际避税的原因

实现税后所得最大化或纳税义务最小化，是国际避税产生的主观动机。但是，如果各国税法规定完全相同，国际税收筹划的可能性就不存在，所以国际避税的产生还有客观原因。国际避税的客观原因，多是国家间税法规定和税负轻重的差异。

（一）国际避税产生的主观原因

由于税负具有强制性，税负在企业中表现为成本、费用，税负必须采用现金的形式支付等特点，为了实现纳税义务最小化进而实现税后所得最大化、减少现金流出的目标，国际纳税人将选择避税的方式降低税负。

（二）国际避税产生的客观原因

造成国家避税的客观原因是各国税法规定的差异，主要表现在以下几个方面。

1. 税收管辖权约束规范的差异

税收管辖权，是指一个国家行使征税权力的范围。如果按属地主义原则确定本国税收管辖权，那么，征收范围就仅限于来源于本国境内的各种应税收入，而对来自本国境外的各种收入不予征税；如果按属人主义原则确定本国税收管辖权，那么，征税范围就包括纳税人来自全球范围的各种应税收入。也有一些国家按属地主义原则与属人主义原则相结合的办法确定税收管辖权。对收入来源地和居民身份的认定，各国均有自己的规定。这种规定的差异有可能被跨国纳税人利用，作为其在国际上避税的途径。例如，在判定一笔所得是否来源于本国境内的问题上，各国采用的标准就不统一，有的以劳务提供地为准，有的以合同的签订地为准，还有的以权利的使用地为准。这样，跨国纳税人便可利用这些标准的差异，使自己的收入变为来源于其他国家境内的收入，从而避开本国收入来源地税收管辖权的管辖。再如，在居民身份的判定问题上，各国采用的标准也不统一，有的以总机构登记注册地为准，有的以实际管理机构登记注册地为准。如果一家跨国公司要逃避有关国家居民税收管辖权的管辖，它就可以在采用总机构标准的国家登记注册，而将公司的实际管理机构设在采用登记注册地标准的国家。于是，这个跨国公司因不具备任何一国居民公司的身份地位，而无需承担任何一国的无限纳税义务。

2. 税种、税率差异

各国税种设置不尽相同。例如，在对所得收益征税方面，有些国家对工资、股息、红利、财产租赁所得等，分别设置税种进行征税；有些国家则综合设置税种进行征税。而且，各国设置的税种即便名称相同，但纳税人和征税对象也不完全相同。

各国在税率确定方面也存在较大差异。税率是税收负担轻重的标志，各国的所得税制度所采用的税率一般为超额累进税率，但也有采用比例税率的。至于税率水平的高低、应税所得级距的大小，各国的规定就更是差别很大了。这样一来，当一个国家的税率较其他国家的税率低时，居住在高税率国家的跨国纳税人就会设法将其收入转移到低税率国家去，以获得低税待遇，逃避原所在国家的高额税负。当一个国家采用比例税率，其他国家采用累进税率时，即使后者的最高税率较前者高，也有可能实际税负较前者轻，这又为跨国纳税人避税提供了条件。所以，同样征收公司所得税，有的国家采用比例税率，有的国家则采用超额累进税率；而且各国的税率高低差异十分明显，有的国家公司所得税率高达50%以上，有的国家公司所得税率最高不超过30%；即使是同样采用超额累进税率的国家，各国规定的累进级距和每一级距的应税税率也有很大差别。

3. 税基的差异

在国与国之间，某种税种从征税对象上看基本相同，但在征税基数的确定方面，由于各国规定的减免或税收优惠各不相同，使得税基大小不一，从而造成纳税人的纳税负担轻重不一。所得税中的税基就是应税所得。众所周知，从总所得到应税所得，要经过一系列的扣除，这在各国是一样的。但对于哪些项目可以扣除，具体到一个项目又可扣除多少，各国的规定则不尽相同。一般说来，扣除越多，税基越小；反之，扣除越少，税基则越大。在税率既定的条件下，税负的轻重就决定于税基的大小。各国税法在税基上的不同规定，意味着跨国纳税人的某项所得在一国不能扣除或扣除较少，而在另一国却可能获得扣除或扣除较多的待遇。这又为跨国纳税人避税提供了机会。

4. 税法有效实施上的差异

有的国家虽然在税法上规定的纳税义务很重，但由于征收管理水平低下，纳税人实际履行的纳税义务可能较低。

5. 避免国际重复征税上的差异

国际重复征税是指两个或两个以上的国家或地区，在同一时期内，对参与或被认为参与国际经济活动的同一纳税人取得的同一笔所得，征收同样或类似的税收。这显然不利于发展国际经济合作，为此，各国都采取一些措施和方式，避免或消除国际重复征税。具体的方法包括免税法（将国外所得从应税所得中扣除）、扣除法（将国外已纳税款从应税所得中扣除）及抵免法（将国外已纳税款从整个应纳税中扣除）。各国采用的方法不同，造成的降低税负机会就不尽相同。

除此之外，税制中其他方面规定的差异，如各国税收优惠措施方面的不同、各国具体的征收管理制度方法的不同、各国征管水平的不同等，以及各国税法重点、税收漏洞和税收真空也是引起跨国纳税人避税的客观原因。

三、国际避税的方法

正因为以上种种主观与客观原因的推动，使得国际避税成为一种可能。跨国纳税人躲避国际纳税义务与国内纳税人躲避国内纳税义务有较大的不同。一般说来，国际税收所涉及的纳税人多是指在两个或两个以上的国家获取收入，并在这些国家同时负有纳税义务的法人和自然人；或者纳税人虽然没有在两个或两个以上国家获得收入，但都在这些国家负有纳税义务的法人和自然人。例如，北京恒达科技有限公司在中国从事生产经营活动的同时，也在荷兰创办一家公司，并同时在中国和荷兰获得收入，按照中国和荷兰法律规定，北京恒达科技有限公司具有双重纳税义务，它既要在中国依中国税法规定纳税，也要根据荷兰税法规定向荷兰政府纳税。这里存在这样的问题，即北京恒达科技有限公司在中国政府和荷兰政府履行纳税义务时，怎样确定它的应税金额。这个问题的存在，是造成国际双重征税的根源，同时也为国际避税奠定了基础。通常认为，纳税人只有在两个或两个以上国家获得收入，才会承担这些国家的纳税义务，从而成为国际税收所涉及的纳税人。但在相当一些情况下，以一个国家获取收入的个人或法人，也会因经济利益或经营活动涉及两个或两个以上的国家，导致纳税人对两个国家均负有纳税义务。如美国税法规定，凡属美国公民，无论居住在哪一国，都必须对其来自世界各地的收入向美国政府纳税，这就是所谓居民税收管辖权。世界绝大多数国家不仅使用居民（公民）税收管辖权理论行使税收权力，而又同时使用地域管辖权理论行使税收管辖权，即凡是来自本土的收入都必须向所在地政府纳税，而不论是哪国公民或居民。由于缺少国际范围的税收管理体制的协调，尤其考虑到世界各国的单边措施和双边税收协定中减免措施，导致了世界各国税收千差万别。一方面，税收管辖权理论导致国际重复征税严重；另一方面，千差万别的税收漏洞，无不刺激纳税人巧妙利用，所以通过避税来减轻纳税义务，既有必要（税负太重）又有可能（税制千差万别）。

在国际税收的实践中，跨国纳税人的避税方法变招百出，纳税人对有关国家的税法研究得越细，方法也就越多，并越来越具有隐蔽性。纳税人招数百出，究其根本是纳税人或征税对象的来源是否能在不同国家税收管辖权范围之间得到转移。纳税人无外乎是指法人和个人，按税收管辖权不同又可确定为公民或居民，这里统称人的因素；征税对象也就是指资金投放、劳务付出，或货物交换而产生的收益或所得，这里统称为物的因素。两者的运动将会形成避税的方法。

（一）法人的流动与非流动法

1. 公司居所的避免

公司居所的避免，包括两个方面的手段：一种是严格的居所避免；另一种是居所转移。国际企业之所以可以采用居所避免的方式降低税负，是因为各国判定一个公司是居民公司还是非居民公司的依据不尽一致。美国是以公司登记注册地来区分居民公司与非居民公司；而许多欧洲国家则是看公司在本国是否有居所，而判定有无居所的重要标准，是公司实施控制与管理的主要地点。所以，居所的避免，就是要消除母国或行为发生国成为实施控制与管理的主要地点的所有实际特征。例如，选用非居民做经理；不在居所召集管理或股东会议；"国外"会议记录必须包括在国外做出的重大营业决策的详细资料；等等。

跨国纳税人之所以要利用居所的迁移来逃避纳税义务，除了各国税负水平高低不等之外，各国行使不同的税收管辖权及行使居民税收管辖权的国家，多以课税主体（纳税人）在本国有无永久性或习惯性住所，作为其行使居民税收管辖权的依据，则是更为直接的原因。例如，将居所从高税国向低税国迁移，以后者居民身份纳税，从而减轻原应负担的纳税义务；将居所从行使居民税收管辖权国家向行使收入来源税收管辖权的国家迁移，以后者居民身份而仅就其来源或存在于行使收入来源税收管辖权国家境内的收入或财产纳税，从而逃避原应对行使居民税收管辖权国家所承担的纳税义务；通过不断变更居所，躲避居民身份，而避免在任何国家以居民身份承担无限纳税义务；通过常年在国际流动，在任何一国的停留都不超过非居民纳税起点时间，而逃避几乎所有的纳税义务。

居所迁移避税筹划法具体可分为个人居所迁移避税筹划法和公司法人居所迁移避税筹划法。我们只介绍公司法人居所迁移避税筹划法。

首先，我们要了解法人居民公司纳税人的确定标准。

（1）法律标准：法律标准又称组建地标准或注册地标准，对凡是按照本国法律组建并登记注册的公司规定为本国居民公司。

（2）总机构标准：以一个公司的总管理机构，如总公司、总部是否设在本国境内为判定标准。如果一个公司总机构在本国境内，即为本国居民公司。

（3）控制和管理中心标准：以公司经营活动的实际控制和管理中心所在地为依据，凡是实际控制和管理中心所在地被认定在本国境内的公司，即为本国居民公司。按照有关国家规定，实际控制和管理中心所在地，一般是指公司董事会所在地或董事会有关经营决策会议的召开地点。

（4）主要经营活动标准：以公司经营业务的数量为依据。实行这一标准的国家，通常规定如果一个公司占最大比例的贸易额或利润额是在本国境内实现的，该公司就是本国居民公司。

（5）控股标准：以一个公司拥有控制表决权股份的股东的居民身份为依据，有控股表决权的股东是本国居民，该公司也为本国居民公司，并负有纳税义务。

其次，我们看一下法人居民公司纳税人的避税可能。为了使上文标准难以确定，居民公司可采用一些技术处理，来避免成为居民纳税人。

（1）一些股东不参与管理活动，其股份与影响管理的权力分离，只保留他们的财权。

（2）避免在高税国注册公司，最好选在国际避税地或提供税收优惠较多的国家注册公司。

（3）选用非居民担任管理角色。

（4）不在高税国召集股东会议或管理决策会议，并在这些国家之外做出各种会议报告。国外会议记录必须包括在国外做出的重大营业决策和详细资料。

（5）避免从高税国发出电话或其他电讯指示。

（6）对临时或紧急交易，建立一个分离的服务公司，按一定的利润纳税，以避免全额纳税。

确定公司或有关机构的居所，主要以该公司或机构的控制管理部门设在什么地方为准。例如，一家在法国注册的公司可以是中国的居民公司，而在中国注册的法国公司可以是法国居民公司。由此可见，公司在别国税收管辖权范围内可以作为居民公司对待，同时也不应妨碍该公司母国也将其作为居民公司看待。因此，利用居所变化躲避纳税义务的一个核心就是消除使其母国或行为发生国成为实施控制和管理地点的所有实际特征，实现公司居所"虚无化"。例如，法国斯弗尔钢铁股份有限公司以下列手段和方式，避免在英国具有居所和成为英国纳税义务人。

（1）该公司中的英国股东不允许参加管理活动，英国股东的股份与影响和控制公司管理权力的股份分开。他们只享有收取股息、参与分红等权力。

（2）选择非英国居民做管理工作，如经理、董事会的成员等。

（3）不在英国召开董事会或股东大会，所有与公司有关的会议、材料、报告等，均在英国领土外进行，档案也不放在英国国内。

（4）不以英国电报、电讯等有关方式发布指标、命令。

（5）为应付紧急情况或附带发生的交易行为等特殊需要，该公司在英国境内设立一个单独的服务性公司，并按照核定的利润率缴纳公司税，以免引起英国政府的极端仇恨。

事实表明,法国斯弗尔钢铁股份有限公司这些做法,十分正确、有效。据报道,1973~1985 年, 该公司成功地回避了英国应纳税款 8137 万美元。

居所转移就是将一个公司的居所转移到低税国。一般来讲, 不到万不得已时, 不会轻易采取这种方法。这是因为, 一个企业的实质性迁移, 成本很高。除了设备的拆装及运输成本外, 还包括变卖不能带走的资产(如土地、固定设施)而产生的资本利得所需缴纳的税款等。

2. 法人的变相流动——"信箱公司"

"信箱公司"是在避税地设立"基地公司"的基本形式。顾名思义,"信箱公司"实质上只是一个在某一选定的国家履行了必要的法律手续和登记手续的公司, 而实际的经营活动是在别的国家进行的。"信箱公司"的功能是转移和积累资本, 保守经营秘密。"信箱公司"的形式多种多样, 包括控股公司、金融公司、贸易公司、租赁公司等。控股公司是指建立在避税地的、控制着国外从事实际生产经营活动的子公司的股权, 从而获得股息收入的有限责任公司。金融公司通常是一个国际企业或企业集团在避税地建立的, 为其内部各企业间借贷款服务的公司。由于设在避税地的金融公司从业务活动中取得的利息收入可以少纳税或不纳税, 因此, 金融公司向设在高税国的总公司、分公司贷款时, 可以通过有意提高借款利率的办法, 把一部分利润转移到金融公司, 从而达到降低税负的目的。贸易公司是一种为总公司及各分公司从事贸易、劳务交易开发票的公司。国际企业的母公司或其子公司把生产的产品按较低的价格卖给设在避税地的贸易公司, 贸易公司再以正常价格把产品卖给客户, 借此将更多的利润留在贸易公司, 从而达到降低税负的目的。租赁公司是设在避税地专门从事租赁业务的公司, 它也为公司降低税负提供了方便。具体做法是, 设在高税国的总公司购买一项资产后, 以较低价格租给避税地租赁公司, 然后, 租赁公司再以较高价格租赁给用户, 从而达到降低税负的目的。

3. 法人的非流动

法人的非流动就是跨国纳税人并不离开所在国, 更不必成为真正的移民, 而是通过别人在他国为自己建立一个相应的机构或媒介, 主要是采用信托或其他信托协议的形式。基本特点是, 最终所有者并不离开他的国家或实际迁移出境, 而是采取信托的形式, 转移一部分所得或财产, 造成法律形式上所得或财产与原始所有者的分离, 达到回避税收管辖权、减轻税负的目的。此举目的在于, 在最终所有人的居住国避免就这部分所得或财产缴纳所得税及继承税和赠予税, 这种手法被称为"虚设信托资产", 是避税的典型活动之一。

例如, 某公司打算在国外进行投资, 如果直接以本公司名义对外投资, 获取的收益理所当然地要向居住国的政府纳税。现在, 该公司把这笔资金, 以信托公司名义按照公司原计划进行投资活动, 但表面上该公司把投资收益隐藏在信托公司名下。这样, 通过向避税地信托公司支付有限的费用, 即可达到避免使这部分投资收益向居住国政府缴纳税款的目的。例如, 新西兰朗伊桥公司为躲避本国的所得税, 将年度利润的 70%转移到巴哈马群岛的某一信托公司, 由于巴哈马群岛是世界著名的自由港和避税港, 税率比新西兰低 35%~50%, 因此, 新西兰朗伊桥公司每年可以有效地躲避 300 万~470 万美元的税款。

在实际避税活动中，除了信托协议形式之外，还有其他类似形式。其他信托协议形式是指一些跨国纳税人与银行之间的契约性关系。由于其涉及国家之间的双边税收协定，一国纳税义务人与某一银行签订信托合约，该银行受托替纳税人收取利息。当该受托银行所在国与支付利息者所在国签订有双边税收条约时，按此条约规定，利息扣款税率享有优惠待遇，则纳税人即可获得减免税好处。例如，日本与美国签有互惠双边税收协定，日本银行从美国居民手中获取利息支付可以减轻 50%（美国规定利息税率为 20%，日本银行可以按 10% 支付）。当中国某一公司和美国某一公司发生借贷关系时（中国公司是贷款提供一方，美国是贷款需要一方），中国公司便可委托日本银行代替中国公司向美国公司收取贷款利息，这样就可得到减轻 50% 税款的好处。同理，中国公司若是贷款需要方，也可利用这一相似的方法减少纳税。但由于这一方法涉及国家之间的互惠双边税收协定，所以这种税务筹划方法就有了滥用互惠双边税收协定的含义。

在跨国避税中，许多纳税法人总想通过在海外建立自己的办事机构和分支机构的办法实现避税。但是，事实表明，相当一些涉外办事机构和分支机构在行为管理上有许多不便、耗资多且效率低。因此，不如在海外中转国或其他地方找一个具有居民身份的银行来帮助处理业务，利用银行居住国与借主和最终贷主双方所在国签订的双边税收条约，为双方提供方便。

（二）资金、货物或劳务的流动与非流动法

在国际避税中，资金、货物或劳务的重要性毫不亚于人的流动，在有些方面反而略胜一筹。人的流动似乎有点过于显眼，而被税务当局盯得很紧，在种种严格规定的束缚下变得有些束手束脚。相比之下，在某些避税活动中，资金、货物和劳务流动产生的效益有时比人的流动产生的效益还要好。正因为如此，跨国纳税人对资金、货物和劳务流动避税法给予越来越密切的关注和研究。

1. 避免成为常设机构

绝大多数国家利用"常设机构"的概念，作为对非居住地个人或非居住地公司征税的依据。在 OECD 和联合国分别起草的《经合组织范本》《联合国范本》中为常设机构规定了以下判别标准。

（1）常设机构是企业进行全部或部分营业的固定场所。

（2）非居民在一国内利用代理人从事活动，代理人（不论是否具有独立地位）有代表该非居民经常签订合同、接受订单的权利，就可以由此认定非居民在该国有常设机构。在根据第一条难以确定时，此条作为前者的补充和法律参考。

各国之间签订的互惠双边税收协定，许多是按以上标准来定义常设机构的。这样，跨国纳税人就可以根据所从事的一项或多项免税活动，利用服务公司来规避税负。

近几年，由于不需要设置常设机构的经营活动越来越少、技术水平的提高和生产周期的缩短，相当一些企业可以在政府规定的免税期间实现其经营活动，并获得相当可观的收入。这种突击式的短期经营方式给各国税务部门带来了麻烦。例如，在中东和拉丁美洲国家规定，非居民公司在半年内获得的收入可以免税，韩国一些海外建筑承包公司

常常设法在半年内完成其承包工程，以免交这些国家的收入所得税。又如，日本在 20 世纪 70 年代兴建了许多海上流动工厂车间，这些工厂车间全部设置在船上，可以流动作业。20 世纪 80 年代，这些流动工厂先后在亚洲和非洲等地流动作业。海上流动工厂车间每到一地，就地收购原材料，就地加工，就地出售，整个生产周期仅为一两个月。加工出售完毕之后，开船就走，无需交纳一分税款。仅税款一项，海上流动工厂车间就节省了成千上万美元。这方面的资料数据日本从未公布过，估计从 20 世纪 70 年代到 80 代末，日本海上流动工厂车间躲避各国税款达数亿美元之巨。1981 年日本一公司到我国收购花生，该公司派出的一个海上流动工厂车间在我国港口停留 27 天，把收购的花生加工成花生浆，把花生皮压碎后制成板又卖给我国，结果，我国从日本获得的出售花生的收入，有 90% 又返还给日本，而且，日本公司获得的花生皮制板的收入税款分文未交。造成这一现象的原因就是我国和其他多数国家都对非居民公司的存留时间做了规定，日本公司就是利用这一规定来合理避税的。

2. 总机构与常设机构之间及常设机构与常设机构之间的收入和成本转移

收入或成本的迁移，是国际上流动避税筹划法中最常用的方法，号称"避税的魔术"，是各国税务当局盯得最紧的地方。正是通过各种收入和成本的转移，纳税人才能在税务当局面前呈现合法假账，从而顺利避税，由此减轻纳税义务。错综复杂的各国税制和千千万万不同税收优惠政策给转移法避税带来了大量的机会，因此，转移法避税也是国际避税的手法之一。

1）利润分配方式

当一个企业进行国外投资时，它可以在国外组建子公司和国外常设机构，尤其是在国外投资初级阶段，这是惯常采用的方式。如果经过认真考虑，企业决定采用常设机构形式在国外投资，随着国外常设机构的建立，母国企业就成为总机构。这就产生了如何在母国总机构与国外常设机构之间划分或分配企业全部经营成果的问题。在实践中，这类问题主要体现在总机构与常设机构及常设机构与常设机构之间的利润分配上。在常见的税收条约或协定中，一般规定实行利润归属原则，即常设机构所在国对归属于常设机构的利润征税。由于各国税制总是存在着差异，所以利润分配方法对那些为避税而制订的国际税务计划来说，总是至关重要的。

国际上通行两种利润分配方式：第一种方式为直接法，就是将每一个常设机构视为单独企业，并将其视为独立自主的经济实体。依据这一方法，常设机构实际上成了独立法人，它必须计算自己的成本、利润，并进行独立经济核算。第二种方式为间接法，就是将一个总机构和它的常设在海外的所有机构视为一个法律实体，并将该法律实体发生的全部利润和费用根据一定的规定与计算公式分摊到每一个常设机构身上。在第一种方式下，常设机构作为一个独立法人实体，其成本、利润是难以转移的，因而避税可能性不大。最常见的避税是第二种方式，在这种方式下，成本、利润的转移往往根据常设机构母国和其所在国对常设机构的利润分配情况而定。由于对常设机构的利润分配要受至少两个国家利益差异的影响，分配方法就存在着很大差异。第一种分配方法是以正常的市场价格等客观规定，计算成本和利润；第二种分配方法则要根据整个法人实体的收入、成本、财务与资本结构，计算并分摊全部收入和成本。当然也可按照每个机构的实际营业额来分配利润。在这方面，第二种分配方法的选择余地比第一种分配方法要大一些，因为第二种分配方法中的所谓平均分配成本和利润的方法，可以采取算术平均法，这样有利于保持对纳税人有益的选择。

上文不同利润分配方式表明，常设机构跨国纳税的标准并不是唯一的，跨国避税也不是不可能。尽管各国对常设机构方法采取了机械照搬方式，但却帮助了精明纳税人在理解和掌握利润转移一般方法的基础上，合理避税。

2）总机构成本

在极端情况下，全部中心管理工作集中于总机构。然而，更多情况下总是或多或少有些自主权归于常设机构。在直接法下，税务当局就要调查了解总机构是否及在多大程度上实际在为国外常设机构进行管理。如果这种管理活动确实存在，那么，有关费用就应由国外常设机构负担，并从国外常设机构利润中扣除。但是，国外常设机构应承担多少这类费用，各国的标准不一，这就为国际企业进行国际税收筹划提供了可能。

成本转移避税的一个主要内容是关于利息、特许权使用费的支付。国际上的惯例是对总机构支付给驻外常设机构的利息、特许权使用费或者驻外常设机构支付给总机构的利息、特许权使用费不允许作为成本扣除。因为总机构与常设机构之间可以十分容易地利用相互之间的资金及技术来转移成本和利润。因此，禁止企业之间的这种类似独立法人之间的转让，对防止利息和特许权使用费的不合理支付有重大意义。然而，这种国际上通用的做法并不十分有效，纳税人往往能够以利息、特许权使用费支付等形式转移利润，躲避纳税。

3. 转让定价避税筹划法

与国内避税相似，转让定价是国际避税的重要方法。转让定价是在国际税收事务中，有关联各方之间在交易往来中人为确定价格，而非独立各方在公平市场中按正常交易原则确定价格。转让定价避税筹划法是指纳税人（一般为公司或企业）为达到转移利润、躲避税负的目的，按高于或低于正常市场价格确定的内部价格成交。

造成跨国纳税人利用转让定价避税筹划法逃避纳税的根本原因，在于各国税制设计的差异性。只有在国与国之间税负水平高低不等的前提下，跨国纳税人才有将利润进行国际转移的必要。而跨国连属厂商内部交易的转让定价，又使这种利润的转移成为可能。通过压低跨国纳税人高税国连属厂商对其低税国或免税国连属厂商的销货、贷款、服务、租赁和无形资产转让等业务的收入及费用分配标准，可将本应反映在高税国连属厂商上的利润转移到低税国或免税国连属厂商账上，躲避原应向高税国缴纳的高额税款，而享受低税率或免税的待遇；通过抬高跨国纳税人低税国或免税国连属厂商对其高税国连属厂商的销货、贷款、服务、租赁和无形资产转让等业务的收入和费用分配标准，可将本应反映在低税国或免税国联属厂商的费用转移到高税国连属厂商账上，扩大享受较低税率或免税优惠的利润比重，降低需按较高税率纳税的利润比重。这两种方式都可使跨国纳税人达到逃避或减轻纳税义务的目的。

国际上依照各国税率高低状况分为高税区和低税区。跨国公司利用转让定价避税筹划法在很大范围内是利用税区差异实现的。我们可以从一个简单的例子看到一个公司集团在有关国家对转让定价未实施控制的情况下，如何利用联营公司间定价减轻税负。

【例 10-4】　假定某公司集团的三个公司 A、B、C 分别设在甲、乙、丙三个国家，公司法人所得税税率在甲、乙、丙三国分别为 50%、40%、20%，A 公司为 B 公司生产组装电视机用的零部件。现在 A 公司以 100 万美元的成本生产了一批零部件,本应以 120 万美元的价格直接售给 B 公司，经 B 公司组装后按 150 万美元的总价投放市场。这样 A 公司的税负为

$$（120-100）\times 50\% = 10（万美元）$$

B 公司的税负为

$$（150-120）\times 40\% = 12（万美元）$$

公司集团总的税负就应为

$$10+12 = 22（万美元）$$

然而，为了减轻税负，A 公司没有直接对 B 公司供货，而是以 105 万美元的低价卖给 C 公司，C 公司转手以 140 万美元的高价卖给 B 公司，B 公司以成本价 150 万美元的总价格出售。这样一来，A 公司税负为

$$（105-100）\times 50\% = 2.5（万美元）$$

B 公司税负为

$$（150-140）\times 40\% = 4（万美元）$$

C 公司税负为

$$（140-105）\times 20\% = 7（万美元）$$

公司集团总税负为

$$2.5+4+7 = 13.5（万美元）$$

减少纳税 8.5 万美元。甲国国库损失 7.5 万美元，乙国国库损失 8 万美元，丙国国库增加 7 万美元。

纳税人一般不承认通过转让定价来达到纳税最少化是错误的，仅承认就某些目的而言，此路不通或可能妨碍生产。当有两种在经济和法律上均是无可非议的价格可供选择时，如果第一种价格比第二种价格会吸引更多的课税，那么唯一合理的选择必须是第二种价格。为国际上普遍接受的标准是正常交易原则，根据这一原则，在税务上可以接受的价格是正常市场价格，这是在类似的条件下参与交易的各方同意的价格。然而，很少能够实现这一理想价格，一般也难以找到正常市场价格。究其主要原因，在于各国间、各企业间不存在完全的自由竞争。因此，有关当局只好在日常工作中，运用许多主观假

设和经验法则来处理转让定价问题，从而给合法避税带来较大弹性空间和机会。

4. 投资组织形式的选择

国际企业在进行跨国直接投资时，投资的组织形式可以在分公司和子公司之间进行选择。子公司是依照当地法律登记注册成立的独立法人，而分公司则在法律意义上隶属于总公司。两者在许多方面各有利弊，此处仅从税务角度进行分析。

在选择组织形式时，主要考虑的因素应包括以下三个方面。

（1）海外投资项目在最初几年内是否亏损。如果投资后前几年的资本预算为亏损，那么由于分公司的亏损可以直接抵免总公司的盈利，减少公司的整体税负，所以，以分公司的形式进行投资为佳。实际上，有许多国际企业就是先以分公司的形式在海外经营，待分公司开始盈利之后，再设法转变为子公司。

（2）双重征税的可能。子公司是企业法人，因此，在股利汇回时，就会面临双重征税的可能；而分公司向东道国缴纳的所得税，都可以用来抵免总公司的税收。

（3）股利汇回的预先征税。大多数国家对子公司的股利汇出要征收预提税，而对分公司税后利润汇回通常不计征预提税。

由此可见，根据这三个方面的考虑，似乎是以分公司的形式进行投资，更能达到国际税收筹划的目的。

但是，子公司形式也有很多优势，包括以下三个方面。

（1）子公司有法人居民身份，可以享受东道国与其他国家签订的税收协定所提供的各种优惠；而分公司不是东道国居民时，不能享受同等优惠。

（2）如果母公司所在国实行免税制或间接抵免制，子公司的双重征税问题就基本上可以避免。

（3）子公司可以享受延期纳税的优惠。许多国家规定，国际企业的海外子公司在没有股利汇回之前，母公司可不必为这笔股利缴纳所得税。

由此可见，即便仅从税务角度考虑，子公司和分公司这两种形式仍是各有千秋，不可一概而论。国际企业需根据具体情况做出选择。

5. 利用税收协定进行避税

为解决国际双重征税问题和调整两国间税收利益分配，世界各国普遍采用缔结双边税收协定这一有效途径。为了避免国际双重征税，缔约国双方都要做出相应的让步，从而达成缔约国双方居民都享有优惠，而且这种优惠只有缔约国一方或双方的居民有资格享受。但是，当今资本的跨国自由流动和新经济实体的跨国自由建立，使双边税收协定与税收协定网的结合成为可能，这便为跨国纳税人进行国际税收筹划的财务安排开辟了新的领域。比较常见的做法是：跨国纳税人试图把从一国向另一国的投资通过第三国迂回进行，以便从适用不同国家的税收协定和国内税法中获益。

在实践中，主要有以下三类做法。

第一类：直接传输公司。例如，K、L 两国之间未订立互惠双边税收协定，但都分别与 M 国订有互惠双边税收协定。K 国的甲公司要向 L 国的乙公司支付股息，乙公司就在 M 国组建丙公司，由甲公司先把股息支付给丙公司，再由丙公司支付给乙公司。丙公司就是一个传输公司，它好像一个输送导管，使股息迁回于 M 国，达到减轻税负的目的。

第二类：脚踏石式的传输公司。沿用上文条件，不同的是 L、M 两国之间也没有订立互惠双边税收协定，但 M 国规定，丙公司支付给他国公司的投资所得允许作为费用扣除，并按常规税率课征预提税。这时 L 国的乙公司在同样与 L 国订立互惠双边税收协定的 N 国（该国对所有公司实行优惠政策）建立丁公司，甲公司先把股息付给丙公司，丙公司再付给丁公司，由丁公司付给乙公司。采用更加迂回的策略使丙公司的所得可以大量扣除乙公司投资的支出，又使其在 M 国缴纳的预提税可在 N 国得到抵免，还使丁公司的收入享受优惠待遇。丁公司则被称为脚踏石式的传输公司。

第三类：设置外国低股权的控股公司。许多国家与国家之间的税收协定都有这样的规定：享受预提税优惠的必要条件是该支付股息的本国公司由外国投资者控制的股权不得超过一定比例。例如，德国签订税收协定的惯例就是将这一比例定为 25%。这样，非缔约国纳税人则可以精心组建外国低股权的控股公司，以谋求最大限度地减轻税负。假若我国的跨国公司拥有在德国的全资子公司，中国、德国两国之间签有一般性税收协定《中华人民共和国和德意志联邦共和国对所得和财产避免双重征税和防止偷漏税的协定》。那么，该跨国公司可以在我国境内先组建五个子公司，分别注明拥有德国子公司少于 25% 的股份，从而在中国和德国之间签订的一般性税收协定中享受优惠待遇。

6. 国际避税地避税

国际避税地（international tax heaven）的概念很难一言以蔽之。借用一位国际税务专家的话，概括为："避税地是指这样的地方，人们在那里拥有资产或取得收入而不必负担税收，或者只负担比在主要工业国家轻得多的税收。"

由于各国对避税地的认知不尽相同，国际上没有一个统一的划分原则。《美国税务手册》列举了 30 个避税地，德国列举了 34 个避税地，日本列举了 39 个避税地，而法国列举了 47 个避税地。OECD 于 2000 年 6 月公布的《确定和消除有害税收活动进程》报告中列举了 35 个国家和地区，并提出了认定避税地的标准：①对金融和其他服务所得不实行所得税或只有名义上的所得税，以及将本地作为非居民逃避其居住国税收的场所；②不能有效进行情报交换；③缺乏透明度，如税收制度与税收征管不公开；④有利于外国实体建立没有实质内容的经济活动。

目前，不仅可在一些传统的离岸管辖区（如英属维尔京群岛、欧洲的人岛、地中海的直布罗陀等地）登记注册离岸公司，还可在欧洲一些享有威望的国家内登记注册离岸公司。很多欧洲国家的法律允许开展离岸形式的商务活动。例如，在瑞士的某些州内允许某些组织形式的企业进行离岸业务，其税收比正常税收低几倍。而那些被认作避税地的专业离岸管辖区，都在竭力向离岸投资者提供新的条件和税收优惠，相互间为了吸引外资而展开激烈竞争。

国际避税地可分为以下三种类型。

（1）纯国际避税地。不征个人所得税、公司所得税和财产税，即不征直接税。属于这一类型的避税地目前世界上有：巴哈马、百慕大、开曼群岛、瑙鲁、新赫布里底、新喀里多尼亚、格陵兰、索马里、圣皮埃尔和密克隆。

（2）完全放弃居民（公民）税收管辖权，只行使地域管辖权的国家和地区。属于这类避税地的地方有：安哥拉、安提瓜、巴林、巴巴多斯、以色列、英属维尔京群岛、列支敦士登、蒙特塞拉特、圣海伦娜、人岛、斯瓦尔巴群岛、瑞士、中国澳门、新加坡、中国香港、马来西亚、巴拿马和哥斯达黎加。这类避税地征收某些直接税，但税率低，税基窄，因而税负轻，又被称为普通避税地，是国际避税中经常使用的避税地。

（3）实行正常课税，但提供某些税收优惠的国家和地区。属于这类避税地的地方有：加拿大、希腊、英国、卢森堡、爱尔兰、荷兰、菲律宾等。这些国家税制完备，税率也不低，之所以称之为避税地，是因为它们对某些行业或特定的经营形式提供了极大的税收优惠条件。例如，希腊以海运业和制造业、英国以国际金融业、卢森堡以控股公司、荷兰以不动产投资公司而成为特定经营形式的著名的国际避税地。

跨国纳税人利用避税地的手段主要是建立基地公司，也叫招牌公司，起到减轻税负的基地或中介作用。

基地公司这个概念的系统论述是由威廉·吉本斯于 1956 年在《哈佛法律评论》中的第一篇文章中提出的。基地公司被解释为基地国概念中的一个要素。吉本斯指出：一个公司的外国基地是一个对其国内法人来自本国之外的来源收入，只征收可以忽略不计的所得税或资产税，或干脆不征这类收入税的国家，这种国家被称为基地国；出于与第三国经营的目的，而在一基地国中组建的法人或其他责任公司称为基地公司。基地公司实际上是受控于高税国纳税人的建立于避税地的虚构的纳税实体，其经济实体仍在其他国家。绝大部分基地公司在避税地没有实质性的经营活动，仅租用一间办公室或一张办公桌，甚至仅仅挂一张招牌，这种公司还被称为"信箱公司"或"纸面公司"。

基地公司的避税形式有以下几种。

1）把基地公司作为虚假的中转销售公司

假如 A 国设有母国公司 M，B 国设有子公司 M_1，C 国设有子公司 M_2。M_1 或 D 国非关联公司 d 的产品实际上是直接运送到 M_2 对外销售的。在 E 国设有基地公司 e。它们之间的经济活动关系，实际上 M_2 直接接受来自 M_1 和 d 的产品，但是这样难以避税。于是在账面上制造了一个 e，先由 M_1 和 d 向 e 出售产品，这时价格是低价或平价，是真实价格，然后，再由 e 加价售给 M_2，这就成了虚假的高价产品。这部分价差形成的利润就沉淀在了 e 公司的账上，而 E 国为避税地，税负低甚至是无税，因此达到了避税的目的。

2）基地公司为控股公司

在这种方式下，要求子公司将所获得的利润以股息形式，汇回到基地公司，以达到避税目的。

例如，一家美国子公司若如实地支付给其香港母公司股息，则要缴纳税率为30%的美国预提税。为了避免缴付这一预提税，这家美国子公司在荷兰建立一家对其拥有控股权的公司，由于美国与荷兰之间有税收协定，当美国子公司再向荷兰控股公司支付股息时，只需按5%的税率在美国缴纳预提税，而荷兰对控股公司收取的股息不征税。

设在避税地控股公司不仅被用于持有筹集来的收入，它常常是介于最终控股母公司与子公司、孙公司之间的中继站。避税地控股公司利用自己有利的免税条件，可以发挥一种转盘作用，通过把筹集来的资金再投资，可以赚到新的免税收入。控股公司的收入不仅限于股息，还可以有利息、特许权使用费等形式。

3）基地公司作为收付代理

由基地公司收取利息、特许权使用费、劳务费和贷款。而实际上，款项的借出、许可证的发放、劳务的提供与货物的出售均在别处。

4）基地公司作为海运公司

这样做的目的是使海运收入减少或避免税负。海运公司的所有权与经营权无需在同一国内，注册地又可以是第三国。从减轻负税的角度考虑，许多船舶悬挂方便旗帜（flags of convenience）。所谓方便旗帜是指那些可由非居民船东悬挂的国旗，旗帜国政府除了收取一部分注册费外，对挂旗船并不实行财政性或其他控制。利比里亚和巴拿马已成为船舶避税地的最佳选择。

5）基地公司作为信托公司

在大部分国家，信托都不具有独立的法人地位，并且这种信托法律关系的存在都有一定的时间限制。然而在一些避税地，信托则可以作为法人存在，并允许一项信托法律关系长期存在，如列支敦士登。在另一些避税地，允许建立信托法律关系，但无信托法规，因而信托法律关系也可以无限期存在，如海峡群岛。

在高税国的纳税人可将其财产或其他资产委托给避税地的一家信托公司或受托银行，由其处理财产的效益。跨国纳税人利用信托，不但可以在一定程度上避免财产所得和转让资产产生的资本利得的税负，由于信托资产的保密性，还可通过信托资产的分割将其财产转移到继承人或受赠人的名下，借此来规避在有关国家的继承税、遗产税或赠与税。

另外，基地公司还可以采取以下公司形式。

（1）投资公司。它以从事有价证券投资为目的，主要持有其他公司优先股、债券或其他证券。

（2）金融公司。它为跨国公司内部的借贷充当中介人或向第三方提供贷款和投资。

（3）专利持有公司。其主要经营内容是提供和转让各种专利权。

（4）贸易公司。它是专门从事货物或劳务贸易及租赁业务的实体。

（5）受控保险公司。受控保险公司在跨国公司内部，为其公司集团成员提供保险和分保险业务。

（6）离岸银行。是由高税国居民在避税地建立的、以海外投资为目的的、具有独立法人地位的离岸基金和以所在国非居民为业务对象的离岸银行。

7. 资金、货物或劳务的非流动

前文几个方面谈的是课税对象流动而达到减轻税负目的。然而，有时课税对象不流动，也是国际避税的好办法。

1）利用延期付款的规定避税

这主要是利用各国税法中有关"延期纳税"的规定，通过在低税国或无税国（指所得税）的一个实体，进行所得和财产的积累。所谓延期纳税，是指有一些国家规定，开设国外子公司取得的利润等收入，在没有以股息等形式汇给母公司之前，不对母公司的国外子公司的利润征税。

纳税人利用纳税对象的非流动方式进行税收筹划，究竟能在多大程度上取得成功，取决于有关国家税法中对延期纳税规定的宽严程度。

2）利用临界点避税

任何一个国家的税收制度对不同纳税人、征税对象的税收负担总有有失偏颇之处，这就给纳税人留下选择临界点的余地，最终达到增资节税的目的。

企业的经营中存在着大量临界避税法。由于同时存在的企业和个人所得税，一笔企业所得无论留在企业内上缴企业所得税，还是转移到个人上缴个人所得税都有一个临界点问题，这个临界点可用来作为是否转移所得的参考；对企业来说，往往在流转税问题上也有同一种流转销售，交纳两个完全不同的销售税，也有一个避税临界点问题；企业在合营、联营、信托过程中，也有一个临界避税筹划，这种筹划的关键在于寻找最佳税负，借以保护企业及个人合法权益。

独资、合伙企业由于所有者对其负无限责任，一般不交企业所得税只交个人所得税。例如，某跨国纳税人决定在加拿大投资，假设该项目预计年盈利 30 万美元，加拿大的公司所得税税率为 38%，个人所得税税率为 43.7%，那么是成立公司，还是组织合伙、独资企业呢?若选择后者，则被课征个人所得税，其税后净得利为 16.89[即 30×（1–43.7%）]万美元。若选择前者，则被课征公司所得税，其税后净得利为 18.6[即 30×（1–38%）]万美元。如果公司将净利全部分配股利，接受股利的股东还要缴纳个人所得税，则其税后净得利为 10.47[即 18.6×（1–43.7%）]万美元。前者比后者显然少得利润 6.42 万美元。纳税人当然选择低税点，不组建公司。

上面分别讨论了国际避税的流动与非流动。实践中，法人和资金的流动与非流动有四种结合方式：①法人的流动与资金的流动；②法人的流动与资金的非流动；③法人的非流动与资金的流动；④法人的非流动与资金的非流动。从某种意义上讲，国际税收筹划的方式往往就是这些不同的组合，而不只是单纯的法人的流动与非流动，或资金的流动与非流动。

四、国际反避税的一般方法

既然国际企业的国际税收筹划措施会损害国家的税收权益，各国对国际税收筹划便会采取针锋相对的措施。其中，加强税法建设、完善税收法律体制，是国际反避税的重要方面。同时，加强征管措施，也可以有效地进行国际反避税。

（一）反避税立法

反避税立法是国际反避税措施中最基本的方面。各国的反避税立法主要有以下几种形式。

（1）在税法中增加反避税的一般性条款。其主要形式是，在法律条文中尽量采用有助于税务当局反避税的措施和规定，如用经济概念而不是法律概念来表达课税客体。

（2）在税法中增加反避税的特定条款。针对个别场合所要处理的具体交易类型制定特定条款。这种方法的优点是，法律规定明确、具体，易于执行，易于见效。缺点是作用范围有限，容易产生漏洞。

（3）特定条款与一般性条款相结合。就是在相同或相似的税法条款中，立法所针对的一项交易或安排的准确描述与一条附加的一般性条款相结合。

（4）针对一种或多种避税行为的特定条款。这与上述特定反避税条款不同，不是针对某类交易而是针对不同类型的国际税收筹划习惯做法的法律条款。

（5）具有全面影响力的综合性条款。制定在原则上适用于全部税收法规的综合性反避税条款，以此影响全部直接税收法规。

（6）获得政府同意的规定。政府规定某些交易必须事先征得税务当局的同意，否则即以非法论处。

（二）税收征管过程中的反避税

在日常税收征管过程中，加强管理是更经常性的反避税方式。日常税收征管过程中反避税的具体方法很多，常见的有以下几种。

（1）要求纳税人或第三方提供纳税资料。大多数国家的纳税人都有向税务当局提供有关资料的义务。这项一般性的义务因公司跨国经营而被各国政府更推进了一步。在美国，纳税人负有提供有关的国外事实的义务。荷兰法庭有时可以强迫纳税人提供国外的某些事实。

（2）争取与银行的合作。公司在其经营活动中，各项收支情况通常在其银行账户上有具体反映。税务机关如能检查作为纳税人的公司在银行账户上的具体账目，以及请银行提供有关情况，必然有助于税务当局的反避税工作。但是，一些国家的银行制定了严格的为客户保密的制度。因此，各国政府和税务当局为了进行反避税工作，都要努力争取与银行的合作。例如，美国与瑞士签订了反对有组织犯罪条约，规定美国国内税务署对犯有逃避税收行为并已受到指控的美国纳税人在瑞士银行的账户有查阅的权利。

（3）开展国际税收合作。在订立双边税收协定的缔约国之间，可以相互交换税收情况。在国与国之间签订避免国际重复征税的税收协定时，通常在协定中包括双边反避税的协助条款。另外，必要时缔约双方还可以对纳税人进行联合税务审计和税务调查。

OECD 对 2000 年报告中提出的 35 个避税地的有害税收竞争，下了最后通牒：给避税地 12 个月的时间，让其决定是否与该组织合作，并在 2005 年底之前取消有害税收制度；如果不与该组织合作，它们将受到国际社会的制裁。报告中，OECD 提出了制裁不合作避税地的 11 项措施，如加大征税、稽查、反不公平竞争行为等力度，目的是加强对跨国公司的监管。在 OECD 公布反避税地报告之前，百慕大、开曼群岛、塞浦路斯等 6 个国家和地区提前做出了决定，愿意在 2005 年底之前消除有害税收竞争，承诺采用国际税收中的透明标准，进行情报交换，实行公平税收竞争。

虽然我国出于鼓励外国投资的需要，还没有制定具体的反避税政策措施，但加强与各国反避税组织的合作，统筹国际税务事项管理和涉外企业税收管理，全面提升涉外税收管理和服务水平已成为涉外税收部门的一项重要任务。国家税务总局已经开始这方面的工作试点，并提出了反避税实施，其中，包括实施反避税调查，组织实施反避税协查和联查，调查处理各类避税行为，预约定价的谈签、管理和实施，以及资本弱化、避税港避税、受控外国公司避税问题的调查与处理等。

不少国际避税地迫于国际压力也相继修改其公司注册法规。维尔京群岛近期将对公司注册规定进行新的修订，取消境外公司股票无记名制度，并将大幅度提高每年的注册费。

随着国际社会压力的增大，国际避税地的存在将越来越陷入声讨和孤立中，在国际避税地注册的公司必将有所触动，避税的"好日子"不可能永远过下去，离岸公司将面临新的选择和应对。

■ 本章小结

国际税收所涉及的征税对象，主要是国际纳税人的所得。由于各国所得税立法原则不同、税制不同，各国政府对国际纳税人的所得进行征税的税种所涉及的具体征税对象也就不同。所以，对于跨国公司的财务管理人员来说，熟悉各个子公司所在国家的基本税务法规，了解国际双重征税及免除，掌握国际避税方法与反避税措施等方面对跨国公司国际税收管理是非常重要的。

国际双重征税的存在，对国际经济的发展、跨国经营的推行，都会产生不利的影响。首先，国际双重征税违背了税负公平原则，这不利于国际企业在平等竞争的环境中发展；其次，国际双重征税大大地加重了纳税人的负担，阻碍国际经济和技术合作的发展。免除国际双重征税，可以减轻国际投资者的税负、消除国际投资者对国际纳税的畏惧心理，从而有利于国际资本的流动和加强各国经济的合作，促进世界经济的发展。

由于缺少国际范围的税收管理体制的协调，尤其考虑到世界各国的单边措施和双边税收协定中减免措施，导致了世界各国税收千差万别。一方面，税收管辖权理论导致国际重复征税严重；另一方面，千差万别的税收漏洞，无不刺激纳税人巧妙利用，所以通过避税来减轻纳税义务，既有必要（税负太重）又有可能（税制千差万别）。因此，研究国际避税的起因及方法，便具有重要的意义。实现税后所得最大化或纳税义务最小化，是国际避税产生的主观动机。但是，如果各国税法规定完全相同，国际税收筹划的可能性就不存在，所以国际避税的产生还有客观原因。造成国际避税的客观原因，多是由国家间税法规定和税负轻重的差异所引起的。

在国际税收的实践中，跨国纳税人的避税方法越来越多，并且越来越具有隐蔽性。究其根本是纳税人或征税对象的来源是否能在不同国家税收管辖权范围之间得到转移。纳税人是指法人和个人，按税收管辖权不同又可确定为公民或居民，这里统称人的因素；征税对象也就是指资金投放、劳务付出，或货物交换而产生的收益或所得，这里统称为物的因素。两者的运动将会形成避税的方法。

既然国际企业的避税措施会损害国家的税收权益，各国对国际避税便会采取针锋相对的措施。其中，加强税法建设、完善税收法律体制，是国际反避税的重要方面。同时，加强征管措施，也可以有效地进行国际反避税。

由于国际双重征税的存在，国际企业的避税行为必然不可避免。所以，如何避免国际重复征税，进行国际避税，进行反避税依然是各国际组织、各国政府、理论界及国际企业研究的课题。

➤复习思考题

一、概念题

国际税收　国际双重征税　国际避税　抵免法　免税法

二、简答题

1. 什么是国家税收和国际避税？

2. 国际税收原则都有哪些？这些原则都有哪些优缺点？

3. 国际税收的种类和国际税制的类别有哪些？

4. 国际税收管辖权的含义及其种类？

5. 国际税收管理的目的有哪些？

6. 为什么会产生国际双重征税？国际双重征税有哪些危害？避免国际双重征税的方法有哪些？

7. 比较直接抵免法与间接抵免法的适用范围和计算步骤。

8. 如何看待国际税收饶让这一方式。

9. 国际避税及其产生的原因？

10. 国际反避税的一般方法有哪些？

三、计算题

1. 某一纳税年度，甲国母公司在乙国设立一个子公司，并拥有子公司50%的股份，母公司在本纳税年度所得为2000万美元，其子公司所得为1000万美元。甲国所得税税率为40%，乙国所得税税率为35%，乙国预提所得税税率为20%。试计算间接抵免限额及母公司向甲国的纳税数额。

2. 某跨国公司总部设在甲国，并在乙国、丙国、丁国分别设立A、B、C三家子公司。A公司为在丙国的B公司提供布料1000匹，按A公司所在乙国情况，布料成本为每匹2600元，售价为3000元。B公司利润率为20%。各国所得税税率为乙国50%、丙国60%、丁国30%。该跨国公司为避税，决定由A公司以每匹布2800元的价格卖给丁国的C公司，再由C公司以每匹3400元的价格转售给丙国的B公司，最后由丙国的B公司按总价格360万元在该国市场出售。试分别计算出该跨国公司及其A、B、C子公司在正常交易和避税情况下应缴纳的所得税。说明该跨国公司利用什么实现了国际避税，以及避税金额是多少。

3. 设美国甲公司在国际避税地巴哈马建立了一家分公司——乙公司。在某纳税年度内，甲公司所得100万美元，乙公司所得30万美元。甲公司曾经向乙公司借入一笔巴哈马元，在该纳税年度的10月应当支付利息80万巴哈马元，但以美元结算。甲公司没有按时支付利息，却延迟至12月才予以支付，这时巴哈马元已升值（由1美元=1巴哈马元升值为1美元=0.8巴哈马元）。另外，美国公司所得税税率为30%，利息支付的预提税税率为15%。甲公司为避税，于12月把巴哈马的分公司变为子公司。试分析甲公司采用的避税手法及计算由此带来的跨国纳税人整体税负的变化。

案 例 分 析

[案例1]

韩国一些海外建筑承包公司在中东、拉丁美洲一些国家规定非居民公司在半年（183 天）以内获得的收入可以免税，韩国海外建筑承包公司常常设法在半年（183 天）以内完成其建筑工程，免缴这些国家的收入所得税。

[案例2]

纳税人杰克逊经营一家水果店，年盈利为 20 000 美元。该商店如按合伙人课征个人所得税，税率为 40%，纳税人杰克逊可得税后利润为 12 000 美元（20 000–20 000×40%）。这家商店如按公司课征所得税，税率为 30%，税后利润 14 000 美元全部作为股息分配，纳税人杰克逊还要再交个人所得税 5600 美元（14 000×40%）。这样，杰克逊得税后利润只有 8400 美元。与前者相比，多负担所得税款为 3600 美元（11 600–8 000）。面对这一现实，专家们可以告诉杰克逊不要做出组建公司的决定。

这样的例子举不胜举，任何一个国家的税收制度，不管考虑得如何周全，税收负担在不同税收人、不同征税对象之间，总有安排失当之处，这就给纳税人提供了选择临界点的余地。

[案例3]

一家跨国公司可以通过买进低税国内被清盘的亏损企业来减轻税负。假定高税国美国的圣力科公司原应税所得为 5000 万元，所得税税率为 60%，应征所得税为 3000 万元。新加坡的兴泰公司亏损 1000 万元，圣力科公司支付 500 万元将兴泰公司购进，作为圣力科公司的子公司。在两公司所得汇总计算后，所得税可以少交 600 万元。减去购进支付的 500 万元，圣力科公司还可净得 100 万元。即圣力科公司在这次购买中，分文未付，获得了相当于 500 万元资产的一家公司，还得到 100 万元收益。

[案例4]

太郎先生是日本居民，在避税港巴拿马设立一家享利田公司，并拥有该公司 40%的股份。另外 60%的股权由宁娜、巴特、山本各拥有 20%，宁娜、巴特非日本居民，山本为日本居民。依据日本税法规定，设在避税港的公司企业，如 50%以上的股权由日本居民所拥有，这家公司的税后利润即使没有作为股息汇回日本，也要申报并计税。而太郎、山本两先生的股权均未超过法定的 50%，结果享受到了税收优惠。

参 考 文 献

胡奕明. 2008. 跨国公司财务案例. 北京: 中国财政经济出版社.

毛付根. 2016. 跨国公司财务管理. 大连: 东北财经大学出版社.

潘渭河. 2005. 国际财务管理. 上海: 上海财经大学出版社.

吴丛生, 郭振游. 2006. 国际财务管理理论与中国实务. 北京: 北京大学出版社.

夏乐书. 2014. 国际财务管理. 大连: 东北财经大学出版社.

尤恩 C S, 雷斯尼克 B G. 2015. 国际财务管理. 7 版. 赵银德译. 北京: 机械工业出版社.

于长春, 张学斌, 宋宁, 等. 2016. 国际税收实务与案例. 北京: 中国市场出版社.